समय से गुज़रना

एरिक जोंस

समर्पण

ज़िन्दगी ख़ुशियों से भरी हो सकती है, कभी-कभी मुश्किल भी हो सकती है। मैं यह किताब उन सभी सशक्त महिलाओं को समर्पित करना चाहता हूँ, जिन्होंने मेरी ज़िन्दगी को आकार दिया है।

मेरा पालन-पोषण बहुत ही सादगीपूर्ण तरीके से हुआ है, और मेरी दादी एक ऐसी महिला थीं जो पूरी लगन से मेरे साथ खड़ी रहती थीं। उनकी ताकत, बुद्धिमानी, और परिवार के लिए समर्पण की कोई मिसाल नहीं थी।

मैं अपने दादा-दादी की मिसाल पर चलने की कोशिश करता हूँ क्योंकि मैंने जो कुछ भी सीखा है वो सब उनकी वजह से ही है, और यह जानते हुए मैं हर दिन आगे बढ़ता जाता हूँ कि वो मेरे अंदर हैं। इस किताब को लिखते समय, मैं दुनिया के साथ इस बारे में चर्चा करना चाहता था कि आप ख़ुद को कैसे पा सकते हैं और अपने लिए जो महत्वपूर्ण है उसे कैसे पहचान सकते हैं और हम इस जीवन को सार्थक बनाने के लिए समय के माध्यम से कैसे गुज़र सकते हैं। यह मेरा सौभाग्य है कि मुझे एक अच्छा परिवार और मजबूत बेटियां मिली हैं जो हमेशा मेरा साथ देती हैं, और मुझे उम्मीद है कि इन पन्नों में मौजूद कुछ चीज़ें पाठक के जीवन में इस तरह से

बदलाव लाएंगी कि उन्हें दिशा, संतुष्टि और पूर्णता का एहसास हो पायेगा जिसे सीखने में मुझे ज़िन्दगी में काफी समय लग गया।

एक काल्पनिक रोलर कोस्टर पर समय से गुज़रते हुए हम सब एक घड़ी पर हैं, जो तेज़ और धीमी हो सकती है। कभी-कभी, हमारी राह मुश्किल होती है, लेकिन हमारे चुनावों के आधार पर, यह सहज हो सकती है क्योंकि यह हमें अस्तित्व के अगले स्तर पर ले जाती है। इस यात्रा को शुरू करने में मैं आपके समय और प्रयासों की सराहना करता हूँ, और मुझे आशा है कि आपका समय अच्छी तरह से व्यतीत होगा।

विषय-सूची

अध्याय 1: प्रस्तावना

हम सब समय से होकर गुज़रते हैं। घड़ी का पेंडुलम घूमता रहता है और पलक झपकते ही हर एक सेकंड गुज़रता जाता है। आपकी पकड़ में आने वाले क्षण खो जाते हैं और आपकी खुली उंगलियों से निकलते हुए रेत के कण की तरह ख़त्म हो जाते हैं। कुछ मायनों में, इन क्षणों में आपकी ज़िन्दगी के कुछ खोये हुए अवसर शामिल होते हैं, जिनपर आपको इस तरीके से विचार और निवेश करना चाहिए कि वो आपको ज़्यादा ऊंचा लक्ष्य और संतुष्टि पाने में मदद कर सकें। कभी-कभी यह एहसास किसी इंसान को वापस उन क्षणों में जाकर उन्हें अलग तरह से जीने की इच्छा उत्पन्न करता है। समय-समय पर, हममें से ज़्यादातर लोग अवसरों से भरपूर इन खोये हुए क्षणों की ओर वापस देखते हैं और हमें समझ आता है कि हम उस समय को वापस नहीं पा सकते जो पहले ही बीत चुका है। हम सब इसपर नियंत्रण करते हैं कि हम कैसे आगे बढ़ते हैं और, इसके परिणामस्वरूप, हम कैसे सीखते और बढ़ते हैं।

इस किताब की सामग्री आपको उन निर्णयों को खोजने में मदद करने के लिए डिज़ाइन की गई है जो किसी के चरित्र और निर्णय लेने की प्रक्रिया में योगदान करते हैं, साथ ही यह पहचानते हैं कि कौन से कारक उच्च स्तर की संतुष्टि की ओर ले जा सकते हैं।

संतुष्टि हमारे वर्तमान जीवन से जुड़ी है; इसे इस रूप में परिभाषित किया जा सकता है कि हम अपनी जीवनशैली को कैसे चलाते हैं या अपना समय कैसे बिताते हैं। हमारे मूल्य कभी-कभी उन अपेक्षाओं और छवियों का मार्गदर्शन करते हैं कि हम ख़ुद को कैसे देखते हैं और जीवन की लय और शोभा हमारी कल्पना में कैसे उलझ जाते हैं। इसकी वजह से हम यह कल्पना करना शुरू कर देते हैं कि संतुष्टि कैसी दिखाई देती है, और जब हम उस कल्पना को सच्चाई में नहीं ला पाते तो इसकी वजह से हमारे जीवन में बेचैनी और थकावट आ सकती है। मैं चाहता हूँ कि आप जानें कि आपके अंदर अपने जीवन को इस तरह से आगे बढ़ाने और आकार देने की शक्ति और ज़िम्मेदारी है, जो आपकी विचार प्रक्रिया और आपकी आत्मा के लिए सार्थक हो और यह आपके व्यक्तिगत मूल्यों के अनुरूप हो। मुझे उम्मीद है कि इस अनुरूपता की खोज से आपको जीवन में अधिक संतुष्टि प्राप्त करने में मदद मिलेगी क्योंकि यह एहसास और संतोष से संबंधित है। प्रत्येक व्यक्ति में एक आध्यात्मिक और भौतिक अस्तित्व पाया जाता है, और उन्हें एक साथ दो जीवन जीते हुए देखा जाता है, एक कल्पना में, अपने दिमाग के अंदर और एक भौतिक दुनिया में। चुनाव और चेतना की [illegible] में क्या चाहते हैं। एक

आध्यात्मिक और भौतिक प्राणी में अपनी वर्तमान और मनचाही स्थिति के बीच के अंतर को समझने की क्षमता होती है; इससे उन्हें अपनी इच्छाओं और सपनों को पहचानने में मदद मिलती है।

किसी व्यक्ति के मूल्यों की खोज से उस व्यक्ति को निर्धारित समय सीमा के अंदर उन्हें पूरा करने के लिए लक्ष्य निर्धारित करने में मदद मिलती है, जिसके परिणामस्वरूप संतुष्टि हो सकती है। हालाँकि, मनचाहे समय में इन्हें पूरा न कर पाने से निराशा, ठहराव और जीवन में तनाव का अनुभव होता है, जो असंतोष में योगदान कर सकता है। हम सबके पास एक ही जीवन है, और व्यक्तिगत तौर पर, मैं इस अनुभव का ज़्यादा से ज़्यादा लाभ उठाना चाहता हूँ। हताशा या हार स्वीकार करने के बजाय, हम अपनी मानसिकता बदलना सीख सकते हैं और ~~उसपर फोकस कर सकते हैं जो महत्वपूर्ण है।~~ एक असंतुष्ट व्यक्ति जो अपने जीवन और प्रगति से संतुष्ट है, उसे शायद सक्रिय होने की ज़रूरत न पड़े, लेकिन हममें से कितने सारे लोग यह जानते हैं कि अगर जीवन को थोड़ा सा बेहतर या समायोजित किया जा सके तो हमें बेहतर स्वीकृति मिल सकती है, और हमारा संपूर्ण अनुभव बेहतर हो सकता है। इसे उन लोगों के लिए हासिल किया जा सकता है, जो आंतरिक संसार को सचेत रूप से समझ सकते हैं क्योंकि वो संतुष्टि पाने के काम को पूरा करने के लिए ज़रूरी निर्देश पुस्तिकों को समझने के लिए विश्लेषण की शक्ति को इस्तेमाल कर सकते हैं। विश्लेषण सत्य की खोज के लिए ज्ञान और जिज्ञासा का मूल है, जो दर्शन को जन्म देता है।

दर्शन का उद्देश्य आपके आंतरिक और बाहरी दुनिया के बारे में समझ विकसित करना है ताकि आप अच्छे निर्णय ले सकें, सचेत रूप से जी सकें और ऑटो-पायलट मोड में रहने की इच्छा को रोक सकें।

दर्शन क्या है?

दर्शन, उल्लेखनीय गहराई और विस्तार की बौद्धिक खोज, को मानव अस्तित्व के मूल में निहित मूलभूत प्रश्नों की अनुशासित और व्यवस्थित परीक्षा के रूप में परिभाषित किया जा सकता है। दूसरे शब्दों में, हमारे आस-पास की चीज़ों की प्रकृति और भौतिक दुनिया में हमारे साथ उनके परस्पर कार्य को समझने के लिए सत्य की तलाश करना एक गतिविधि है, जो तर्कसंगत जांच में निहित है, यह वास्तविकता, ज्ञान, नैतिकता और हमारे साझा मानव अनुभव के रहस्यों के जटिल संबंध को उजागर करते हुए, सत्ता मीमांसा, ज्ञानमीमांसा, नैतिकता और तत्वमीमांसा के क्षेत्र में प्रवेश करता है। आलोचनात्मक सोच, तार्किक तर्क और सूक्ष्म विश्लेषण के विकट उपकरणों को नियोजित करके, दर्शन हमारी सचेत जागरूकता के नीचे छिपी मायावी सच्चाइयों को उजागर करने की खोज में रहता है।

तत्वमीमांसा

तत्वमीमांसा वास्तविकता की प्रकृति के बारे में मूलभूत प्रश्नों की गहराई से पड़ताल करता है। तत्वमीमांसा ईश्वर के अस्तित्व, सत्य

की मायावी प्रकृति और यहाँ तक कि मन और शरीर के बीच के रहस्यमय संबंधों की जांच में शामिल है। साहस और बौद्धिक जिज्ञासा के साथ, तत्वमीमांसा उन अंतर्निहित सिद्धांतों और संरचनाओं को उजागर करने का प्रयास करती है जो हमारी दुनिया के भौतिक और गैर-भौतिक पहलुओं को आकार देते हैं। अस्तित्व के मूल में रहस्यों को गहराई से जानने के लिए तैयार हो जाएं।

ज्ञानमीमांसा

ज्ञानमीमांसा, जिसे ज्ञान के अध्ययन के रूप में जाना जाता है, चीज़ों और परिवेश से संबंधित है। इसके अलावा, यह इसका भी उत्तर देता है कि हम ज्ञान कैसे प्राप्त कर सकते हैं। ज्ञानमीमांसाविज्ञानी ज्ञान की प्रकृति को समझने का प्रयास करते हैं और जो वे नहीं जानते हैं उसे खोजने के लिए अपनी खोजपूर्ण मानसिकता का इस्तेमाल करते हैं।

ज्ञान प्राप्त करने का उनका प्रयास उन्हें चीज़ों को समझने और उनकी प्रामाणिकता निर्धारित करने में मदद करता है। अर्जित ज्ञान के बावजूद भी वे अक्सर ख़ुद को आत्म-संदेह की भूलभुलैया में पाते हैं; हालाँकि, यही ज्ञान के लिए प्रयास का सार है।

नीतिशास्त्र

नीतिशास्त्र, जिसे नैतिकता का समानार्थी माना जाता है, किसी व्यक्ति की आदर्श व्यवहार अपनाने की क्षमता पर केंद्रित है। नैतिकता हमें सही या गलत, अच्छा या बुरा और हम आदर्श रूप

से कैसे जीना चाहेंगे जैसे अनंत प्रश्नों पर विचार करने के लिए आमंत्रित करती है। हम नीति के सिद्धांतों और नैतिक परिकल्पनाओं के कई परिदृश्यों से गुज़रते हुए मानव व्यवहार की जटिलताओं और उसके प्रभावों पर प्रकाश डालना चाहते हैं। नैतिकता एक दिशा सूचक यंत्र होनी चाहिए क्योंकि हम नैतिक निर्णय लेने के कठिन क्षेत्र से गुज़रते हैं और अपने और दूसरों के लिए दुनिया को बेहतर बनाने के लिए काम करते हैं।

तर्क

तर्क को विचार और वैध अनुमान के व्यवस्थित अध्ययन और अनुप्रयोग के रूप में परिभाषित किया जा सकता है। यह वह अनुशासन है जो उन सिद्धांतों और नियमों की जांच करता है, जो सही और सुसंगत सोच को नियंत्रित करते हैं। मूल रूप से, तर्क का उद्देश्य विषयों का मूल्यांकन करने, उनकी वैधता या अमान्यता निर्धारित करने और निष्कर्षों की सुदृढ़ता का आकलन करने के लिए एक रूपरेखा स्थापित करना है।

तर्क विचारों की संरचना और सुसंगतता का विश्लेषण और मूल्यांकन करने के लिए उपकरणों और विधियों का एक सेट प्रदान करता है। यह निगमनात्मक और आगमनात्मक सोच के मूल सिद्धांतों की जांच करता है और यह भी जांचता है कि अनुमानों से तार्किक निष्कर्ष कैसे निकलते हैं। आगमनात्मक तर्क में विशेष अवलोकनों या डेटा के आधार पर सामान्यीकरण विकसित करना शामिल है, जबकि निगमनात्मक तर्क में सामान्य सिद्धांतों या परिसरों से विशिष्ट निष्कर्ष निकालना शामिल है। तर्क को सामान्य मस्तिष्क द्वारा समझे जाने वाले वैधता के सिद्धांतों के अनुसार तर्क प्रक्रिया को संचालित करने की गतिविधि के रूप में समझाया जा सकता है।

तर्क और भावनात्मक बुद्धिमत्ता

तर्क और भावनात्मक बुद्धिमत्ता के बीच परस्पर क्रिया का विश्लेषण करने से स्वस्थ संबंधों को बढ़ावा देने में उनकी पूरक प्रकृति का पता चलता है। तर्क, अपने शुद्धतम रूप में, एक मूलभूत ढांचा है जो भावनात्मक बुद्धिमत्ता का समर्थन कर सकता है, जिससे व्यक्तियों को अपनी भावनाओं और पारस्परिक संबंधों को प्रभावी ढंग से नेविगेट करने में सक्षम बनाया जा सकता है।

तर्क एक विश्लेषणात्मक लेंस प्रदान करता है जिसके माध्यम से भावनाओं को समझा और संभाला जा सकता है। तार्किक सोच को नियोजित करके, व्यक्ति अपनी भावनात्मक प्रतिक्रियाओं का आलोचनात्मक मूल्यांकन कर सकते हैं और विभिन्न स्थितियों में उनकी वैधता का आकलन कर सकते हैं। इस प्रक्रिया में उन अंतर्निहित कारकों को पहचानना शामिल है जो कुछ भावनाओं को प्रेरित करते हैं और संबंधित विचारों और विश्वासों की जांच करना शामिल है। तार्किक विश्लेषण के माध्यम से, व्यक्ति उन पैटर्न, पूर्वाग्रहों और संज्ञानात्मक विकृतियों की पहचान कर सकता है जो भावनात्मक प्रतिक्रियाओं को प्रभावित कर सकते हैं। यह बढ़ी हुई आत्म-जागरूकता किसी के गतिशील परिदृश्य की गहरी समझ को बढ़ावा देकर भावनात्मक बुद्धिमत्ता को बढ़ाती है। तर्क दूसरों की भावनाओं को समझने और व्यक्तिगत प्रतिक्रिया में विवेकपूर्ण ढंग से महत्वपूर्ण भूमिका निभा सकते हैं, जिससे ज्यादा सटीक और संवेदनशील भावनात्मक समझ प्राप्त हो सकती है। तार्किक सोच मौखिक और

गैर-मौखिक संकेतों का निष्पक्ष विश्लेषण करने, भावनात्मक अभिव्यक्तियों को डिकोड करने और किसी की भावनाओं के पीछे अंतर्निहित प्रेरणाओं या ज़रूरतों को समझना आसान बनाती है।

यह तार्किक सहानुभूति लोगों को दूसरों के भावनात्मक अनुभवों में उन्हें मान्यता, समर्थन और समझ प्रदान करते हुए उचित प्रतिक्रिया देने में सक्षम बनाती है।

अच्छे संबंध बनाने और उन्हें लंबे समय तक चलाने के लिए भावनात्मक बुद्धिमत्ता की ज़रूरत पड़ती है। इसमें अपनी भावनाओं के प्रति जागरूक रहने, समझने और नियंत्रित करने तथा दूसरों की भावनाओं के प्रति जागरूक रहने और सहानुभूति रखने की क्षमता शामिल है। भावनात्मक बुद्धिमत्ता वाले लोग विवादों को बेहतर ढंग से सुलझा सकते हैं, स्पष्ट रूप से संवाद कर सकते हैं और सम्मान और विश्वास को बढ़ावा दे सकते हैं। तर्क और भावनात्मक बुद्धिमत्ता को एक साथ मिलाकर रिश्तों में सामंजस्यपूर्ण संतुलन हासिल किया जा सकता है। तार्किक सोच भावनाओं को नियंत्रित करने, आवेगपूर्ण प्रतिक्रियाओं को रोकने और विचारशील प्रतिक्रियाओं को बढ़ावा देने में मदद करती है। यह व्यक्तियों को भावनात्मक स्थितियों को स्पष्ट रूप से समझने और उनपर विचार करने की अनुमति देता है, जिससे गलतफहमी और संघर्ष में वृद्धि कम हो जाती है। इसके साथ ही, भावनात्मक बुद्धिमत्ता करुणा, सहानुभूति और संवेदनशीलता का पोषण करती है, एक सुरक्षित और सहायक वातावरण बनाती है, जहाँ भावनात्मक अभिव्यक्ति को महत्व दिया जाता है और समझा जाता है।

दर्शन और इतिहास

दर्शन और इतिहास समझने और ज्ञान प्राप्त करने के अपने प्रयासों में समान हैं। कोई यह कह सकता है कि इतिहास को समझना अपने आप में एक दार्शनिक प्रयास है। ये दोनों बौद्धिक क्षेत्र ज्ञान और समझ के एक उत्साही सहयोग से जुड़ते हैं। उन्हें मानव विचार के विशाल गलियारों को खोजने वाली दो शक्तियों के रूप में समझें, जो अस्तित्व के रहस्यों को प्रकाशित करने के लिए अतीत और वर्तमान को गले लगाती हैं। एक अनुभवी कहानीकार की तरह, इतिहास पुराने ज़माने की अनोखी कहानियों को उजागर करता है, जिससे हमें हमारे पूर्ववर्तियों के दिमाग और सोच की एक झलक मिलती है। यह ढेर सारे विचारोतेजक संबंध प्रदान करता है, जो हमें तर्क-वितर्क, वैचारिक क्रांतियों और उन भव्य दार्शनिक विचारों को देखने की अनुमति देता है, जिन्होंने हमारी दुनिया को आकार दिया है।

जब दार्शनिक गूढ़ जांच की गहराइयों में उतरते हैं तो इतिहास खुली बाँहों से उनका स्वागत करता है, और उनके सामने अरस्तू, डेसकार्टेस और अनगिनत अन्य दार्शनिक विद्वानों के रहस्यों को उजाकर करता है। यह एक समय-यात्रा करने वाला जहाज़ बन जाता है, जो हमें प्राचीन सभ्यताओं में वापस ले जाता है जब दार्शनिक खोज ने आकार लेना शुरू किया था। समय के गलियारों में प्रत्येक कदम के साथ, हमारा सामना मूलभूत प्रश्नों से जूझ रहे उन बौद्धिक दिग्गजों से होता है, जो हमारे दार्शनिक अन्वेषणों के लिए प्रारंभिक प्रयास प्रदान करते हैं। लेकिन इतिहास केवल

दर्शनशास्त्र का सहायक नहीं है। यह एक ऐसा साझेदार है जो हमारी समझ को पूरा करता है और हमारे तर्क को बढ़ावा देता है। यह अतीत से विचारों, चुनौतियों और जीत की एक श्रृंखला प्रदान करता है, जिससे हमारे समकालीन दार्शनिक संवाद में जीवन का संचार होता है। हमसे पहले आने वाले लोगों की जीतों और चुनौतियों का अध्ययन करके, हम उनके द्वारा लड़ी गई बौद्धिक लड़ाइयों, उनके विचारों को आकार देने वाले सांस्कृतिक संदर्भों और उनके योगदान की कालातीत प्रासंगिकता की गहरी सराहना कर सकते हैं।

इतिहास दार्शनिक तर्कों को आनुभविक साक्ष्यों का महत्व देता है। यह वो प्रयोगशाला बन जाती है जहाँ सिद्धांतों का परीक्षण किया जाता है, विचारों को परिष्कृत किया जाता है और परिकल्पनाओं को चुनौती दी जाती है। ऐतिहासिक घटनाओं और उनके प्रभावों की गहराई में जाकर, दर्शन अमूर्त अवधारणाओं का समर्थन करने या उन्हें चुनौती देने के लिए वास्तविक दुनिया के उदाहरण ढूंढता है। यह आलोचनात्मक सोच, नैतिक मूल्यांकन और मानव अस्तित्व की जटिलताओं के लिए एक खेल का मैदान बन जाता है।

दर्शन और इतिहास के बीच के संबंध को एक अकादमिक प्रयास और आकर्षक बौद्धिक यात्रा के रूप में देखा जा सकता है, जो विचारधाराओं, सभ्यताओं और बौद्धिक धाराओं के जटिल परस्पर-कार्य को स्पष्ट रूप से दर्शाता है। एक साथ मिलकर, वे एक गतिशील जोड़ी बनाते हैं जो दुनिया और ख़ुद के लिए हमारी समझ को समृद्ध करता है। दर्शनशास्त्र इतिहास के ज्ञान के स्रोत से प्रेरणा लेता है, जबकि इतिहास दार्शनिक जांच के माध्यम से

एक संदर्भ प्राप्त करता है। बौद्धिक अन्वेषण के इस संगीत में दर्शन और इतिहास एक साथ आते हैं, ताकि वो मानव अनुभव की सुंदरता और जटिलता को उजागर कर सकें। वे हमें याद दिलाते हैं कि हमारे प्रश्नों, दुविधाओं और अर्थ की खोज पर पूरे इतिहास में महान दिमागों ने विचार किया गया है। यह हमें समझाता है कि हम सभी में दुनिया को जानने और समझने की प्रवृत्ति है जो हमें अपने परिवेश को कई दृष्टिकोणों से देखने में सक्षम बनाती है, जिससे आख़िरकार हमें अपने आस-पास के लोगों और चीज़ों के बारे में विविध निष्कर्ष तक पहुंचने का ज़्यादा मौका मिलता है।

दर्शन और ज्ञान

इस क्षेत्र को अक्सर ज्ञान का समानार्थी माना जाता है; ज्ञान को अपने और दूसरों के अवलोकन, विवेक और अनुभवों के माध्यम से दुनिया को समझने के प्रयास के रूप में परिभाषित किया गया है। इसलिए, हर स्वस्थ व्यक्ति को दुनिया के अपने अनोखे दृष्टिकोण की वजह से दार्शनिक कहा जा सकता है, जो उन्हें अपने अनुभवों और अपने स्रोतों से प्राप्त ज्ञान से विरासत में मिलता है। वे अनुभव जीवन की विभिन्न अवधारणाओं और प्रतिमानों के बारे में राय बनाने में योगदान करते हैं, जिन्हें कभी-कभी नैतिक निर्णय लेने और जीवन में शांति पाने के लिए आधार के रूप में इस्तेमाल किया जाता है। शांति और नैतिकता के बारे में हमारे अनुभवों और दृष्टिकोणों की वजह से न्याय की उत्तम प्रणाली और दुर्व्यवहार करने वालों या अपराधियों को सज़ा देने का कानून तैयार हुआ है। विश्व हमारे दर्शनों द्वारा नियंत्रित या संरचित है जिसे हमारे विभिन्न अनुभवों के

कारण दोबारा रूपांतरित किया जा सकता है। हालाँकि, अक्सर, हमारे दृष्टिकोण और राय एक समान होते हैं क्योंकि जिन परिस्थितियों का हम सामना करते हैं, वे नैतिकता, तर्क और समझ के आधार पर निर्णय लेने की मांग करती हैं। हमारे अस्तित्व को संचार के समानार्थी के रूप में वर्णित किया जा सकता है, क्योंकि हम सजीव और निर्जीव, दृश्य और अदृश्य दोनों चीज़ों के साथ जुड़ते हैं।

हम जो ज्ञान प्राप्त करते हैं वह मौखिक और गैर-मौखिक संदेशों को देने और समझने की हमारी क्षमता से उत्पन्न होता है। ये संचार हमारी मानसिकता को व्यापक बनाने, वास्तविकता के सार को समझने और सत्य की खोज को आगे बढ़ाने के लिए उत्प्रेरक के रूप में काम करते हैं। इस तरह के आदान-प्रदान ने नैतिकता और दर्शन के विकास को गति दी है, जिससे सज़ा की अवधारणा के संबंध में विवाद पैदा होते हैं और विचारों को आकार दिया जाता है। उस व्यक्ति का उदाहरण लीजिए जिसके साथ चोरी हुई थी। हममें से अधिकांश लोगों की राय है कि चोर को सज़ा मिलनी चाहिए। दूसरों के कारण पीड़ा सहने और उससे गुज़रने के अपने अनुभव के कारण, हम सोचते करते हैं और महसूस करते हैं कि अपराधियों को भी उसी पीड़ा का सामना करना चाहिए। दूसरी ओर, कुछ ऐसे भी हैं जो प्रणाली और मानव जाति में सुधार के बड़े लक्ष्य के साथ अपराधी को दंडित करने के बजाय, उसकी मानसिकता को समझने पर ध्यान केंद्रित करते हैं।

हालांकि, हम सभी में दार्शनिक होने की प्रवृत्ति होती है; हमारे दर्शन अनुभव के आधार पर अलग-अलग है।

हम कैसे जीते हैं से लेकर दुनिया की आर्थिक प्रणालियाँ कैसे संचालित होती हैं तक, सब कुछ उन दर्शनों से प्रभावित है जिन्हें हमने या तो विकसित किया है, या फिर अपनाया या विरासत में पाया है, जो हमारी विश्वास प्रणाली में एक महत्वपूर्ण भूमिका निभाते हैं। अंत में, हमारे विश्वास निर्णय लेने की प्रक्रिया और ख़ुशी पाने और ख़ुद को जानने के लिए रिश्ते बनाने में हमारा मार्गदर्शन करते हैं। वे विश्वास दुनिया के बारे में हमारे व्यापक दृष्टिकोण को निर्धारित करते हैं और हमें ज्ञान को समझने के मार्ग पर स्थापित करते हैं।

हालांकि, दर्शन ज्ञान का मित्र है और यहाँ तक कि समानार्थी भी है, लेकिन ये दोनों अलग-अलग सिद्धांत हैं जिनका आपस में गहरा संबंध है। ज्ञान जानकारी को भावनात्मक, तथ्यात्मक और सामाजिक रूप से संसाधित करने की क्षमता है जबकि, दूसरी तरफ, जटिल अवधारणाओं और वास्तविकताओं को समझना और उन्हें समझने योग्य भाषा में कोड करना दर्शन है। जब कोई व्यक्ति यह समझते हुए कि संचारक क्या कहने की कोशिश कर रहा है, बातचीत में गहराई का पता लगाने में समर्थ होता है तो वो ज़्यादा परिष्कृत वास्तविकताओं को समझ सकता है। यह समझने की उनकी क्षमता और इच्छा कि कभी-कभी ज़्यादातर चीज़ों के अर्थ से जुड़ी परतें होती हैं, उन्हें दुनिया की मूल वास्तविकता को बेहतर ढंग से समझने में सक्षम बनाती हैं। ज्ञान तब प्राप्त किया जा सकता है जब किसी व्यक्ति के पास विश्लेषण करने के लिए धैर्य हो, जबकि दर्शन ज्ञान पाने के लिए जिज्ञासा और क्षमता का इस्तेमाल करने के बारे में है जो वास्तविकता के लिए उनकी समझ के लिए पूरक का काम करती है। विभिन्न चीज़ों का अनुभव करने और

अपने दिमाग को जानकारी के सबसे सच्चे स्रोतों से भरने से ज्ञान विकसित होता है, जो किताबों और लेक्चरों तक सीमित नहीं हैं। कोई भी व्यक्ति जीवन के अनुभवों से समान रूप से ज्ञान प्राप्त कर सकता है, ख़ासकर रिश्तों को सहेजकर और विकसित करके , चाहे वे एक मौसम के लिए रहें या फिर जीवन भर। इसलिए, ज्ञान तब प्राप्त होता है जब जिज्ञासा को सराहा जाता है, परिवेश का पता लगाया जाता है, और अनुभवों को मूल्य दिया जाता है, जबकि व्यक्ति बेहतर चुनाव करने और जीवन के सभी हितधारकों की भलाई के लिए स्थितियों में संतुलन बनाने के लिए लगातार अंतर्दृष्टि की तलाश में रहता है। ज्ञान किसी व्यक्ति की धारणा के विकास में भी मदद करता है, और साथ ही इसमें भी सहयोग करता है कि हम लोगों, हमारी वास्तविकता और परिवेश से कैसे जुड़ते हैं। अपनी धारणा को समझने से आपके बातचीत के तरीके में महत्व जुड़ सकता है, और आपको अधिक प्रभावी बनने में मदद मिलेगी और साथ ही उन स्थितियों से बचने में मदद मिलेगी जहाँ आप अन्यथा प्रभावित होंगे। कुछ मायनों में, एक दार्शनिक दिमाग परिवेश का पता लगाने और सत्य की खोज करने की जिज्ञासा पर काम करता है। यदि सीमित अवलोकन से भ्रम उत्पन्न होता है, तो इसके परिणामस्वरूप सत्य को समझिए और हम सबके आसपास सब कुछ जानने की इच्छा दार्शनिक होती है है क्योंकि हम सभी में अपने अस्तित्व की प्रकृति का पता लगाने की इच्छा विकसित करने की प्रवृति होती है। हालाँकि, यह इच्छा शुरू में हमें दुनिया को अपने एकमात्र दृष्टिकोण से समझने तक

सीमित कर सकती है, जबकि ज्ञान और दर्शन हमें सामान्य निष्कर्ष पर पहुंचने के लिए दूसरे के दृष्टिकोण से समझने की मांग करते हैं। हमारे अस्तित्व की खोज विश्वासों को जन्म दे सकती है, जो कभी-कभी आस्था से जुड़ी हो सकती हैं। विश्वास और आस्था आपस में जुड़े हुए हैं, फिर भी उनके बीच संबंध निर्धारित करने के लिए दोनों अवधारणाओं के बीच के अंतर को समझा जाना चाहिए। विश्वास को तथ्यों, सूचनाओं और अनुभवों के आधार पर किसी भी चीज़ को सही मानने की मानवीय आदत या मानसिकता के रूप में परिभाषित किया जा सकता है। साथ ही, आस्था का अर्थ उस विश्वास पर संदेह किए बिना हर सुख-दुःख में उसका पालन करना है।

दूसरे शब्दों में, विश्वास से आस्था तक की यात्रा आपके द्वारा दुनिया और अनुभव से प्राप्त ज्ञान में भरोसे के विकास की प्रक्रिया है - साथ ही खुद पर भरोसा भी।

धर्म और दर्शन

एक दार्शनिक मस्तिष्क के निर्माण का उद्देश्य वास्तविकता को समझना है; वास्तविकता को समझने का प्रयास धर्म के सिद्धांत को जन्म देता है। दार्शनिक दिमाग होने से वास्तविकता के ताने-बाने को समझने और सहज रूप से हमारे निर्माता की तलाश करने के मानवीय प्रयास को भी बढ़ावा मिलता है। ईश्वर की बुद्धि और दृष्टि अनंत है, और उसे और हमारे उद्धारकर्ता, यीशु मसीह को खोजने के माध्यम से, हम ब्रह्मांड में अपने उद्देश्य और स्थान को समझने

की एक बड़ी प्रवृत्ति के लिए ख़ुद को खोलते हैं।

दूसरे शब्दों में, ऐसा कहा जा सकता है कि धर्म और दर्शन एक खूबसूरत कड़ी में एक साथ बुने हुए हैं। धर्म को परमेश्वर में आस्था होने के रूप में वर्णित किया जा सकता है। इसे आपको दी गई ज़िम्मेदारियों को पूरा करते हुए नैतिक आधार पर रहने की आचार संहिता के रूप में समझाया जा सकता है। दूसरी ओर, दर्शनशास्त्र आशावाद के साथ जीने और चेतना व आत्म-प्रबंधन के साथ प्रतिकूल भावनाओं से गुज़रने के लिए दुनिया के बारे में प्रश्न करने के स्तंभों का गठन करता है। दार्शनिक दिमाग का इस्तेमाल धर्म के अस्तित्व के प्रति अधिक सराहना प्राप्त करने के लिए किया जा सकता है; यह धर्म और परमेश्वर के सिद्धांतों और अवधारणाओं के विकास और समझ का पूरक है। इसलिए, यह हर किसी के लिए समझने योग्य तरीके से समझ से बाहर अवधारणाओं को समझाता है। यह निर्माता में विश्वास को मजबूत बनाता है जिससे उन्हें उस सत्य की तलाश करने में मदद मिलती है जिसे नंगी आँखों से नहीं देखा जा सकता है। दार्शनिक अवधारणाएं लोगों को

अपने परिवेश का पता लगाने और लोगों व दुनिया के बारे में धर्म और दर्शन सैद्धांतिक रूपरेखाओं और कार्यप्रणालियों का आशावान बने रहने में मदद करने के लिए धर्म के आधार की समावेश हैं, जिनका उद्देश्य लोगों के जीवन में आशा लाना है। ये पूरक हैं।

दोनों विशाल क्षेत्र नैतिकता के सिद्धांतों और दूसरों की भावनाओं को महत्व देने की आवश्यकता को स्थापित करके सामाजिक आधार पर दुनिया और व्यक्तियों की बेहतरी पर ध्यान केंद्रित करते हैं।

इसके अलावा, धर्म और दर्शन ने जीवन के उद्देश्य को पहचानने

को बहुत महत्व दिया है।

फिर भी, दर्शन धर्म से अलग है क्योंकि धर्म का काम ईश्वर की इच्छा, लोगों और नैतिकता को समझना है। इसकी तुलना में, दर्शन दुनिया, धर्म और मानव मन की प्रकृति को समझने से संबंधित है, जो विश्वास की शक्ति की मदद से पूरी अवधारणा बनाता है। एक अलग संदर्भ में दर्शन किसी व्यक्ति की विश्वास की प्रणाली और तर्क के ढांचे के साथ उसके संबंध और उत्तर खोजने में योगदान दे सकता है। जिज्ञासा को संतुष्ट करने वाले उत्तरों का विश्लेषण करने और तलाशने की क्षमता और दुनिया कैसे चलती है इसकी समझ पाने की आवश्यकता; वो समझ स्पष्टता देती है जिसकी वजह से तार्किक विश्वास बनेंगे। उन तार्किक विश्वासों की जड़ें मजबूत होती हैं और उनमें आस्था में बदलने की क्षमता होती है। इसलिए, सत्य को इस तथ्य से समझा जा सकता है कि प्राचीन सभ्यताओं में लोगों द्वारा बनाए गए विश्वासों ने उन्हें अपने जीवन में उच्च स्तर की संतुष्टि और उद्देश्य प्राप्त करने में सहायता की। इस विश्वास की वजह से आस्था की अवधारणा आयी - जो हर धर्म का पहला स्तंभ है। आशा और निरंतरता से जुड़े होने के कारण आस्था सफलता के बीज बोने में मदद कर सकती है। इसलिए, हर किसी को सलाह दी जाती है कि वे अपने गुणों के प्रति आस्थावान बनने के लिए: खुद पर हद तक से विश्वास करें। आइंस्टाइन जैसी दिमाग होने पर भी सफलता की गारंटी नहीं मिल सकती है, लेकिन आत्म-विश्वास किसी व्यक्ति को लंबे समय तक और कड़ी मेहनत करने में मदद कर सकता है, भले ही

उसके सामने कितनी ही मुश्किलें क्यों न हों। आत्म-विश्वास व्यक्ति को जल्द ही परिणाम प्राप्त होने की आशा के अनुरूप बने रहने के लिए प्रोत्साहित करता है और यही कारण है कि यह उसके पीछे सफलता लेकर आता है। यह किसी व्यक्ति को समाधान खोजने और उसके मन में बनी छवि को वास्तविकता में बदलने के लिए अधिकतम ... प्रयास करने के लिए प्रेरित करता है।

उपलब्धियों के इतिहास में, कुछ उल्लेखनीय व्यक्ति पारंपरिक उम्मीदों को चुनौती देते हैं और दुनिया पर एक अमिट छाप छोड़ते हैं। ऐसा ही एक व्यक्ति मेरा दोस्त है, जिसकी यात्रा गहरे व्यक्तिगत विश्वास में निहित आत्मविश्वास के प्रभाव का उदाहरण है।

प्रभावशाली डिग्री या विशेषाधिकार प्राप्त पृष्ठभूमि वाले लोगों के विपरीत, मेरे मित्र की जीत अंधे आत्म-विश्वास का परिणाम नहीं थी। बल्कि, वे अद्भुत आत्म-विश्वास के भंडार से निकली थी, जिसकी कोई सीमा नहीं थी। अपनी क्षमताओं में इस विश्वास ने उसे अपने रास्ते में आने वाली चुनौतियों की परवाह किए बिना आगे बढ़ने के लिए प्रेरित किया। ऐसे समय और परिस्थितियां सामने आये जहाँ उसके चारों तरफ संदेह और मुश्किलें मौजूद थीं, लेकिन उसके दृढ़ विश्वास ने उसे उनसे प्रभावित नहीं होने दिया। ख़ुद में विश्वास से युक्त होकर, उसने निडर होकर अपने लक्ष्यों का पीछा किया, और निंदकों, निराशावादियों या असफलताओं से प्रभावित होने से इंकार कर दिया। उसके आत्म-विश्वास की गहराइयों की कोई सीमा नहीं थी, जिससे उसे वो हासिल करने की ताकत मिली जिसे दूसरे असंभव समझते थे। विश्वास और आत्मविश्वास के बीच के संबंध का

प्रमाण है; उसका आत्म-विश्वास विश्वास के प्रिज़्म से फलता-फूलता रहा, अंत में, जिसपर वो फोकस कर पाया और उसे अपने फायदे के लिए इस्तेमाल किया। सक्रिय आत्मविश्वास और उसके दृढ़ विश्वास की प्रेरक शक्ति के इस दुर्लभ संयोजन ने उसे अपने सपनों के और भी करीब ला दिया।

इतिहास की कहानियों में, हमें अक्सर आस्था और आत्मविश्वास के बीच शक्तिशाली तालमेल मिलता है। इन दो विशिष्ट शक्तियों का संयोजन लोगों को विपरीत परिस्थितियों से उबरने, अपना भाग्य बनाने और एक स्थायी विरासत छोड़ने में सक्षम बनाता है।

दर्शन और आवश्यकता

स्वयं की ठोस परिभाषा पाने की प्रक्रिया में उन चीज़ों का मूल्यांकन करना महत्वपूर्ण हो सकता है जो आप चाहते हैं, उसकी तुलना में जिसकी आपको वास्तव में ज़रूरत है। उन ज़रूरतों को पूरा करने की अपनी वर्तमान क्षमता का मूल्यांकन ज़रूरी है।

आस्था और धर्म की समझ आपको ज़मीन से जुड़कर रहने में मदद कर सकती है, जबकि दर्शन ज्ञान के साथ मिलकर सीमाओं को पार करने में मदद कर सकता है, जो जीवन में आपके उद्देश्य को पूरा करने और इसके माध्यम से वित्तीय सुरक्षा पाने की आपकी क्षमता में योगदान करता है।

पैसे कमाना जीवन का एक महत्वपूर्ण हिस्सा है क्योंकि यह हमारे जीवन के दूसरे पहलुओं को भी प्रभावित करता है कि हम कैसे जीते हैं और हमारा जीवन कैसा होता है। खुद को समझने में असमर्थ होने पर कभी-कभी हम अपनी सच्ची प्रतिभाओं से दूर हो

सकते हैं। इसकी वजह से व्यक्ति ऐसे दूसरे क्षेत्रों में जा सकता है जिसमें उसे कोई रूचि नहीं है; परिणामस्वरूप, हम उतने पैसे नहीं कमा पाते हैं और अपनी सच्ची क्षमता तक नहीं पहुंच पाते हैं। हमारे चुने गए करियर या पेशे में कम रूचि की वजह से हमारे सर्वोत्तम प्रयासों में कमी आ सकती है, जिसकी वजह से हमारी आय प्रभावित होती है। ख़ुद को समझने का अवसर खोने के अलावा, इसकी वजह से हमारी क्षमता, अवसर की संभावना, और समृद्ध होने और अपने परिवारों का भरण-पोषण करने के लिए हमारी क्षमता को अधिकतम करने के लिए आवश्यक अंतर्दृष्टि भी सीमित है। जैसे-जैसे हमारी उम्र बढ़ती है, नकद और बचत बढ़ाने के लिए निवेश करना ज़्यादा ज़रूरी हो जाता है, ख़ासकर तब जब हमारे ऊपर बच्चों और घर की ज़िम्मेदारी होती है। फिर भी, ख़ुद को, अपने परिवार और दुनिया को समझने के लिए उत्तर खोजने की समझ और क्षमता हमें धन-संबंधी विज्ञान की बुनियादी बातों और जटिलताओं को समझने में मदद करती है, जो आपको धन का आवश्यक ज्ञान प्रदान करती है। यह आपके द्वारा इस जीवन में बनाए गए रिश्तों को प्रभावित किए बिना सेवानिवृत्ति के बाद बेहतर जीवन की योजना बनाने और बेहतर जीवन जीने के लिए समझदारी से कमाने और निवेश करने की आपकी क्षमता में योगदान करती है। दर्शन हमारे परिवेश के बारे में जानकारी और ज्ञान की खोज को शामिल करता है, जिससे हमें दूसरों के साथ और हमारे आस-पास के वातावरण के साथ हमारी परस्पर क्रिया की जटिल

गतिशीलता को समझने की अनुमति मिलती है। अफसोस की बात है कि, कई व्यक्ति अक्सर अपनी ज़रूरतों और चाहतों के बीच अंतर की कमी के कारण पैसे के साथ अस्वस्थ रिश्ते से जूझते हैं।

ख़ुशी के सच्चे अर्थ के संबंध में इस भ्रम ने असुरक्षाओं में बढ़ोतरी की है, जिसकी वजह से कुछ लोग पैसों को ही प्रसन्नता का स्रोत समझ बैठते हैं। इसकी वजह से, कंपनियां समझ में इस कमी का फायदा उठाती हैं, और बड़ा आर्थिक मुनाफा कमाती है। पैसों के साथ स्वस्थ रिश्ता बनाने के लिए, आत्मनिरीक्षण करना और इस बात पर स्पष्टता प्राप्त करना आवश्यक हो जाता है कि पैसा हमारे लिए व्यक्तिगत रूप से क्या मायने रखता है, हमारे जीवन में वास्तविक खुशी के स्रोत और संतुष्टि के सबसे सटीक रूप क्या हैं। पैसे के साथ एक स्वस्थ संबंध विकसित करने से हमें अपनी ज़रूरतों को पूरा करते हुए अपने वित्त का प्रबंधन करने और इच्छाओं और ज़रूरतों के बीच के अंतर को समझने में मदद मिलती है। यह पैसे बचाने, संभावित निवेश के अवसरों की खोज करने और हमारी कमाई को अधिकतम करने के लिए हमारी अद्वितीय प्रतिभाओं और पूंजों का लाभ उठाने को प्रोत्साहित करता है।

यह स्वीकार करना भी ज़रूरी है कि पैसा एक हद तक भावनात्मक संतुष्टि को प्रभावित कर सकता है। यह हमें ऐसी चीज़ें और सेवाएं पाने का अवसर देता है जिससे हमें ख़ुशी मिलती है और उदारता के व्यवहार के माध्यम से दूसरों के लिए हमारे स्नेह को व्यक्त करने में हमें सक्षम करती हैं। इस मामले में, पैसा भावनात्मक संतुष्टि की पूर्ति में योगदान दे सकता है।

दार्शनिक मानसिकता अपनाकर, हम भौतिक संपदा से परे इसके मूल्य को पहचानते हुए, अपने जीवन में इसकी भूमिका को स्वीकार करते हुए, धन के प्रति एक संतुलित रवैया अपनाने का प्रयास कर सकते हैं। यह दृष्टिकोण हमें गहरी समझ के साथ हमारी वित्तीय यात्रा की जटिलताओं से निपटने में सक्षम बनाता है, और इस बात का ध्यान रखता है कि हमारी भावनात्मक ज़रूरतें पूरी हों और हमारे वित्तीय संसाधनों के साथ अधिक सार्थक संबंध को बढ़ावा मिले।

हालाँकि, पैसा ज़रूरी है, फिर भी उन्हीं नोटों को हमारे प्रियजनों की वजह से अर्थ मिलता है, जिन्हें एक आलिशान जीवन देकर हम बिगाड़ना चाहते हैं। इसलिए, हमारा जीवन हमारे परिवार के इर्द-गिर्द घूमता है। उनसे हम रिश्ते निभाना सीखते हैं - जो हमारे जीवन का सबसे महत्वपूर्ण कार्य है।

हर दूसरे दिन, हम अपने जीवन में दार्शनिक अवधारणाओं और अपने अंदर निहित ज्ञान के आधार पर नए रिश्ते बनाते हैं और पुराने रिश्तों को सुधारते हैं। कुछ बिंदुओं पर, हम अपने रिश्तों का आनंद लेते हैं, लेकिन कुछ बिंदुओं पर, हमारे अंदर रिश्तों को गलत तरीके से संभालने की प्रवृत्ति होती है, और कभी-कभी, हम उन रिश्तों से बाहर निकलने की रणनीतियों पर अमल करते हैं जिनमें बने रहना हमारे सर्वोत्तम हित में हो सकता है। मनुष्य होने के नाते, आम तौर पर हमें वर्तमान क्षण में रहना और जो भी अपने पास है उसका आनंद लेना नहीं आता है। अपने सभी रिश्तों के साथ वर्तमान क्षण में जीना सीखना महत्वपूर्ण है क्योंकि समय मायने

रखता है। हमें बिताए गए समय की सराहना करना सीखना चाहिए और रिश्तों द्वारा हमारे जीवन में लाई गई गर्माहट को महत्व देना चाहिए। इससे हमें उस विशिष्टता को बेहतर ढंग से समझने में मदद मिलेगी जो हमारी स्थितियों को विशेष बनाती है। बहुत से लोग प्यार और अटेंशन चाहते हैं लेकिन इसे प्राप्त नहीं कर पाते; कभी-कभी तो उनके ऊपर उन लोगों का ध्यान भी नहीं जाता जो उनके साथ सबसे अधिक समय बिताते हैं। कुछ मामलों में, अटेंशन और प्यार को पैसों के माध्यम से दर्शाया जा सकता है, लेकिन इस तरह की स्थिति को टिकाऊ बनाने के लिए आपका दिल और इरादा सही होना चाहिए। यह किताब आपको आर्थिक रूप से सुरक्षित जीवन जीने के लिए एक दार्शनिक दिमाग अपनाने के लिए मार्गदर्शन करेगी जहाँ आप रिश्तों को विकसित कर सकते हैं और वित्तीय सुरक्षा की आवश्यकता को प्राथमिकता देने के तरीकों की खोज करते हुए अपने व्यक्तिगत विकास पर मेहनत कर सकते हैं और एक कार्य योजना बनाने की दिशा में कदम उठा सकते हैं।

दर्शन और वित्त

पहली नज़र में ऐसा लगता है कि दर्शन और वित्त मानव विचार के दो अलग-अलग क्षेत्रों में निवास करते हैं। दर्शन गहरे अस्तित्व संबंधी प्रश्नों पर प्रकाश डालता है, जबकि वित्त धन प्रबंधन और आर्थिक प्रणालियों की व्यावहारिकताओं से संबंधित है। हालाँकि, करीब से देखने पर, हमें उनके बीच एक सुंदर संबंध का पता चलता है जहाँ ये दोनों विषय मिलते हैं, जो वित्तीय निर्णयों पर

दार्शनिक सिद्धांतों के प्रभाव और आर्थिक प्रणालियों के अंतर्निहित दार्शनिक आधारों पर प्रकाश डालते हैं। दर्शन, आलोचनात्मक सोच और बौद्धिक जांच पर ज़ोर देने के साथ, एक दार्शनिक लेंस प्रदान करता है जिसके माध्यम से हम वित्त के नीति-संबंधी और नैतिक आयामों का विश्लेषण करते हैं। यह हमें धन, संपत्ति और इसके सामाजिक वितरण की मूलभूत प्रकृति में गहराई खोजने के लिए प्रेरित करता है। उपयोगितावाद, धर्मशास्त्र और सद्गुण नैतिकता जैसे नैतिक सिद्धांत ज़िम्मेदार वित्तीय निर्णय लेने की हमारी समझ को आकार देते हैं, और व्यक्तियों व समाज के व्यापक कल्याण पर विचार करते हुए आर्थिक समृद्धि की हमारी खोज में हमारा मार्गदर्शन करते हैं। इसके अलावी, दर्शन हमें मूल्य की प्रकृति और मानवीय इच्छाओं और ज़रूरतों की जटिलताओं पर विचार करने के लिए आमंत्रित करता है। यह हमें ख़ुशी और संतुष्टि के वास्तविक स्रोतों पर सवाल उठाते हुए, धन, उपभोक्तावाद और भौतिकवाद के प्रति अपने दृष्टिकोण की जांच करने की चुनौती देता है। दार्शनिक जांच के माध्यम से, हम एक संतुलित दृष्टिकोण की तलाश करते हुए, पर्याप्तता, प्रबंधन और टिकाऊ वित्त जैसी अवधारणाओं को जानते हैं, जो हमारे वित्तीय विकल्पों को हमारे व्यक्तिगत मूल्यों और सामाजिक कल्याण के साथ संरेखित करता है।

इसके विपरीत, वित्त, एक व्यावहारिक क्षेत्र के रूप में, अपने स्वयं के दार्शनिक आयाम प्रदान करता है। आर्थिक सिद्धांत, निवेश रणनीतियां और जोखिम प्रबंधन संरचनाएं मानव व्यवहार,

तर्कसंगतता और बाज़ारों की प्रकृति के बारे में दार्शनिक धारणाओं पर बनाई गई हैं। उदाहरण के लिए, कुशल बाज़ार परिकल्पना बाज़ार के सहभागियों की तर्कसंगतता में दार्शनिक विश्वास पर आधारित है।

इसके साथ ही, व्यवहारिक वित्त मनोवैज्ञानिक पूर्वाग्रहों और तर्कहीन निर्णय लेने पर विचार करके इस धारणा को चुनौती देता है। इसके अलावा, वित्त वास्तविक दुनिया में दार्शनिक सिद्धांतों को लागू करने के लिए एक मंच प्रदान करता है। उदाहरण के लिए, प्रभाव निवेश, सकारात्मक सामाजिक और पर्यावरणीय परिणाम उत्पन्न करने वाले उद्यमों की ओर पूंजी को निर्देशित करके नैतिक विचारों को शामिल करता है। इसी तरह, सामाजिक रूप से ज़िम्मेदार निवेश, निवेश निर्णयों में दार्शनिक मूल्यों को एकीकृत करता है, जो पर्यावरणीय स्थिरता, मानवाधिकार और कॉर्पोरेट प्रशासन संबंधी चिंताओं को दर्शाता है। दर्शन और वित्त का आपस में संबंध व्यक्तिगत वित्त तक भी फैला हुआ है। धन की प्रकृति, वित्तीय स्वतंत्रता और सार्थक जीवन की खोज पर दार्शनिक चिंतन हमारे वित्तीय लक्ष्यों और प्राथमिकताओं को सूचित करते हैं। यह हमें व्यक्तिगत विकास, आत्म-अनुभूति और जीवन के बड़े उद्देश्यों को पूरा करने के लिए पैसे को एक उपकरण के रूप में देखने के लिए प्रोत्साहित करता है। दार्शनिक सिद्धांतों को अपनाकर, हम अपनी गहरी आकांक्षाओं और मूल्यों के साथ अपनी भौतिक आवश्यकताओं को संतुलित करते हुए, उद्देश्यपूर्ण ढंग से वित्तीय निर्णय ले सकते हैं।

इस किताब का लक्ष्य जीवन की प्रकृति के संबंध में बातचीत में शामिल होना है और यह कि दर्शन हमें पूर्ण प्राणियों में आकार देने में कैसे सहायक हो सकता है। इस प्रक्रिया में हम आस्था, परिवार, रिश्तों और ख़ुद को आर्थिक रूप से सुरक्षित बनाने की राह पर लाने के क्या मायने हैं जैसे विषयों के बारे में जानते हैं। अपने दर्शन और ज्ञान के माध्यम से जीवन और ख़ुद को समझना भविष्य के लिए योजना बनाने की आपकी क्षमता में योगदान देगा। जीवन के सफर को जानने में दिलचस्प तरीके से डूबे हुए लेखक के तौर, मैं कुछ हद तक इस जीवंत बातचीत में शामिल होने के लिए प्रेरित हूँ, जो पाठकों को आस्था, दर्शन और जीवन के जटिल अंतर्संबंधों की एक आशावादी परिवर्तनकारी खोज की पेशकश करती है।

इन पन्नों के अंदर, मैं आपको विद्वानों की अंतर्दृष्टि और व्यक्तिगत किस्सों द्वारा निर्देशित एक आत्म-खोज यात्रा शुरू करने के लिए आमंत्रित करता हूँ, जहाँ हम उन परस्पर जुड़े विषयों को सुलझाते हैं जो एक सार्थक और पूर्ण अस्तित्व की नींव रखते हैं। जैसे-जैसे हम ज्ञान और वास्तविकता के सार में उतरते हैं, दर्शनशास्त्र प्रमुख बन जाता है, जो एक ऐसा विषय है जिसने सदियों से विद्वानों के मन को मोहित किया है। हम ध्यान और सोच की यात्रा पर जाएंगे, उपस्थिति के रहस्यों को जानने और आत्मविश्वास व दृढ़ विश्वास के मार्ग को उजागर करने के लिए दार्शनिक परिदृश्य को पार करेंगे। हम नैतिक सिद्धांतों, तर्क और विचार को मिलाकर एक दार्शनिक मानसिकता बनाते हैं - एक शक्तिशाली उपकरण जो यह निर्धारित करता है कि हम आंतरिक और बाहरी दुनिया को

कैसे देखते हैं।

इस समझ में डूबकर, हम ज्ञान की असाधारण शक्ति का पता लगाते हैं। प्राचीन और आधुनिक विचारकों के अनुभवों और ज्ञान से प्रेरणा लेते हुए, हम ज्ञान के जटिल क्षेत्र में आगे बढ़ेंगे, इसकी बारीकियों को समझेंगे और इसके रहस्यों को उजागर करेंगे। साथ ही साथ, हम जागरूकता और जवाबदेही बढ़ाने, तर्कसंगत सोच के साथ अपनी भावनाओं को सुसंगत बनाने और दूसरों के साथ सार्थक संबंधों को बढ़ावा देने में ज्ञान की परिवर्तनकारी क्षमता को उजागर करेंगे। यह अन्वेषण लोगों के साथ सम्मानपूर्वक व्यवहार करने के महत्व को उजागर करेगा, जिससे हमारे जीवन को समृद्ध बनाने वाले [illegible] सामना एक ऐसी शक्ति से होता है जो हमें आगे धकेलती है, जिससे हमें चुनौतियों को पार करने और जीवन को पूरी तरह से सराहने की अनुमति मिलती है। उन लोगों के आकर्षक विवरणों के माध्यम से, जिनका जीवन धर्म से काफी प्रभावित रहा है, हम परिवर्तन लाने, मार्गदर्शन प्रदान करने और हमारे जीवन को अर्थ और संतुष्टि देने की इसकी अविश्वसनीय क्षमता देखते हैं। हम अपने विश्वासों को ज्ञान के साथ एक सीध में लाने का प्रयास करते हैं, और ऐसा करते समय आस्था को दिशा सूचक यंत्र के रूप में उपयोग करते हैं। यह एक मजबूत संबंध बनाता है जो दुनिया की हमारी समझ और इसमें हमारी भूमिका को बेहतर बनाता है। जैसे-जैसे हमारी यात्रा आगे बढ़ती है, हम वित्त और ज्ञान के अंतर्संबंध का सामना करते हैं। यहाँ, हम जीवन में जल्दी ही समझदारी वाले वित्तीय निर्णय लेने के महत्व और ऐसे

निर्णयों को लेने में बहुत देर करने के खतरों के बारे में जानते हैं। सामूहिक रूप से, हम बचत और निवेश की खूबियों का मूल्यांकन करते हुए और एक आपातकालीन निधि की स्थापना के पीछे की बुद्धिमानी को जानते हुए, ऋण शोधन क्षमता और परिसंपत्ति संचय के जटिल परिदृश्य से होकर गुज़रते हैं। सिद्ध निवेश रणनीतियों द्वारा निर्देशित होकर, हम एक सुरक्षित और समृद्ध भविष्य सुनिश्चित करते हुए वित्तीय सफलता के रहस्यों को उजागर करते हैं।

हालाँकि, जीवन केवल वित्तीय समृद्धि से परिभाषित नहीं होता है। हमारे रिश्तों की गुणवत्ता और जो भी संबंध हम बनाते हैं उनकी गुणवत्ता हमारे अस्तित्व को वास्तव में समृद्ध बनाती है। इस प्रकार, हम मानवीय संबंध और समाजीकरण के महत्व को पहचानते हुए, जीवन भर के रिश्तों को विकसित करने में लगे हुए हैं। जो भी यादें और प्रभाव हम पीछे छोड़ते हैं उन्हें संजोते हुए, हम दूसरों के लिए अच्छा होने के प्रभाव को जानते हैं। इन रिश्तों का पोषण करके, हम ख़ुशी, संतुष्टि और एक अच्छे जीवन का द्वार खोलते हैं।

हमारी खोज की समाप्ति विरासत के क्षेत्र में होती है, जहाँ हम अपने मूल्य को एक पीढ़ी से दूसरी पीढ़ी को सौंपने के महत्व पर विचार करते हैं। एक साथ मिलकर, हम मजबूत पारिवारिक मूल्य बनाने और उनकी परिवर्तनकारी शक्ति की जटिलताओं पर विचार करते हैं। व्यक्तिगत किस्सों और विचारोत्तेजक अंतर्दृष्टि के माध्यम से, हम इन मूल्यों के पोषण, समय से परे स्थायी संबंधों को बढ़ावा देने के अपार लाभों को उजागर करते हैं।

मुझे उम्मीद है कि हम आस्था, ज्ञान, वित्त, रिश्तों और विरासत की शक्ति को खोलते हुए जीवन की जटिलताओं से निपटने के लिए एक रोडमैप बना सकते हैं।

इन विषयों के आपस में संबंधों को स्वीकार करके, आप संतोष, समृद्धि और प्रचुरता से युक्त जीवन की शुरुआत करेंगे। इस जीवन में, आस्था, ज्ञान और गहरी जड़ें जमाए हुए मूल्य उद्देश्य और संतुष्टि का एक संगीत बनाने के लिए सामंजस्यपूर्ण रूप से आपस में जुड़ते हैं। इस संपूर्ण चिंतनशील अभियान के दौरान, इसपर ध्यान देना ज़रुई है कि सच्चा रूपांतरण और आस्था व बुद्धि का विकास रातों-रात नहीं होता। उनके लिए दृढ़ता, ज़िम्मेदारी, और दुनिया की जटिलताओं की व्यापक समझ की ज़रूरत पड़ती है। जब हम सत्य और जागरूकता की तलाश करते हुए जीवन की सच्चाइयों से रूबरू होते हैं तो हम उस मूलभूत ज्ञान के लिए ज़्यादा सुगम हो जाते हैं जो हमारे विश्वासों और सच्चा कारकों के लिए नींव के रूप में काम करती है। इस समझ की वजह से, हमारा आत्मविश्वास और ज्ञान अडिग बन जाता है, और हमारे लाभों के लिए हमारी कृतज्ञता बढ़ती है। हालाँकि, खुशी और सफलता का पीछा करते समय कभी-कभी भारीपन महसूस हो सकता है, लेकिन पूर्णता के लिए प्रयास करने और ख़ुद के साथ दयालुता का व्यवहार करने में संतुलन बनाना महत्वपूर्ण है।

अपने लक्ष्यों का पीछा करते समय, हमें लचीलेपन, आत्म-विश्वास और अपने प्रियजनों के समर्थन के महत्व को याद रखना चाहिए।

इस रोमांचक सफर पर निकलते हुए, हम समझते हैं कि विश्वास सफलता का द्वार खोलने की कुंजी है। हम तर्क, नैतिकता और तर्क से बुने दर्शन के धागों के माध्यम से जीवन की जटिल धुन और उसमें अपनी भूमिका को समझना सीखते हैं।

जैसे-जैसे हम अनुभवों और अंतर्दृष्टियों को जानते हैं, हम दार्शनिक मानसिकता बनाने के लिए, आपके अस्तित्व को चलाने वाले उद्देश्य को पहचानने के लिए, और वित्तीय व भावनात्मक संतुष्टि की दिशा में एक समझदारी भरा मार्ग बनाने के लिए मूल्यवान उपकरणों और उपायों को जानेंगे। इसके साथ ही, हम अपनी ज़रूरतों को जानने, धन के सच्चे अर्थ को समझने, और हमारी महत्वाकांक्षाओं के अनुरूप सूचित निर्णय लेने के विशाल महत्व को उजागर करेंगे। हमारा लक्ष्य एक ऐसा मार्ग तैयार करना होगा, जो आपको एक ऐसे जीवन की ओर ले जाता है, जो ख़ुशियों, सफलता और गहरे संबंधों से भरपूर होती है। ईश्वर करे कि आप धर्म, ज्ञान, धन, रिश्तों और विरासत की जटिल परस्पर क्रिया के साथ काम करते हुए सदियों के ज्ञान, वर्तमान के सबक और भविष्य के वादे को अपनाएं। एक शानदार साहसिक यात्रा पर जाने की कल्पना करें जो सामान्य सीमाओं से परे है और आपको अटूट आस्था, गहन ज्ञान और प्रशंसा से भरे दिल के माध्यम से अद्भुत प्रचुरता के जीवन में ले जाती है।

अध्याय 2: दर्शन

आइये दर्शन की अद्भुत दुनिया को जानें। इस यात्रा के पहले चरण में दर्शन के औपचारिक अर्थ का विस्तार किया जायेगा। यह कुछ ऐसा है: दर्शन एक ऐसा अध्ययन है जो आलोचनात्मक सोच और तर्कसंगत जांच को प्रोत्साहित करता है। यह हमें धारणाओं पर सवाल उठाना, तर्कों का विश्लेषण करना और साक्ष्य का मूल्यांकन करना सिखाता है। दार्शनिक चर्चाओं में संलग्न होने से हमें जटिल मुद्दों के बारे में गहराई से और गंभीर रूप से सोचने की अनुमति मिलती है, जो सूचित निर्णय लेने और समस्याओं को प्रभावी ढंग से हल करने के लिए महत्वपूर्ण है। यह हमें एक सुसंगत विश्वदृष्टिकोण और जीवन में अर्थ और उद्देश्य की भावना विकसित करने में मदद करता है। हम दार्शनिक प्रश्नों के माध्यम से वास्तविकता, ज्ञान, नैतिकता, और मानव स्थिति की प्रकृति के बारे में मूलभूत सवालों का पता लगाते हैं। यह हमें विभिन्न विषयों का पता लगाने और विविध दृष्टिकोणों से जुड़ने के लिए प्रोत्साहित करता है। यह वह सहारा है जिसका इस्तेमाल हम जीवन के प्रश्नों के घातक पहाड़ को पार करते समय करते हैं। दर्शन बहुविषयक सोच को बढ़ावा देता है, जिससे हमें विभिन्न क्षेत्रों के विचारों को जोड़ने और संपूर्ण समझ प्राप्त करने की अनुमति मिलती है। लेकिन इन सभी कथनों के बीच, एक सवाल

खड़ा होता है। दर्शन के दायरे के अंदर, "स्वतंत्र इच्छा की क्या प्रकृति है?" यह एक ऐसा प्रश्न है, जिसका आज तक स्पष्टीकरण आवश्यक है। दर्शनशास्त्र, अध्ययन का एक दिलचस्प और विस्तृत क्षेत्र, हमें प्रश्नों और व्यावहारिक प्रवचनों से भरी बौद्धिक यात्रा शुरू करने के लिए प्रेरित करता है। दार्शनिक जांच के इर्द-गिर्द घूमते हुए, आइए हम दर्शन के सार को जानने और इसकी बहुमुखी प्रकृति का पता लगाने के लिए एक उत्साही बातचीत में शामिल हों।

अब, इसकी गहराई में जाने से पहले, हम सबसे पहले दर्शन का एक सामान्य दृष्टिकोण बनाएंगे। दर्शनशास्त्र बुद्धि का अध्ययन है, जिसमें अपने आस-पास के परिवेशों और अपने आस-पास के लोगों के ज्ञान का इस्तेमाल करके समस्याओं का अवलोकन करना शामिल है। यह ज्ञान, सत्य, धर्म, राजनीति, मानव स्वभाव, जीवन का अर्थ और इनके बीच की हर एक चीज़ का अध्ययन है। यह समस्या की गहराई में जाकर उसके कारण का पता लगाता है। एक बार जब समस्या समझाने योग्य हो जाती है, तो समाधान निकालना आसान हो जाता है। आंतरिक और बाहरी दुनिया की समझ के निर्माण से जुड़े होने के कारण, दर्शनशास्त्र को हर चीज़ के पीछे के अर्थ को देखने और उसके वास्तविक सार को समझने के लिए ख़ुद को कई सामाजिक और कठिन कौशल से लैस करने की आवश्यकता होती है। अब हम दर्शनशास्त्र के कुछ मूल सिद्धांतों पर चर्चा करेंगे।

दर्शन के अनुप्रयोग

अक्सर शिक्षा से जोड़े जाने वाले, दर्शनशास्त्र, को हमारे जीवन के कई क्षेत्रों में प्रासंगिकता और अनुप्रयोग मिलता है। इसका प्रभाव कक्षाओं और लेक्चर हॉल्स से परे, विभिन्न क्षेत्रों और विषयों में व्याप्त है। इन विविध अनुप्रयोगों को जाकर, हम दार्शनिक सोच की परिवर्तनकारी शक्ति को उजागर करते हैं। दर्शन के व्यावहारिक निहितार्थ चिकित्सा, प्रौद्योगिकी, व्यवसाय और व्यक्तिगत संबंधों जैसे क्षेत्रों में स्पष्ट हैं। चिकित्सा के क्षेत्र में, बायोएथिक्स की शाखा नैतिक निर्णय लेने का मार्गदर्शन करने के लिए दार्शनिक आधार से बहुत अधिक प्रभावित है। यह जीवन के अंत की देखभाल से लेकर रोगी की स्वायत्तता तक, जटिल नैतिक दुविधाओं को दूर करती है, जिससे इस बात का ध्यान रखा जाता है कि चिकित्सा पद्धतियाँ करुणा, सम्मान और न्याय के अनुरूप हों। तेज़ी से विकसित होने वाला क्षेत्र, प्रौद्योगिकी, अपनी ख़ुद की नैतिक चुनौतियां पेश करता है। कृत्रिम बुद्धिमत्ता, गोपनीयता और मानव एजेंसी से संबंधित चिंताओं को दूर करने में दार्शनिक विचार महत्वपूर्ण हैं। तकनीकी प्रगति के नैतिक निहितार्थों का गंभीर विश्लेषण करके, दर्शन हमें उन नीतियों और विनियमों को आकार देने की अनुमति देता है जो हमारी नैतिक दिशा के अनुरूप हों।

इसके अलावा, व्यावसायिक दुनिया में भी दार्शनिक विचार बहुमूल्य हैं, जहाँ नैतिक तरीके से निर्णय लेना और कॉर्पोरेट सामाजिक ज़िम्मेदारी सबसे प्रमुख होती है। दार्शनिक सिद्धांतों को अपनाकर, संगठन नैतिक संस्कृतियां बना सकते हैं और ऐसे वातावरण को बढ़ावा दे सकते हैं जो अखंडता, निष्पक्षता और

स्थिरता को प्राथमिकता देते हैं। दर्शनशास्त्र लीडरों को जटिल नैतिक परिदृश्यों में आगे बढ़ने और अपने मूल्यों के अनुरूप सूचित निर्णय लेने में मदद करता है।

व्यावसायिक क्षेत्रों के अलावा, दर्शन व्यक्तिगत संबंधों को समृद्ध करता है और मानवीय अनुभव को समझने के लिए एक रूपरेखा प्रदान करता है। प्रेम, ख़ुशी और अर्थ जैसी दार्शनिक अवधारणाओं में गहराई से उतरने से व्यक्तियों को अपने स्वयं के जीवन और दूसरों के साथ संबंधों के बारे में गहरी अंतर्दृष्टि प्राप्त करने की अनुमति मिलती है। दर्शन हमें अस्तित्वगत प्रश्नों, मूल्यों और एक पूर्ण जीवन की खोज पर विचार करने के लिए प्रेरित करता है। दर्शन एक उत्प्रेरक के रूप में काम करता है, जो विभिन्न विषयों को सूचित करता है और आकार देता है तथा विचारों के गतिशील आदान-प्रदान को बढ़ावा देता है। यह असमान समझ में आने वाले क्षेत्रों को जोड़ने वाले पुल के रूप में कार्य करता है, जो सदियों पुराने प्रश्नों के लिए नवीन दृष्टिकोण उत्पन्न करता है। दर्शन विज्ञान से लेकर नैतिकता, राजनीति से लेकर सौंदर्यशास्त्र तक बहु-विषयक अन्वेषण को प्रभावित और निर्देशित करती है। वैज्ञानिक जांच को लाभ मिलता है। दार्शनिक सिद्धांत वैज्ञानिकों को ज्ञान की प्रकृति, अनुभवजन्य साक्ष्य की सीमाओं और उनकी खोजों के नैतिक निहितार्थों की आलोचनात्मक जांच करने के लिए प्रेरित करते हैं। दर्शनशास्त्र के साथ जुड़ने से वैज्ञानिकों को व्यापक दृष्टिकोण मिलता है, जिससे दुनिया की ज़्यादा संपूर्ण समझ बनती है।

दर्शन और विज्ञान के बीच का संबंध पारस्परिक है। दार्शनिक

जांच अक्सर वैज्ञानिक अन्वेषण की नींव रखती है, जो वैज्ञानिक सिद्धांतों की प्रकृति, स्पष्टीकरण के मानदंड और ज्ञान की सीमाओं की जांच करती है। इन दार्शनिक आधारों का विश्लेषण करके, वैज्ञानिक उन मान्यताओं और पद्धतियों में अंतर्दृष्टि प्राप्त करते हैं जो उनके शोध को निर्देशित करती हैं, जिससे अधिक मजबूत वैज्ञानिक प्रयास किये जाते हैं।

मानव गतिविधि का नैतिक मार्गदर्शक, नीतिशास्त्र, काफी हद तक दार्शनिक उपदेश पर आधारित है। कठोर दार्शनिक जांच के माध्यम से, नैतिक सिद्धांत विकसित किए जाते हैं, जो जटिल नैतिक दुविधाओं से निपटने के लिए रूपरेखा प्रदान करते हैं। दर्शन हमें विचारशील चिंतन के लिए उपकरणों से सुसज्जित करता है, जो विभिन्न संदर्भों में मूल्यों की जांच और नैतिक निर्णय लेने में सक्षम बनाता है।

नैतिक विचार अनुशासनात्मक सीमाओं से आगे हैं, जो नीतिगत निर्णयों, पेशेवर आचार संहिता और सामाजिक मानदंडों को प्रभावित करते हैं। उदाहरण के लिए, पर्यावरण विज्ञान सततता, अंतर-पीढ़ीगत न्याय और प्रकृति के आंतरिक मूल्य पर दार्शनिक चर्चाओं को शामिल करता है। ये दार्शनिक अंतर्दृष्टि पर्यावरण नीतियों और कार्यप्रणालियों को आकार देती हैं, जो मानवता को ज़्यादा सतत भविष्य की ओर ले जाती है।

राजनीति भी दर्शन के प्रभाव क्षेत्र में आती है। पूरे इतिहास में राजनीतिक दार्शनिक न्याय, सत्ता और शासन के सवालों से जूझते रहे हैं। दर्शनशास्त्र राजनीतिक प्रणालियों, उनकी शक्तियों और

उनकी खामियों के बारे में हमारी समझ को गहरा करता है, जिससे राजनीतिक मार्ग को आकार मिलता है और ज़्यादा न्यायपूर्ण और न्यायसंगत समाज पाने का प्रयास किया जाता है।

दर्शनशास्त्र विभिन्न विषयों को सूचित करता है और संज्ञानात्मक क्षमताओं को बढ़ाता है, जिससे आलोचनात्मक और विश्लेषणात्मक कौशल को बढ़ावा मिलता है। दार्शनिक सोच का अभ्यास तार्किक तर्क, कठोर तर्क और बौद्धिक स्पष्टता पैदा करता है। दार्शनिक विचारों से जुड़ने से व्यक्तियों को जटिल अवधारणाओं से निपटने, विविध दृष्टिकोणों का विश्लेषण करने और जटिल समस्याओं से निपटने में मदद मिलती है।

दर्शनशास्त्र हमें धारणाओं पर सवाल उठाने, साक्ष्य खोजने और तर्कों की सुदृढ़ता का मूल्यांकन करने की चुनौती देता है। हमारी ज्ञान की सीमा को पहचानकर और खुले-विचार वाली जांच को प्रोत्साहन देकर, यह बौद्धिक विनम्रता को पोषण देता है। आलोचनात्मक और विश्लेषणात्मक कौशल विकसित करके, ज्ञान और समझ के लिए एक सूक्ष्म और समझदार दृष्टिकोण को बढ़ावा देते हुए, दर्शन हमें निरंतर विकसित हो रही दुनिया की बौद्धिक चुनौतियों का सामना करने के लिए तैयार करता है।

दर्शनशास्त्र के अध्ययन के लिए सटीक सोच, सूक्ष्म तर्क-वितर्क और जटिल विचारों की स्पष्ट अभिव्यक्ति आवश्यक है। दार्शनिक विश्लेषण के माध्यम से निखारी गई विश्लेषणात्मक कुशाग्रता, दर्शनशास्त्र से भी आगे तक फैली हुई है, जिससे लोगों को शैक्षणिक गतिविधियों, पेशेवर करियर और व्यक्तिगत जीवन में लाभ मिलता

है। ज्ञान और समझ की आजीवन खोज को बढ़ावा देकर, दार्शनिक सोच बौद्धिक जिज्ञासा का भी पोषण करती है। यह विभिन्न दृष्टिकोणों और विचारों को अपनाकर, हमें जटिल मुद्दों को खुले दिमाग से देखना सिखाता है, जो दुनिया की गहरी समझ पाने में योगदान करते हैं।

राजनीति में दर्शन का संश्लेषण

राजनीतिक विचारधारा में सुधार लाने में दर्शनशास्त्र की बहुत बड़ी भूमिका है; वास्तविकता और दुनिया के काम करने के तरीके को समझने से, दार्शनिकों को शक्ति, न्याय और अधिकार की प्रकृति को समझने की अनुमति मिलती है। अरस्तू और प्लेटो के सिद्धांत उन सरकारी निकायों के विचार को स्थापित करते हैं, जिन्होंने पुरानी सभ्यता के दौरान दुनिया को नया आकार दिया था। थॉमस हॉब्स और जॉन लॉक की दुनिया में उन सिद्धांतों को अपनाने और उनके गहन अध्ययन के परिणामों ने इस दुनिया में रहने वाले प्रत्येक नागरिक और व्यक्ति को प्रमुख अधिकार देने और एक मजबूत केंद्रीय सरकार की स्थापना की आवश्यकता पर ध्यान केंद्रित किया है।

राजनीति पर इतना गहरा प्रभाव होने के कारण ऐसा कहा जा सकता है कि आधुनिक दुनिया में कानून बनाने के लिए दर्शनशास्त्र का उपयोग किया गया है। कानूनी सिद्धांतों के निर्माण पर सिसरो और उलपियन के काम ने प्राकृतिक कानून को उचित आदेश देने की कला के रूप में महत्व दिया है। इसकी वजह से कानून के पूरे क्षेत्र का निर्माण हुआ। उनके कार्य आम लोगों को कानून की प्रकृति को समझने और एक न्यायपूर्ण कानून प्रणाली विकसित करने

की अनुमति देते हैं। उनके योगदान से विभिन्न देशों में कानून व्यवस्था में सुधार हुआ। इसने हार्ट और जॉन ऑस्टिन जैसे आधुनिक दार्शनिकों को भी पृथ्वी को न्यायपूर्ण बनाने के लिए, बदलती दुनिया में कानूनों को फिर से तैयार करने के लिए प्रोत्साहित किया।

दर्शन का अंतिम दृष्टिकोण और अनुप्रयोग जिस पर मैं प्रकाश डालना चाहूंगा वह आस्था और दर्शन के बीच का आपस में संबंध है। विभिन्न प्रकार की आस्था प्रणालियों की बढ़ती संख्या के संबंध में अरस्तू और प्लेटो के तर्कों ने आम लोगों को दुनिया में सर्वोच्च सत्ता से संबंधित सवालों के जवाब तलाशने की गुंजाइश दी। उनकी दुनिया ने जॉन डेवी और विलियम जेम्स जैसे आधुनिक दार्शनिकों को धर्म के विकास में योगदान देने के लिए प्रेरित किया। दर्शनशास्त्र साधारण लोगों के दैनिक जीवन में क्रियात्मक भूमिका निभाता है, जिससे उन्हें उत्तरों के बारे में सोचने और समस्या को हल करने का सबसे अच्छा तरीका खोजने की उनकी जिज्ञासा शांत करने की अनुमति मिलती है। यह उन्हें सही उत्तर तक पहुंचने के लिए उपलब्ध समाधानों और विकल्पों पर गहन शोध करके निर्णय लेने के कौशल से लैस करता है। इसके अलावा, दर्शन उन्हें प्रकृति और उनके आसपास के परिवेश की समझ देता है, जिससे लोगों को चुनौतियों का सामना करने में मदद मिलती है। आखिरकार, यह विषय उन्हें इस तथ्य को समझने में मदद करते हैं कि सब कुछ अस्थायी है। दर्शनशास्त्र उन्हें अंतर्संबंध की अवधारणा को समझने में मदद करता है जो आखिरकार उनके और उनके आसपास के लोगों के साथ उनके संबंधों के लिए पूरक का काम करती है, जिससे उन्हें एक खुशहाल जीवन मिलता है।

विभिन्न संस्कृतियों में दर्शन

सांसारिक गतिविधियों और बुनियादी ज़रूरतों को प्राथमिकता देने वाली दुनिया में दर्शनशास्त्र हमारे जीवन को आकार देने में प्रासंगिक बना हुआ है। यह हमें न्याय, धार्मिकता और नैतिकता के लिए एक दिशा-निर्देश प्रदान करता है, जो सामान्य व्यक्तियों के जीवन और कानून व व्यवस्था बनाए रखने का प्रयास करने वाले सरकारी निकायों के कामकाज को प्रभावित करता है। विभिन्न संस्कृतियों में, दर्शन अपनी अमिट छाप छोड़ता है, जो जीवन जीने के लिए अद्वितीय दृष्टिकोण और मार्गदर्शक सिद्धांत पेश करता है। पश्चिमी सभ्यताओं में दर्शनशास्त्र आत्मा के लिए जीविका का एक स्रोत है। लोगों को उनके जीवन में उद्देश्य और अर्थ खोजने में सहायता करके, ग्रीक विचारों की समृद्ध टेपेस्ट्री पर चित्रण करके अस्तित्व संबंधी मुद्दों को हल करता है। यह व्यक्तियों को अपने परिवेश में हमारे निर्माता की उपस्थिति का अनुभव करने में सक्षम बनाता है, जिससे स्वयं से उच्चतर किसी चीज़ के साथ संबंध की भावना पैदा होती है। इसके अलावा, दर्शन पश्चिमी लोगों को वास्तविकता की बेहतर समझ और जीवन की समस्याओं का सामना करने और उन पर विजय पाने की बौद्धिक और भावनात्मक दृढ़ता प्रदान करता है। इसके विपरीत, एशियाई संस्कृतियां दर्शन और धर्म के बीच घनिष्ठ संबंध प्रदर्शित करती हैं। दार्शनिक विचारों से प्रेरित होकर, सामंजस्यपूर्ण पारस्परिक और अंतर्वैयक्तिक संबंधों को प्राथमिकता देकर, इन संस्कृतियों में व्यक्ति नीतिगत और नैतिक

दुविधाओं से निपटते हैं। दार्शनिकों की शिक्षाएं आचरण के लिए मार्गदर्शक सिद्धांत बन जाती हैं, जो एकता और आपसी समझ के महत्व पर ज़ोर देती हैं। दार्शनिक अन्वेषण के माध्यम से, कुछ एशियाई संस्कृतियां सभी प्राणियों और प्राकृतिक दुनिया के अंतर्संबंध को स्वीकार करते हुए अपने कार्यों को एक उच्च नैतिक उद्देश्य के अनुरूप बनाना चाहती हैं।

भूमि और प्रकृति से अपने गहरे संबंध के कारण, आदिवासी संस्कृतियां दार्शनिक सिद्धांतों में सांत्वना और मार्गदर्शन पाती हैं। दर्शन एक पुल के रूप में कार्य करता है, जो आदिवासी लोगों को मनुष्यों और पर्यावरण के बीच संबंध बनाने में मदद करता है। यह उन्हें प्रकृति के सभी तत्वों के बीच जटिल परस्पर क्रिया का सम्मान करना और उसकी सराहना करना सिखाता है, जिससे प्रबंधन और सामुदायिक ज़िम्मेदारी की भावना को बढ़ावा मिलता है। दार्शनिक ज्ञान से प्रेरित होकर, आदिवासी समुदाय अपने परिवेश के साथ सामंजस्यपूर्ण सह-अस्तित्व और अपने आस-पास के लोगों के साथ स्वस्थ संबंध विकसित करते हैं। पश्चिमी सभ्यताओं में आत्मा के पोषण के स्रोत के रूप में दर्शनशास्त्र का उपयोग करके मानवता एक समृद्ध समझ प्राप्त करती है। यह ग्रीक के समृद्ध विचारों को अपनाकर अस्तित्व संबंधी मुद्दों को हल करता है, जिससे लोगों को उनके जीवन में उद्देश्य और अर्थ खोजने में सहायता मिलती है। यह लोगों को अपने परिवेश में हमारे निर्माता की उपस्थिति का अनुभव करने में सक्षम बनाता है, जिससे स्वयं से उच्चतर किसी चीज़ के साथ संबंध की भावना पैदा होती है। इसके अलावा, दर्शन पश्चिमी लोगों को वास्तविकता की उत्कृष्ट समझ और जीवन की

समस्याओं का सामना करने और उन पर विजय पाने की बौद्धिक और भावनात्मक दृढ़ता प्रदान करता है।

विभिन्न सांस्कृतिक संदर्भों में दर्शन को अपनाने से मानवता को विचार और समझ की एक समृद्ध टेपेस्ट्री प्राप्त होती है। हम इन विविध दार्शनिक दृष्टिकोणों के माध्यम से मानवीय अनुभव की गहराई और व्यापकता की सराहना कर सकते हैं। चाहे अस्तित्वगत अर्थ की खोज हो, नैतिक आचरण का विकास हो, या सामंजस्यपूर्ण संबंध बनाना हो, दर्शन अपनी अंतर्दृष्टि और व्यावहारिक मार्गदर्शन प्रदान करता है। यह एक अमूल्य संसाधन बना हुआ है, जो व्यक्तियों और समाजों को अस्तित्व की जटिलताओं से जूझने और ज़्यादा प्रबुद्ध और पूर्ण भविष्य की ओर मार्ग बनाने के लिए सशक्त बनाता है।

दर्शनशास्त्र की सांस्कृतिक तुलना:

लोकप्रियता के मामले में सबसे प्रभावशाली दर्शन से शुरू होकर, रोम और ग्रीस की सभ्यताओं ने पूरे इतिहास में बौद्धिक और दार्शनिक प्रगति के उदाहरण के रूप में काम किया है। इन प्राचीन भूमध्यसागरीय महाशक्तियों ने अपनी असाधारण राजनीतिक और सांस्कृतिक उपलब्धियों के माध्यम से दुनिया को प्रभावित किया और दर्शनशास्त्र को महत्वपूर्ण रूप से प्रभावित किया। रोम की सीमाओं के भीतर, एपिक्यूरसवाद और स्टोइसिज्म के बौद्धिक आंदोलनों [illegible] और प्लेटोनिक दर्शन की मजबूत परंपराओं ने ख़ुद को ग्रीस में मजबूती से स्थापित और विकसित

किया। ग्रीक दार्शनिक एपिक्यूरियस द्वारा स्थापित और रोम में कई लोगों द्वारा अपनाए गए एपिक्यूरसवाद ने संतुष्ट अस्तित्व प्राप्त करने के लिए एक अलग दृष्टिकोण अपनाया।

एपिक्यूरियंस ने आनंद को परम सुख के रूप में चाहा, हालाँकि, यह आज के समय से संबंधित सुखवादी अर्थ में नहीं था। उनके लिए ख़ुशी शारीरिक और मानसिक पीड़ा के अभाव से आई। उनका मानना था कि इच्छाओं को कम करके और मामूली सुखों वाला सरल जीवन जीकर, व्यक्ति शांति की स्थिति और चिंताओं से मुक्ति प्राप्त कर सकते हैं। एपिक्यूरियंस ने मित्रता और ज्ञान की खोज के महत्व पर भी ज़ोर दिया, उनका मानना था कि ये एक सार्थक और आनंददायक जीवन में योगदान करते हैं। ग्रीस में, सुकरात और प्लेटो की दार्शनिक परंपराओं का बोलबाला रहा, जिसने बाद की पीढ़ियों को प्रभावित किया। अपनी सुकराती पद्धति के लिए जाने जाने वाले प्रभावशाली दार्शनिक सुकरात ने सत्य और आत्म-ज्ञान की खोज पर ध्यान केंद्रित किया। उन्होंने व्यक्तियों को अपने विश्वासों की जांच करने और कठोर पूछताछ और आलोचनात्मक सोच में संलग्न होने की चुनौती दी। सुकरात का विचार था कि बहस और पूछताछ के माध्यम से लोग सच्चाई जान सकते हैं और ख़ुद को और अपने आसपास की दुनिया को बेहतर ढंग से समझ सकते हैं। उनकी शिक्षाओं का उद्देश्य लोगों की अच्छे गुणों और चरित्र की स्वीकार करने में मदद करना था। सुकरात की विरासत को आगे बढ़ाते हुए प्लेटो ने अपने आध्यात्मिक और नैतिक सिद्धांतों के साथ दार्शनिक उपदेश का विस्तार किया। प्लेटो का दर्शन आदर्श रूपों और आत्मा की अवधारणा के क्षेत्र में था। उन्होंने तर्क दिया कि भौतिक संसार उच्च

सत्य का प्रतिबिंब मात्र है, और उचित ज्ञान केवल तर्क और चिंतन के माध्यम से प्राप्त किया जा सकता है। प्लेटो की प्रसिद्ध गुफा का रूपक हमारे द्वारा अनुभव की जाने वाली छायाओं से परे एक उच्च वास्तविकता में उनके विश्वास को दर्शाता है।

अपने संवाद "द रिपब्लिक" के माध्यम से, प्लेटो ने न्याय की प्रकृति, आदर्श समाज और ज्ञान व सत्य के संरक्षक के रूप में दार्शनिकों की भूमिका की खोज की। उनकी अकादमी एक प्रसिद्ध शिक्षण केंद्र बन गई, जिसने महान दिमागों को पोषण दिया और एक स्थायी बौद्धिक विरासत छोड़ी। प्राचीन रोम और ग्रीस में उभरे दर्शनों की हमारी खोज हमें समझने के अलावा गहरी जांच की यात्रा पर ले जाती है। हम रोम में एपिक्यूरसवाद की जटिलताओं को उजागर करते हैं, यह पता लगाते हैं कि कैसे इन विरोधाभासी दर्शनों ने नैतिकता, उद्देश्य की खोज और मानव प्रकृति के सार पर दृष्टिकोण को आकार दिया। इसके साथ ही, हम ग्रीस की सुकराती और प्लेटोनिक परंपराओं में डूब जाते हैं, जो मानव विचारों की विविधता और ज्ञान की कालातीत खोज में उनकी अंतर्दृष्टि को उजागर करते हैं।

अफ्रीका और एशिया की दार्शनिक अवधारणाएं

हमारी यात्रा भौगोलिक सीमाओं को पार करके, हमें दुनिया भर की विविध दार्शनिक परंपराओं में ले जाती है। हम एशिया और अफ्रीका के दार्शनिक ख़ज़ाने को उजागर करने के लिए एक आकर्षक अभियान पर चलते हुए आगे बढ़ रहे हैं। एशिया का विशाल और सांस्कृतिक रूप से विविध महाद्वीप ज्ञान की एक ऐसी

चित्रकारी को उजागर करता है जिसने अनगिनत व्यक्तियों के जीवन को प्रभावित किया है। नैतिक आचरण और सामाजिक सद्भाव की वकालत करने वाली, कन्फ्यूशसवाद की प्राचीन शिक्षाओं से लेकर, प्राकृतिक दुनिया के साथ एकता की दिशा में साधकों का मार्गदर्शन करने के लिए, ताओवाद के रहस्यमय मार्गों, और बौद्ध धर्म की अंतर्दृष्टि तक, जो जीवन के लगातार बदलते ज्वार के बीच सांत्वना प्रदान करती है, एशिया हमारे लिए दार्शनिक परंपराओं की जीवंत टेपेस्ट्री पेश करता है। ज्ञान के लिए हमारी प्यास हमें अफ्रीका के हृदय की गहराइयों में ले जाती है, जहाँ जीवन की लय भूली हुई फुसफुसाहट के साथ स्पंदित होती है। दक्षिणी अफ्रीका के अनछुए क्षेत्रों में, हमें कई दार्शनिक अंतर्दृष्टियां मिलती हैं जिन्हें अक्सर पारंपरिक ऐतिहासिक कहानियों द्वारा अनदेखा कर दिया जाता है। उबंटू, प्राचीन गुणों और सद्गुणों को दर्शाता है जो मानवता और करुणा जैसे गुणों को समाहित करता है, जो हमें गहरे अंतर्संबंध की याद दिलाता है जो सभ्यता को एक वैश्विक परिवार के रूप में बांधता है, सीमाओं को पार करता है और साझा मूल्यों को स्वीकार करता है। उबंटू हमें सांप्रदायिक सद्भाव, सहानुभूति और साझा ज़िम्मेदारी को अपनाने के लिए आमंत्रित करता है, जो हमें हर व्यक्ति के भीतर मौजूद अंतर्निहित गरिमा और मूल्य की याद दिलाता है।

मात की बहती धारा

अपने शानदार फराओ और चिंतनशील दार्शनिकों के साथ,

मिस्र की प्राचीन भूमि का मानव इतिहास और ज्ञान की हमारी खोज में एक अपरिहार्य स्थान है। इस असाधारण सभ्यता में, लोगों की सामूहिक चेतना के माध्यम से मात नामक एक दार्शनिक धारा प्रवाहित हुई। मात ने व्यवस्था, सत्य और न्याय पर ध्यान केंद्रित करते हुए, मिस्रवासियों को न केवल पृथ्वी पर बल्कि उससे भी परे, संतुलन और सद्भाव की खोज की ओर निर्देशित किया। इसने ईश्वरों द्वारा बनाए गए ब्रह्मांडीय जाल को प्रदर्शित करते हुए ब्रह्मांड के अंतर्निहित अंतर्संबंध पर जोर दिया। नीति के मूल में व्यवस्था की सिद्धांत निहित है, जो ब्रह्मांड के अंदर सभी तत्वों की सामंजस्यपूर्ण व्यवस्था को शामिल करता है। यह सामाजिक रिश्तों से लेकर दुनिया को नियंत्रित करने वाली ब्रह्मांडीय शक्तियों तक, जीवन के हर पहलू में संतुलन और साम्य बनाए रखने की मिस्रवासियों की मान्यता को दर्शाता है। व्यवस्था की यह गहरी समझ मानवीय दायरे से आगे तक फैली हुई है, जो सभी चीज़ों की परस्पर संबद्धता में उनके विश्वास को दर्शाती है।

मात का एक अन्य आवश्यक स्तंभ, सत्य, मिस्र के दर्शन में बहुत महत्व रखता था। यह तथ्यात्मक सटीकता और विचारों, शब्दों और कार्यों को अंतर्निहित ब्रह्मांडीय सिद्धांतों के साथ संरेखित करने का प्रतीक है। सत्य में जीना मिस्रवासियों के लिए एक नैतिक अनिवार्यता थी, क्योंकि यह समाज और बड़े ब्रह्मांडीय संरचना में सद्भाव और न्याय बनाए रखने में योगदान देता था। न्याय, मात का तीसरा प्रमुख घटक, सच्चाई, निष्पक्षता और नैतिक आचरण के प्रति मिस्रवासियों की प्रतिबद्धता को दर्शाता है। यह माना जाता था कि मानवीय मामलों में न्याय को कायम रखना ब्रह्मांडीय व्यवस्था को

बनाए रखने के लिए महत्वपूर्ण था। न्याय की खोज में, मिस्रवासियों ने पूरे समाज की भलाई और स्थिरता सुनिश्चित करने के लिए मात के सिद्धांतों का पालन करने के महत्व को पहचाना। मात की अवधारणा मानव और दैवीय क्षेत्रों के बीच परस्पर क्रिया के बारे में मिस्रवासियों की जागरूकता को दर्शाती है। उनका मानना था कि देवी-देवता मात के संरक्षक थे, जो ब्रह्मांडीय संतुलन बनाए रखने के लिए ज़िम्मेदार थे। अपने अनुष्ठानों, समारोहों और नैतिक आचरण के माध्यम से, मिस्रवासियों ने ब्रह्मांड के समग्र सामंजस्य में योगदान करते हुए, खुद को दैवीय व्यवस्था के साथ संरेखित करने की कोशिश की। मात पर ज़ोर देने वाला, मिस्र का दर्शन, ब्रह्मांड और मानव अस्तित्व की प्राचीन समझ की एक आकर्षक झलक प्रदान करता है। यह एक समग्र परिप्रेक्ष्य प्रदान करता है जो नैतिक, सामाजिक और लौकिक आयामों को एकीकृत करता है, जो मिस्रवासियों के प्राकृतिक दुनिया के गहन अवलोकन और इसे नियंत्रित करने वाले अंतर्निहित सिद्धांतों में उनकी अंतर्दृष्टि को उजागर करता है।

स्टोइसिज्म का सत्य

सिटियम के ज़ेनो, एक यूनानी दार्शनिक, ने सबसे पहले स्टोइसिज्म को लोकप्रिय बनाया, जिसे अंत में रोमनों ने अपनाया। धैर्य ने जीवन के अस्त-व्यस्त जाल के बीच आंतरिक शांति पाने का एक तरीका प्रदान किया। स्टोइसिज्म का मूल संदेश यह था कि सद्गुण और कारण को मानव आचरण को नियंत्रित करना चाहिए और बाहरी घटनाओं को स्वीकार किया जाना चाहिए और संयम

के साथ संभाला जाना चाहिए। स्टोइक्स का मानना था कि यदि किसी के कार्य और विचार ब्रह्मांड की प्राकृतिक व्यवस्था के अनुरूप हों, जिसे कभी-कभी "लोगोस" भी कहा जाता है, तो व्यक्ति को ख़ुशी और संतुष्टि मिल सकती है। उनका दृढ़ विश्वास था कि ज्ञान, बहादुरी, न्याय और संयम जैसे गुणों को विकसित करना ही संपूर्ण और सार्थक अस्तित्व का मार्ग है, और उन्होंने किसी की भूख और भावनाओं को प्रबंधित करने के महत्व पर ज़ोर दिया। इन मूल्यों का अनुकरण करके, लोग यूडेमोनिया की दिशा में काम कर सकते हैं, जो वास्तविक समृद्धि और सामान्य कल्याण की स्थिति है। स्टोइसिज्म भावनाओं को दबाने या दुनिया से दूर जाने के बारे में नहीं है; यह उस शांति का पूर्ण आलिंगन है जो अंदर निहित है। जो हमारे नियंत्रण में है उस पर ध्यान केंद्रित करके, स्टोइक सिद्धांतों को अपनाने से हमें दृढ़ता विकसित करने, प्रतिकूल परिस्थितियों से निपटने और तूफान से मजबूत होकर उभरने की अनुमति मिलती है। यह एक दर्शन है जो कहता है, "आपके पास ऊपर रखने की शक्ति है।"

बुद्ध की चेतना

अब, आइये पूर्व की ओर एशिया के आकर्षक क्षेत्रों की यात्रा करते हैं, जहाँ पूर्वी दर्शन के पास सचेतनता और आंतरिक संतुलन की कुंजी है। जैसे ही आप इसके हरे-भरे परिदृश्यों में गुज़रते हैं, बौद्ध धर्म और ताओवाद की शिक्षाएं आपको गोधूलि में दीप्तिमान लालटेन की तरह आकर्षित करती हैं, जो आपको मानवीय अनुभव के साथ जुड़ने के लिए मार्गदर्शन करती हैं।

बौद्ध चेतना के आलिंगन में, प्रत्येक गुज़रती हुई सांस में बुनी गई सुंदरता और सादगी को संजोते हुए, आपको वर्तमान क्षण को पूरी तरह से जीने के लिए आमंत्रित किया जाता है। इस अभ्यास के माध्यम से, आप संवेदनाओं, विचारों और भावनाओं के जीवंत संबंध के प्रति जागृत होते हैं, जो आपके अस्तित्व के कैनवास को चित्रित करते हैं। सौम्य जागरूकता के साथ, अपने भीतर मौजूद ठहराव में शांति और स्थिरता पाकर, आप अपने बारे में गहरी समझ विकसित करते हैं।

सचेतनता के अंदर, बौद्ध धर्म एक शरण प्रदान करता है, जो आपके अस्तित्व की गहराई का पता लगाने के लिए एक आश्रय प्रदान करता है। कोई राय बनाये बिना हमेशा बदलते रहने वाले विचारों और भावनाओं के प्रवाह को देखने से आंतरिक शांति और करुणा की कुंजी खुलती है। सचेतनता व्यक्तिगत परिवर्तन के लिए एक माध्यम बन जाती है, जो आत्म-स्वीकृति, सहानुभूति और लचीलेपन की ओर मार्ग को प्रकाशित करती है। बौद्ध धर्म की शिक्षाएं आपके मन की जटिलताओं में अंतर्दृष्टि प्रदान करती हैं, विचार के पैटर्न का अनावरण करती हैं और पीड़ा की प्रकृति और मानवीय स्थिति पर प्रकाश डालती हैं। इस अन्वेषण में, आप स्वयं को बदलते हैं और सभी जीवित प्राणियों के अंतर्संबंध और हमारे साझा अस्तित्व को आकार देने वाली अंतर्निहित नश्वरता की समझ विकसित करते हैं।

बौद्ध चेतना के आलिंगन में, एशिया के आकर्षक क्षेत्र आत्म-खोज और विकास के लिए एक अभयारण्य बन जाते हैं।

बौद्ध धर्म की दीप्तिमान लालटेनें मार्ग को प्रकाशित करती हैं, मन, शरीर और आत्मा के सामंजस्यपूर्ण एकीकरण की ओर आपका मार्गदर्शन करती हैं। प्रत्येक वर्तमान क्षण की सौम्य शांति में, आप ज्ञान का एक स्रोत खोजते हैं, जो आपको जीवन की जटिलताओं में अनुग्रह और शांति के साथ आगे बढ़ने की अनुमति देता है।

उबंटू की सद्भावना

अफ्रीका के विशाल सवाना और प्राचीन सभ्यताओं में, उबंटू के नाम से जाना जाने वाला अंतर्संबंध का दर्शन सांप्रदायिक सद्भाव की असाधारण शक्ति को प्रकट करता है। उबंटू आपके कान में फुसफुसाता है, आपसे प्रत्येक आत्मा के अंतर्निहित मूल्य और गरिमा को पहचानने का आग्रह करता है। यह सिखाता है कि आपकी भलाई दूसरों की भलाई से अटूट रूप से जुड़ी हुई है और इस अंतर्संबंध को अपनाकर आप मानवता के सच्चे सार को उजागर करते हैं। उबंटू के गर्मजोशी से भरे आलिंगन में, आपको अलगाव को पाटने, करुणा को बढ़ावा देने और एक ऐसी दुनिया बनाने की ताकत मिलती है जहाँ हम सब एक साथ आगे बढ़ सकते हैं।

दर्शन, नैतिकता और पहचान

दार्शनिक दृष्टिकोणों की विविधता की समीक्षा करते समय, हम पूरे इतिहास में नैतिकता और व्यक्तिगत दृष्टिकोण को आकार देने पर इसके प्रभाव का सामना करते हैं। प्राचीन दार्शनिकों ने व्यक्तियों को सद्गुणों की ओर ले जाने और सार्थक अस्तित्व का मार्ग प्रकाशित करने में दर्शन की परिवर्तनकारी शक्ति को समझा।

पूरे इतिहास में, दुनिया के विकास को विविध संस्कृतियों और लोगों के योगदान से आकार दिया गया है, जिससे यह धारणा दूर हो गई है कि प्रगति का श्रेय केवल एक नस्ल को जाता है।

प्राचीन मिस्र के वास्तुशिल्प चमत्कारों से लेकर प्राचीन भारत की गणितीय प्रगति और इस्लामी स्वर्ण युग के दौरान विद्वानों की बौद्धिक उपलब्धियों तक, कई सभ्यताओं ने मानव ज्ञान पर अमिट छाप छोड़ी है।

इसके अलावा, दुनिया भर में आदिवासी संस्कृतियां नैतिकता, ज्ञान और अंतर्संबंध पर अद्वितीय दृष्टिकोण प्रदान करती हैं। योगदान की विविधता को पहचानने से हमें मानवीय उपलब्धियों के समृद्ध बंधन की सराहना करने और हमारी साझा वैश्विक विरासत की अधिक समावेशी समझ को बढ़ावा देने की अनुमति मिलती है। उदाहरण के लिए, प्लेटो के संवादों ने नैतिक उत्कृष्टता प्राप्त करने के लिए ज्ञान की खोज पर ज़ोर दिया।

अपनी सुकराती पद्धति के माध्यम से, सुकरात कठोर दार्शनिक जांच में लगे रहे, जिन्होंने आत्म-परीक्षण और नैतिक गुणों के विकास को प्रोत्साहित किया। इन प्राचीन दार्शनिकों ने माना कि सच्चा ज्ञान केवल ज्ञान संचय करने में नहीं, बल्कि चरित्र के अच्छे गुणों को अपनाने में निहित है।

इन प्राचीन विचारकों के ज्ञान से प्राप्त कालातीत अंतर्दृष्टि, नैतिकता की हमारी समझ को सूचित करते हुए, समकालीन नैतिक

सिद्धांतों को आकार देती रहती है। व्यक्तिगत मूल्यों को आकार देने और हमारे अपने जीवन में नैतिक निर्णय लेने के लिए मार्गदर्शन प्रदान करते हुए, मानवीय स्थिति के बारे में उनकी समझ और आत्मनिरीक्षण का महत्व अमूल्य सबक के रूप में काम करता है।

व्यक्तिगत नैतिकता और दर्शनशास्त्र से इसका संबंध

दार्शनिक विचारों की पच्चीकारी पर विचार करें जो हमारे व्यक्तिगत नैतिक ढांचे को जटिल रूप से आकार देते हैं। नैतिक तर्क के माहिर कारीगरों की तरह, हम अरस्तू के सदाचार नैतिकता के ब्रशस्ट्रोक, कांट के आचार-विषयक सिद्धांतों के बोल्ड स्ट्रोक, मिल के उपयोगितावादी कैलकुलस के गणना पैटर्न और रॉल्स के न्याय के सिद्धांत की जटिल टाइलिंग की जांच करते हैं। इस विद्वतापूर्ण दृष्टिकोण के माध्यम से, हम यह समझ पाते हैं कि कैसे ये दार्शनिक आधार हमारी अपनी नैतिक मान्यताओं में गहराई और सूक्ष्मता देते हैं। व्यक्तिगत नैतिकता में दर्शन के व्यावहारिक अनुप्रयोग को स्पष्ट करने के लिए, आइए हम ट्रॉली दुविधा के दिलचस्प मामले के अध्ययन पर विचार करें। यह विचार-संबंधी प्रयोग हमें एक ऐसे परिदृश्य से रूबरू कराता है जहाँ एक भागती हुई ट्रॉली निर्माणाधीन चौराहे की ओर तेज़ी से बढ़ती है, जहाँ यह लगभग तय है कि टक्कर में कम से कम पांच लोगों की जान चली जाएगी। कंडक्टर के पास एक बटन दबाने का विकल्प है जो ट्रैक को बदल देगा और दिशा बदल देगा, लेकिन ऐसा करने पर, घटनाओं की एक श्रृंखला शुरू होगी, जिसमें एक व्यक्ति की जान चली जाएगी। परिणामवाद के सिद्धांतों का सहारा लेते हुए, हम कई जीवन से

जुड़े समग्र नुकसान को कम करने या एक ही जीवन के मूल्य को पहचानने के बीच चयन करने के नैतिक निहितार्थ से जूझते हैं। कठोर विश्लेषण में संलग्न होकर और जीवन-या-मृत्यु के परिदृश्यों में शामिल जटिल नैतिक निर्णय लेने पर विचार करके, हम इस बारे में जागरूकता प्राप्त करते हैं कि दर्शन हमारे नैतिक विकल्पों को कैसे सूचित और निर्देशित करता है।

दर्शन मूल्य और नैतिकता

समकालीन अवधि में, दर्शन व्यक्तिगत मूल्यों के निर्माण और नैतिक निर्णय को निर्देशित करने में महत्वपूर्ण भूमिका निभाता है। दार्शनिक विचार नैतिक उलझनों का विश्लेषण करने के लिए रूपरेखा प्रदान करते हैं, जो लोगों को एक अच्छा और ईमानदार अस्तित्व प्राप्त करने में सहायता करते हैं।

ये दार्शनिक संरचनाएं लोगों को जटिल नैतिक दुविधाओं का तर्कसंगत रूप से मूल्यांकन करने और नैतिक रूप से ज़िम्मेदार निर्णय लेने में सक्षम बनाते हैं। दर्शनशास्त्र लोगों को अपनी गतिविधियों के प्रभावों पर विचार करने, अपने द्वारा संजोए गए मूल्यों के बारे में सोचने और नैतिक दुविधाओं से विचारशील और नैतिक रूप से ईमानदार तरीके से निपटने के लिए आवश्यक कौशल प्रदान करता है। जैसा कि दर्शन प्रोत्साहित करता है, सांस्कृतिक पूर्वाग्रहों और सामाजिक मानकों को चुनौती देकर एक ज़्यादा समावेशी और दयालु विश्वदृष्टि विकसित की जा सकती है। यह कई दृष्टिकोणों की अधिक समझ को प्रोत्साहित करता है और लोगों को उनके पूर्वाग्रहों, पूर्व धारणाओं और अनुमानों पर विचार करने के लिए चुनौती देकर सहानुभूति को बढ़ावा देता है।

नैतिक सिद्धांतों को विभिन्न लेंसों के रूप में सोचें जिनके माध्यम से हम नैतिक निर्णय लेने को देख और समझ सकते हैं। उदाहरण के लिए, नीतिशास्त्र हमारे नैतिक कर्तव्यों और नैतिक सिद्धांतों का पालन करने के महत्व पर ज़ोर देता है। दूसरी ओर, उपयोगितावाद, सम्पूर्ण ख़ुशी या कल्याण को अधिकतम करने पर केंद्रित है। और सदाचार नैतिकता नैतिक व्यवहार की नींव के रूप में चरित्र के अच्छे गुणों के विकास पर प्रकाश डालती है। इन दार्शनिक दृष्टिकोणों से जुड़ने से हमें मूल्यवान अंतर्दृष्टि मिलती है जो हमें नैतिक दुविधाओं का मूल्यांकन करने और सोच-समझकर ज़िम्मेदार निर्णय लेने की अनुमति देती है। दर्शन हमें हमारे कार्यों के परिणामों पर चिंतन करने, हमारे प्रिय मूल्यों पर विचार करने और ज्ञान व नैतिक अखंडता के साथ नैतिक चुनौतियों से निपटने की क्षमता प्रदान करता है।

इसके अलावा, दर्शन हमें सामाजिक मानदंडों और पूर्वाग्रहों को चुनौती देने के लिए प्रोत्साहित करता है, जो ज़्यादा समावेशी और दयालु विश्वदृष्टिकोण को बढ़ावा देता है। विविध दार्शनिक विचारों की खोज हमें विभिन्न दृष्टिकोणों के प्रति ज़्यादा खुला बनाती है और हमें पूर्वाग्रहों और धारणाओं का सामना करना सिखाती है। यह प्रक्रिया सहानुभूति को बढ़ावा देती है और नैतिक निर्णय लेने की जटिल प्रकृति के बारे में हमारी समझ को गहरा करती है।

आत्म-चिंतन और विकास के लिए दर्शन का उपयोग

हमारा मस्तिष्क दर्शनशास्त्र से बहुत अधिक जागृत होता है, जो आलोचनात्मक सोच, आत्मनिरीक्षण और बौद्धिक विकास को बढ़ावा

देता है। यह हमें अस्तित्व के महान रहस्यों के बारे में पूछने, विचार करने और जांच करने के लिए प्रोत्साहित करता है। यह हमें बौद्धिक यात्रा पर जाने के लिए कहता है। इस प्रयास में दर्शनशास्त्र एक दिशा सूचक यंत्र है, जो हमें स्वयं और हमारे आस-पास की दुनिया की एक समृद्ध समझ की ओर ले जाता है।

आलोचनात्मक सोच का अभ्यास दर्शन का आधार है। यह हमें ख़ुद से सोचने, पूर्व-अनुमानों को चुनौती देने, और जटिल धारणाओं का विवेक के साथ मूल्यांकन करने की अनुमति देता है। हम दार्शनिक विचारों और बहसों के साथ परस्पर क्रिया के माध्यम से सबूतों का मूल्यांकन करने, तार्किक त्रुटियों को पहचानने और प्रेरक तर्क बनाने की अपनी क्षमता विकसित करते हैं। दर्शनशास्त्र हमें जानकारी के विशाल महासागर से गुज़रने की अनुमति देता है, जिससे हम तथ्य और कल्पना के बीच अंतर कर पाते हैं और ज्ञान को अधिक विवेकशील और आलोचनात्मक दृष्टिकोण से देख पाते हैं। लेकिन दर्शनशास्त्र एक मस्तिष्कीय गतिविधि से कहीं ज़्यादा है; यह हमें ख़ुद पर विचार करने के लिए आमंत्रित करता है। यह हमें अपनी धारणाओं, मूल्यों और विश्वासों का विश्लेषण करने के लिए प्रोत्साहित करके गहराई से जांच करने और हमारे नैतिक दिशा-निर्देश की समझ विकसित करने की चुनौती देता है। हम आत्मनिरीक्षण के माध्यम से अपने पक्षपातों, पूर्वाग्रहों और कमज़ोर विषयों के प्रति सचेत होकर नैतिक और व्यक्तिगत रूप से विकास कर सकते हैं। दर्शन एक दर्पण की तरह काम करता है, जो हमारे मूल विश्वासों को दर्शाता है और हमें हमारे मूल मूल्यों के अनुरूप निर्णय लेने के लिए दबाव डालता है। यह हमें अधिक विचारशील

जीवन जीने, सोच-समझकर निर्णय लेने और अपने चरित्रों को ईमानदारी और सत्यनिष्ठा के साथ विकसित करने की अनुमति देता है।

दर्शनशास्त्र बौद्धिक जिज्ञासा जगाता है और गंभीर रूप से सोचने और ख़ुद पर विचार करने की हमारी क्षमता को प्रभावित करता है। यह हमें सभी युगों और सभ्यताओं से जुड़ी दार्शनिक परंपराओं की जांच करने के लिए प्रोत्साहित करता है। विभिन्न दार्शनिक दृष्टिकोणों का अध्ययन करके हम अपने विचारों का विस्तार करते हैं और मानवीय स्थिति के बारे में अपनी जागरूकता को गहरा करते हैं। दर्शनशास्त्र द्वारा उठाए गए गहरे अस्तित्व संबंधी मुद्दे हमें वास्तविकता की प्रकृति, ज्ञान की सीमाओं और हमारे अस्तित्व की जटिलता पर विचार करने के लिए प्रेरित करते हैं। हमारा जीवन समृद्ध होता है, और हमारा मस्तिष्क इस बौद्धिक खोज से पोषित होता है, जो हमें आजीवन बौद्धिक विकास के पथ पर ले जाता है।

सामाजिक मानसिकता और दर्शन

कुछ नैतिक सिद्धांत अद्वितीय लेंस प्रदान करते हैं जिनके माध्यम से हम महत्वपूर्ण सामाजिक मुद्दों की जांच कर सकते हैं और उन्हें समझ सकते हैं। परिणामों पर परिणामवाद के फोकस से लेकर नैतिक कर्तव्यों और अधिकारों पर सिद्धांतवादी नैतिकता के ज़ोर तक, और सदाचार नैतिकता के सद्गुण चरित्र के विकास से लेकर नारीवादी नैतिकता की लैंगिक समानता की खोज तक, प्रत्येक सिद्धांत समाज में हमारे सामने आने वाली नैतिक चुनौतियों के विभिन्न आयामों पर प्रकाश डालता है। कठोर विश्लेषण के माध्यम

से, हम सामाजिक अध्ययन और निर्णय लेने की क्षमता पर इन सिद्धांतों के प्रभाव को उजागर करते हैं। परिणामों पर परिणामवाद के फोकस से लेकर नैतिक कर्तव्यों और अधिकारों पर सिद्धांतवादी नैतिकता के ज़ोर तक, और सदाचार नैतिकता के सद्गुण चरित्र के विकास से लेकर नारीवादी नैतिकता की लैंगिक समानता की खोज तक, प्रत्येक सिद्धांत समाज में हमारे सामने आने वाली नैतिक चुनौतियों के विभिन्न आयामों पर प्रकाश डालता है। कठोर विश्लेषण के माध्यम से, हम सामाजिक अध्ययन और निर्णय लेने पर इन सिद्धांतों के प्रभाव को उजागर करते हैं, जिससे हम जटिल नैतिक दुविधाओं को अधिक स्पष्टता और अंतर्दृष्टि के साथ नेविगेट करने में सक्षम होते हैं। सामाजिक नैतिकता की हमारी खोज में, हम न्याय पर दार्शनिक दृष्टिकोण की जांच करके एक न्यायपूर्ण समाज की नींव की जांच करते हैं। हम जॉन रॉल्स के न्याय के निष्पक्षता के सिद्धांत और मार्था नुसबौम के क्षमताओं के दृष्टिकोण जैसे सिद्धांतों पर गहराई से विचार करते हैं। ये दृष्टिकोण इस बात पर प्रकाश डालते हैं कि हम प्रणालीगत असमानताओं का कैसे समाधान निकाल सकते हैं, समावेशिता को बढ़ावा दे सकते हैं और सामाजिक प्रगति के लिए प्रयास कर सकते हैं। इन दार्शनिक विचारों से जुड़कर और आलोचनात्मक सोच को लागू करके, हम सामाजिक नैतिकता की जटिलताओं को दूर करने और एक ज़्यादा न्यायपूर्ण दर्शन और विश्वदृष्टिकोण बनाने की दिशा में काम करने के लिए उपक्रम खंडों की बत्ते हैंकी जांच करके मानवीय अनुभव की गहराई

से जांच करता है कि दार्शनिक विचार उन लेंसों को कैसे प्रभावित करते हैं जिनके माध्यम से हम अपने आस-पास के परिवेश को देखते और समझते हैं। उस दार्शनिक प्रिज़्म का परीक्षण करें जो अस्तित्व के मूल्य और उद्देश्य के अनंत प्रश्न का उत्तर देता है। अस्तित्ववाद की मानवीय वैधता और अवसर की खोज से लेकर दूरसंचार दृष्टिकोण तक जो ब्रह्मांड की इच्छा और डिज़ाइन में स्पष्टीकरण की खोज करते हैं, हम विभिन्न दार्शनिक दृष्टिकोणों को अपनाते हैं जो हमारे अस्तित्व संबंधी संघर्षों को उजागर करते हैं। इन अटकलों को देखते हुए, हम अपने आगंतुकों और उन संरचनाओं पर उनके महत्वपूर्ण प्रभाव पर विचार करते हैं जिनके उन तरीकों की एक आकर्षक जांच शुरू हो रही है जिसमें माध्यम से हम रोज़मर्रा की ज़िन्दगी में कारण निर्धारित करते हैं। व्यक्तिगत और सामूहिक विचारों के अंदर दार्शनिक विचार प्रतिध्वनित होते हैं, जो इस बात को प्रभावित करते हैं कि हम दुनिया, उदात्त और मानव प्रकृति को कैसे समझते हैं। बुनियादी विश्लेषण से पता चलता है कि दार्शनिक दृष्टिकोण हमारे विश्वासों, मूल्यों और सामाजिक कहानियों के निर्माण पर काफी प्रभाव डालते हैं। हम प्लेटो और अरस्तू की प्राचीन सोच से लेकर डेसकारटेस और कांट के तर्क के अत्याधुनिक तरीकों तक, विश्वास की जटिल टेपेस्ट्री में उतरते हैं जो हमारे दृष्टिकोण के चारों तरफ फैल जाती है। यह चित्रण इस बात पर आधारित है कि कैसे शोध पूर्वी और पश्चिमी दर्शन के बीच संबंधों की जांच करता है और विभिन्न दृष्टिकोण इस बात को कैसे प्रभावित करते हैं कि हम दुनिया और मानव स्थिति को कैसे देखते हैं। यदि हम कन्फ्यूशसवाद, सद्भाव

बौद्ध धर्म, भावनाहीनता और अस्तित्ववाद जैसी दार्शनिक परंपराओं की तुलना करके ब्रह्मांड को बनाने वाले परिप्रेक्ष्यों की बनावट बनाने में जाने वाले विभिन्न प्रकार के दृष्टिकोणों को बेहतर ढंग से समझ सकें तो इससे हमारी चर्चा का महत्व बढ़ जायेगा।

अध्याय 3: ज्ञान

"स्वयं को जानना सभी ज्ञान का प्रारंभ है।"

— अरस्तू

ज्ञान क्या है?

ज्ञान की अवधारणा जितनी मायावी है उतनी ही पूजनीय भी है, जो व्याख्याओं और अर्थों की एक श्रृंखला उजागर करती है। मूल रूप से, ज्ञान को इसके विभिन्न पहलुओं के माध्यम से समझा जा सकता है: बुद्धिमत्ता, विचार करने और उद्देश्य के साथ कार्य करने की क्षमता, अर्जित जानकारी के भंडार का उपयोग करना, अतीत की घटनाओं के जाल को पार करने से प्राप्त अनुभवात्मक ज्ञान, सूक्ष्म समझ, सामान्य ज्ञान के साथ जुड़ी हुई अंतर्दृष्टि।

इसका परिमाण हर क्षेत्र में फैला हुआ है, हर पेशे में व्याप्त है और सामाजिक परस्पर क्रियाओं के अंदर गूंजता है। दर्शन, विवेक, कुशाग्रता, चतुराई या दूरदर्शिता की आड़ में इसके कई नाम हैं। मानव आकांक्षा का प्रतिष्ठित शिखर, ज्ञान, अक्सर जीवन के बाद के चरण में प्रकट होता है, जिसे अनुभव की भट्ठी के माध्यम से सावधानीपूर्वक तैयार किया जाता है।

हालाँकि, इस विश्वास में थोड़ी सच्चाई है, लेकिन यह एक अधूरी समझ है। ज्ञान के मूल सिद्धांत को अक्सर अनदेखा कर दिया जाता है, जो सीखने के लिए एक अतृप्त भूख में निहित है–आत्म-सुधार

की खोज में, हर त्रुटि और गलती को स्वीकार करते हुए, अपनी खामियों के लिए दृढ़ स्वीकृति सहित, व्यक्ति के चुने गए क्षेत्र में भरपूर ज्ञान प्राप्त करने की गहरी इच्छा। इस जानकारी से परिचित होना एक आम बात है, फिर भी यह सवाल खड़ा करता है कि ज्ञान क्या है? व्यापक समझ हासिल करने के लिए, हम ज्ञान पर ऐतिहासिक और सांस्कृतिक परिप्रेक्ष्य में गहराई से उतरते हैं, जो इस बात पर प्रकाश डालता है कि कैसे विभिन्न समाजों ने एक मार्गदर्शक सिद्धांत के रूप में ज्ञान का सम्मान किया है और उसकी तलाश की है। मानव जाति के सभी अनुभवों के दौरान, चतुराई को लोगों, नेटवर्कों और सभ्यताओं द्वारा अपनाए गए एक असाधारण गुण के रूप में पूजा जाता आया है। दुनिया भर की प्राचीन संस्कृतियाँ ज्ञान को बहुत महत्व देती थीं, जो इसकी परिवर्तनकारी शक्ति और अस्तित्व की जटिलताओं से निपटने में इसके द्वारा दिए जाने वाले मार्गदर्शन को पहचानती थीं। प्राचीन चीन के बुद्धिमान संतों से लेकर प्राचीन ग्रीस के सम्मानित दार्शनिकों तक, ज्ञान को मानवीय उपलब्धि का शिखर माना गया है, जो ज्ञान, अंतर्दृष्टि और व्यावहारिक समझ के सामंजस्यपूर्ण एकीकरण का प्रतिनिधित्व करता है। ऐतिहासिक संदर्भ की जांच करने से हमें सांस्कृतिक सीमाओं और समय से परे, ज्ञान की सार्वभौमिक मानव खोज की सराहना करने की अनुमति मिलती है। प्राचीन ज्ञान परंपराओं, जैसे कन्फ्यूशियस की शिक्षाओं, प्राचीन मिस्र के ज्ञान साहित्य, या स्टोइक के दार्शनिक लेखन में गहराई से जाकर, हम सभ्यताओं में ज्ञान

की स्थायी प्रासंगिकता के बारे में अंतर्दृष्टि प्राप्त करते हैं।

इसके अलावा, यह पहचानते हुए कि विभिन्न समाजों ने ज्ञान को विशिष्ट रूप से महत्व दिया है और इसकी संकल्पना की है, हम ज्ञान पर सांस्कृतिक दृष्टिकोण का पता लगाते हैं। उदाहरण के लिए, मूल संस्कृतियों ने हमेशा अपने बुजुर्गों का सम्मान किया है, क्योंकि वो उनके अनुभवों से प्राप्त ज्ञान और प्राकृतिक संसार के साथ उनके गहरे संबंध को पहचानते हैं। इसके विपरीत, आधुनिक समाज अक्सर शैक्षिक ज्ञान और विशेषज्ञता को ज्ञान के मार्कर के रूप में महत्व देते हैं, जो बौद्धिक गतिविधियों और विशेष ज्ञान के महत्व पर ज़ोर देते हैं। ज्ञान पर ऐतिहासिक और सांस्कृतिक दृष्टिकोण को समझने से हमें मानव ज्ञान परंपराओं के समृद्ध अंतर्संबंध और ज्ञान को समझने और खोजने के विविध तरीकों की सराहना करने की अनुमति मिलती है। यह ज्ञान के मूल्य और व्यक्तिगत व सामाजिक विकास में इसकी भूमिका पर चर्चा के लिए एक व्यापक संदर्भ प्रदान करता है।

अपनी बहुआयामी प्रकृति के साथ, ज्ञान, मानव अस्तित्व के हर क्षेत्र में अपना प्रभाव बढ़ाता है। यह व्यवसायों, रिश्तों, निर्णय लेने की प्रक्रियाओं और सामाजिक संपर्कों के ताने-बाने में व्याप्त है। ज्ञान की खोज में बुद्धिमत्ता, प्रतिबिंबित करने और उद्देश्यपूर्ण ढंग से कार्य करने की क्षमता, अर्जित ज्ञान और अनुभवात्मक ज्ञान के स्रोत को शामिल करना शामिल है। इसमें सूक्ष्म समझ, सामान्य ज्ञान को अतीत की घटनाओं के अनुभवों से प्राप्त अंतर्दृष्टिपूर्ण दृष्टिकोण के साथ मिश्रित करना शामिल है।

ज्ञान के संबंध में दर्शन

पश्चिमी दर्शन के जनक माने जाने वाले आदरणीय दार्शनिक, सुकरात, ने कहा था कि, "एकमात्र सच्चा ज्ञान यह जानने में है कि आप कुछ भी नहीं जानते हैं।" आइये इस अनमोल वचन पर संक्षेप में बात करें और इसकी कुछ जटिलताओं को उजागर करें।

"यह जानना कि आप कुछ नहीं जानते हैं?" के साहसी दावे से सुकरात का वास्तव में क्या अर्थ था? मूल रूप से, इसका तात्पर्य सीखने की अडिग इच्छा और ज्ञान के लिए कभी न बुझने वाली प्यास से है। फिर भी, करीब से निरीक्षण करने पर, एक द्वंद उभरकर सामने आता है और इसकी गहराई का पता चलता है। संक्षेप में, सुकरात का कहना था कि केवल वो लोग ही ज्ञान की अनंत खोज पर जा सकते हैं, जो अपनी बौद्धिक सीमाओं को जानते हैं, जो अपनी विशाल अज्ञानता को स्वीकार करते हैं, और जीवन की भूलभुलैया वाली यात्रा में मिलने वाले हर व्यक्ति से ज्ञान पाने की इच्छा रखते हैं, चाहे वो राजा हो या भिखारी।

इसके विपरीत, ज्यादातर लोग किसी चीज़ के बारे में इस अर्थ में बुद्धिमान होते हैं कि वे जीवन के किसी पहलू का विश्लेषण करने या उसके माध्यम से नेविगेट करने में अधिक कुशल होते हैं। बुद्धि लगातार विकसित हो रही है जहाँ आप व्यक्तिगत विकास के साथ-साथ अनुभव भी लेते हैं और इसे इस बात के साथ जोड़ते हैं कि वर्तमान में आपके ब्रेन माइक्रोचिप को अधिक कुशल प्रसंस्करण शक्ति प्राप्त करने के लिए कैसे कॉन्फ़िगर किया जाता है, जो

आपके मस्तिष्क में रैम और हार्ड ड्राइव स्पेस की मात्रा को पूरा करेगा।

दर्शन और ज्ञान की तुलना

दर्शन और ज्ञान अक्सर एक-दूसरे के साथ-साथ चलते हैं। कोई यहाँ तक कह सकता है कि ज्ञान दर्शन का मित्र है, जैसा कि "दार्शनिक" के मोटे अनुवाद "ज्ञान का मित्र" दर्शाता है। "दर्शन" शब्द का अर्थ है, ज्ञान का प्रेम। दर्शनशास्त्र ने अपने व्यापक अर्थों में, जीवन की सीधी प्रतिक्रिया के रूप में अपनी सबसे विनम्र शुरुआत पाई थी।

जब आप ज्ञान और दर्शन को एक साथ अगल-बगल रखते हैं तो ये दोनों ही बेहद दिलचस्प अवधारणाएं हैं। विद्वानों और विचारकों ने मानव इतिहास की विशाल श्रृंखला में उन पर चिंतन और परीक्षण किया है। ज्ञान और दर्शन दोनों में जानकारी और समझ की खोज शामिल है, फिर भी उनकी प्रकृति और पद्धतियाँ अलग-अलग हैं। ज्ञान, जिसे अक्सर मानवीय समझ के पूर्ण शिखर के रूप में माना जाता है, में अनुभव, चिंतन और दुनिया और एक व्यक्ति के परिवेश की गहरी समझ के माध्यम से प्राप्त जानकारी, अंतर्दृष्टि और निर्णय का संचय शामिल है। यह सीखने, आत्म-निरीक्षण और आत्म-सुधार की आजीवन प्रक्रिया का परिणाम है।

ज्ञान जानकारी या तथ्यों को पाने तक ही सीमित नहीं है; बल्कि, इसमें उस जानकारी को प्रभावी ढंग से और नैतिक रूप से लागू

करने की समझ भी शामिल है।

बुद्धि, भावनात्मक बुद्धिमत्ता, अंतर्ज्ञान और नैतिक विवेक के संयोजन से ज्ञान उत्पन्न होता है, जिसके परिणामस्वरूप जीवन की जटिलताओं और चुनौतियों की व्यापक समझ प्राप्त होती है। दूसरी ओर, दर्शन अस्तित्व, ज्ञान, मूल्यों, कारण और वास्तविकता के बारे में बुनियादी सवालों का एक व्यवस्थित और तर्कसंगत निरीक्षण है। यह एक अनुशासन है जो तार्किक विश्लेषण, आलोचनात्मक सोच और विभिन्न अवधारणाओं और सिद्धांतों की जांच के माध्यम से सच्चाई को उजागर करना चाहता है।

दर्शनशास्त्र में शाखाओं की एक विस्तृत श्रृंखला शामिल है, जैसे तत्वमीमांसा, ज्ञानमीमांसा, नैतिकता, सौंदर्यशास्त्र और तर्क, जिनमें से प्रत्येक मानव अस्तित्व के विशिष्ट पहलुओं को संबोधित करता है। ज्ञान के विपरीत, जो व्यावहारिक जानकारी और व्यक्तिगत विकास पर ज़ोर देता है, दर्शन अक्सर सैद्धांतिक संरचना और बौद्धिक अन्वेषण पर केंद्रित होता है। भले ही यह आदर्शवादी हो, लेकिन यह ज्ञान की तुलना में काफी कम मूर्त अनुशासन है।

हम ज्ञान और दर्शन के बीच के संबंध को पूरी तरह से समझने के लिए संपूर्ण इतिहास में कुछ दार्शनिक परंपराओं और महत्वपूर्ण विचारकों की खोजों की गहराई में एक रोमांचक यात्रा शुरू करते हैं। उनके विचारों और विचारधाराओं में ख़ुद को डुबोने से, हमें सत्य और जानकारी की कभी न ख़त्म होने वाली खोज में दर्शन और ज्ञान के बीच के सूक्ष्म संबंधों में अनमोल अंतर्दृष्टि मिलती है।

दार्शनिक सुकरात, प्लेटो और अरस्तू ज्ञान की अवधारणा में अपने महत्वपूर्ण योगदान से हमें लुभाते हैं। सुकरात, जिन्हें कभी-कभी पश्चिमी दर्शन का जनक कहा जाता है, ने लोगों से निरंतर अध्ययन और आत्मनिरीक्षण का एक विनम्र रवैया अपनाने का आग्रह किया। उनका सुप्रसिद्ध कथन, "एकमात्र सच्चा ज्ञान यह जानने में है कि आप कुछ नहीं जानते," हमें हमारी आत्मसंतुष्टि से बाहर निकालता है और हमें जांच और चिंतन की एक गतिशील प्रक्रिया में प्रेरित करता है।

प्लेटो सुकरात के विचारों पर आधारित हैं और अपने दार्शनिक संवादों में हमें ज्ञान की प्रकृति की एक आकर्षक यात्रा पर ले जाते हैं। गुफा के अपने रूपक में, प्लेटो इस धारणा को दर्शाते हैं कि वास्तविक जानकारी संवेदी अनुभव की बाधाओं पर काबू पाकर और रूपों या विचारों की दुनिया में प्रवेश करके प्राप्त की जा सकती है। प्लेटो के अनुसार, ज्ञान उन कालातीत और सार्वभौमिक सत्यों में गहराई से गोता लगाना है, जो लगातार बदलते स्वरूपों की दुनिया के नीचे छिपे हैं।

प्लेटो के एक समर्पित छात्र, अरस्तू, अपनी प्रभावशाली पुस्तक, निकोमाचियन नीतिशास्त्र के माध्यम से ज्ञान पर अपनी अनूठी राय प्रदान करते हैं। अरस्तू के अनुसार, ज्ञान सर्वोच्च प्रकार का बौद्धिक गुण है और इसमें अंतिम लक्ष्यों और उन्हें प्राप्त करने की रणनीतियों को पहचानने की क्षमता शामिल है। इसमें सैद्धांतिक ज्ञान, जिसका तात्पर्य ब्रह्मांड के नियमों को समझना और व्यावहारिक ज्ञान, दोनों शामिल हैं, जिसमें नैतिक निर्णय लेने और अच्छे कार्य करने के

लिए उस ज्ञान का उपयोग करना शामिल है।

हमारी जांच का दायरा क्लासिकल ग्रीस से आगे विभिन्न दार्शनिक मतों तक फैला हुआ है जिन्होंने पूरे इतिहास में ज्ञान के अर्थ पर बहस की है। मानव उत्कर्ष और नैतिक व्यवहार के एक महत्वपूर्ण घटक के रूप में ज्ञान पर विविध दृष्टिकोण कन्फयूशसवाद और बौद्ध धर्म जैसे पूर्वी दर्शन द्वारा पक्षपात किए गए हैं।
कन्फयूशसंवाद, जिसकी जड़ प्राचीन चीन में है, शांतिपूर्ण संबंधों और सामाजिक व्यवस्था प्राप्त करने के साधन के रूप में जानकारी विकसित करने पर ज़ोर देता है। ज्ञान के आवश्यक तत्वों के रूप में, कन्फ्यूशियस आत्म-साधना, नैतिक ईमानदारी और ज्ञान की खोज के मूल्य पर ज़ोर देते हैं। जुन्ज़ी का कन्फ्यूशियस आदर्श, जिसे कभी-कभी "महान व्यक्ति" या "सज्जन" के रूप में अनुवादित किया जाता है, नैतिक प्रतिभा और अंतर्दृष्टि के शिखर को दर्शाता है।

बौद्ध धर्म, जिसकी जड़ें प्राचीन भारत में हैं, ज्ञान पर एक अद्वितीय दृष्टिकोण पेश करता है। बौद्ध धर्म में, अंतर्दृष्टि और चीज़ों के अंतिम सार को समझने का ज्ञान से गहरा संबंध है। लोगों से अहंकार के भ्रम पर काबू पाकर और सचेतना तथा ध्यान जैसी तकनीकों के माध्यम से अंतर्संबंध और नश्वरता के बारे में प्रत्यक्ष जागरूकता प्राप्त करके ज्ञान विकसित करने का आग्रह किया जाता है। हम इन कई दार्शनिक परंपराओं का अध्ययन करके दर्शन और ज्ञान के बीच संबंधों की खोज करना शुरू करते हैं। ज्ञान और दर्शन के प्राथमिक लक्ष्य जानकारी, समझ और सत्य हैं। ये मानवीय समझ की सीमाओं को स्वीकार करते हुए अध्ययन और

आत्मनिरीक्षण के लिए जीवन भर की प्रतिबद्धता को प्रोत्साहित करते हैं।

अस्तित्व, जानकारी, मूल्यों, कारण और वास्तविकता से संबंधित बुनियादी मुद्दों का समाधान खोजने के लिए दर्शनशास्त्र सैद्धांतिक संरचनाओं और बौद्धिक जांच में उतरता है। ज्ञान जानकारी के व्यावहारिक अनुप्रयोग और मानव विकास पर ज़ोर देता है। सामूहिक रूप से, तत्वमीमांसा, ज्ञानमीमांसा, नैतिकता, सौंदर्यशास्त्र और तर्क के दार्शनिक उपक्षेत्र मानव जीवन के कई पहलुओं की जांच करते हैं। ज्ञान और दर्शन मानव जानकारी को व्यापक बनाने और अपनी अलग-अलग पद्धतियों के बावजूद दुनिया के साथ हमारी परस्पर क्रिया को तेज़ करने के अपने पारस्परिक उद्देश्य में सामंजस्यपूर्ण रूप से एक-दूसरे को जोड़ते हैं। वास्तविकता की प्रकृति, जीवन के अर्थ और ब्रह्मांड के अंतर्निहित नियमों के बारे में जानकारी की हमारी खोज ज्ञान और दर्शन को प्रेरित करती है। हम ज्ञान और दर्शन के अपने अध्ययन के माध्यम से प्रसिद्ध विचारकों की अंतर्दृष्टि और हमारे जीवन में इन विचारों की निरंतर उपयोगिता की एक बड़ी समझ की खोज करते हैं। दर्शनशास्त्र और अतीत के ज्ञान की जांच हमें जीवन की कठिनाइयों को ज़्यादा स्पष्टता, जानकारी और उद्देश्य के साथ सुलझाने का कौशल प्रदान करती है। हम इस जांच को प्रबुद्ध महसूस करते हुए छोड़ते हैं, जहाँ हम ज्ञान और महत्व की खोज में अपनी यात्रा पर निकलने के लिए तैयार होते हैं, और अपने जीवन व जिस दुनिया में हम रहते हैं, दोनों में महत्वपूर्ण योगदान देने के लिए तैयार होते हैं।

ज्ञान और दर्शन अलग कैसे हैं

जानकारी और समझ की अपनी साझा खोज के बावजूद, ज्ञान और दर्शन, दायरे और कार्यप्रणाली के संबंध में एक-दूसरे से बहुत अलग हैं। हालाँकि, दोनों विषय अवधारणाओं की खोज में योगदान देते हैं, लेकिन वे अपनी जांच को अलग-अलग दृष्टिकोण से करते हैं। संक्षेप में, ज्ञान को व्यक्तिगत अनुभव, आत्मनिरीक्षण और दुनिया के अवलोकन के माध्यम से विकसित किया जाता है, जिससे यह जानकारी का एक व्यक्तिगत और विशिष्ट रूप बन जाता है। यह किसी व्यक्ति के अनोखे दृष्टिकोण, सांस्कृतिक पृष्ठभूमि और जीवन भर प्राप्त व्यावहारिक सबकों के साथ जटिल रूप से जुड़ा हुआ है।

इसकी वजह से, ज्ञान में व्यावहारिक अंतर्दृष्टि और सूचित निर्णय लेने की व्यापकता शामिल होती है, जो व्यक्तिगत विकास और आत्म-चिंतन से गहराई से जुड़ी होती है। इसके विपरीत, दर्शन जानकारी पाने और जांच के लिए एक व्यवस्थित दृष्टिकोण अपनाता है। दर्शनशास्त्र अमूर्त अवधारणाओं और सार्वभौमिक सत्यों का पता लगाने के लिए व्यक्तिगत व्यक्तिपरकता की सीमाओं को पार करता है क्योंकि यह कठोर तर्क, तार्किक विश्लेषण और आलोचनात्मक सोच में निहित है। यह मौलिक सिद्धांतों को उजागर करने और अस्तित्व, वास्तविकता, नैतिकता और ज्ञान की प्रकृति की जांच करने का प्रयास करता है। तार्किक संरचनाओं और बौद्धिक कठोरता को नियोजित करके, दर्शन व्यक्तिगत पूर्वाग्रहों और सांस्कृतिक प्रभावों को पार करके वस्तुनिष्ठ सत्य या दार्शनिक संरचनाओं तक पहुंचने

का प्रयास करता है, जो संसार की व्यापक व्याख्या प्रदान करते हैं।

ज्ञान और दर्शन के बीच अंतर की खोज करते समय हम यह अनुमान लगा सकते हैं कि जो व्यक्ति इन विषयों को अपनाते हैं, वे व्यक्तिगत और व्यावसायिक जीवन पर पड़ने वाले गहन और परिवर्तनकारी प्रभावों की सराहना करते हैं। किसी भी पेशेवर या व्यावसायिक परिवेश में ज्ञान एक दुर्लभ और अत्यंत मूल्यवान गुण है। इसमें व्यक्तियों की चेतना को इस तरह से उन्नत करने की क्षमता है कि वे नियमों और मानकीकृत संरचनाओं से परे देखने में सक्षम हों और कभी-कभी सामाजिक प्रगति को आगे बढ़ा सकें। इसके कई गुणों को विभिन्न तत्वों में अनुवादित किया जा सकता है, जैसे प्रभावी योजना और मूल्यांकन, नैतिकता का एकीकरण, और एक आरामदायक और आत्मविश्वासपूर्ण निर्णय लेने की प्रक्रिया का विकास।

कल्पना करने और अंत में दीर्घकालिक लक्ष्यों को प्राप्त करने की क्षमता के साथ ज्ञान के गुण असीमित हैं। जिन लोगों को ज्ञानी माना जाता है उन्हें आगे की सोच रखने वाला भी माना जाता है। यह दूरदर्शी सोचने की क्षमता, वह मानसिकता जो हमेशा किसी बीमारी या समस्या के समाधान की तलाश में रहती है, इन लोगों को किसी समस्या को सुलझाने के लिए तत्काल मार्ग प्रदान करती है, जबकि इस दौरान वो अपनी गतिविधियों और चुनावों के परिणामों पर अत्यधिक ध्यान देते रहते हैं। वे विभिन्न मार्गों की व्यवहार्यता और परिणामों का आकलन कर सकते हैं, जिससे उनकी गतिशीलता ऊपर की ओर बढ़ सकती है। कहने का अर्थ यह है कि ज्ञानी

व्यक्तियों के पास चुनौतियों का अनुमान लगाने और बिना किसी घबराहट या ज़्यादा सोचने पर ध्यान दिए बिना अपनी योजनाओं को अनुकूलित करने की दूरदर्शिता होती है।

ज्ञान का संश्लेषण और पोषण

ज्ञान किसी विषय या पेशे की बौद्धिक समझ से कहीं ज़्यादा है; यह इतना महत्वपूर्ण दृष्टिकोण है क्योंकि ज्ञान एक मजबूत नैतिक दिशा-निर्देश को समाहित करता है। ज्ञानी व्यक्ति किसी स्थिति को व्यावहारिकता और अपने निर्णयों और कार्यों के नैतिक आयामों की पहचान के साथ देखते हैं। वे स्वयं पर, दूसरों पर और समाज पर पड़ने वाले प्रभाव पर विचार करते हैं।

नैतिकता एक प्रमुख सिद्धांत है जो इस बात का ध्यान रखता है कि उनकी जागरूकता निष्पक्षता, अखंडता और करुणा पर आधारित हो। यह कहना सुरक्षित है कि ये कारक उनके चुनावों के साथ निरंतर राहत की भावना भी सुनिश्चित करते हैं। जैसा कि हम पहले ही चर्चा कर चुके हैं, ज्ञान को बहुत सारे व्यक्तिगत अनुभव के माध्यम से विकसित किया जाता है, इसलिए यह कहना गलत नहीं होगा कि ज्ञानी व्यक्ति आमतौर पर अपने मूल्यों, शक्तियों और सीमाओं को समझकर आत्म-जागरूकता की मजबूत भावना का पर्याय बन जाते हैं। ज्ञान के प्रति जागरूकता बढ़ाने में योजना महत्वपूर्ण भूमिका निभाती है। ज्ञानी व्यक्ति अच्छे निर्णय लेने में विचारशील तैयारी के मूल्य को पहचानते हैं। सुविचारित और सक्रिय योजना में संलग्न होकर, व्यक्ति संभावित चुनौतियों का अनुमान लगा सकते हैं, विभिन्न विकल्पों पर विचार कर सकते हैं और अपनी

पसंद के दीर्घकालिक परिणामों का आकलन कर सकते हैं। योजना, निर्णय लेने के लिए एक समग्र दृष्टिकोण को बढ़ावा देते हुए, मौजूद कारकों के व्यापक मूल्यांकन की अनुमति देती है।

ज्ञान से जुड़ी बढ़ती जागरूकता के विषय की खोज में, हम व्यक्तियों के जीवन की दिशा को आकार देने में ज्ञान की परिवर्तनकारी शक्ति को उजागर करते हैं। वास्तविक जीवन के उदाहरणों और केस अध्ययनों की जांच करके, हम देख सकते हैं कि कैसे ज्ञान ने व्यक्तियों को विभिन्न क्षेत्रों में सफलता और व्यक्तिगत विकास हासिल करने के लिए प्रेरित किया है। इसी तरह, हम ज्ञान विकसित करने, दीर्घकालिक लक्ष्यों और पेशेवर उन्नति पर इसके प्रभाव को उजागर करने के लिए व्यावहारिक रणनीतियों और तकनीकों में गहराई से उतर सकते हैं। मानव इतिहास के पूरे इतिहास में, बुद्धिमान नेताओं, चतुर उद्यमियों और विद्वान पेशेवरों ने अपने असाधारण कार्यों और उपलब्धियों में ज्ञान के अपरिहार्य महत्व को स्पष्ट रूप से प्रदर्शित किया है। यदि आप चाहें तो आप वॉरेन बफेट की कहानी पर विचार कर सकते हैं, एक ऐसा व्यक्ति जिसने निवेश के क्षेत्र में बेमिसाल कौशल के उदाहरण के रूप में व्यापक प्रशंसा प्राप्त की है। बफेट के निवेश-संबंधी निर्णय उनकी कुशाग्र बुद्धि, बाज़ार की समझ और कई दशकों के दौरान हासिल की गई दूरदर्शिता द्वारा संचालित मूल्य वाली इक्विटी को समझने, धैर्य दिखाने और विवेकपूर्ण निवेश निर्णयों को क्रियान्वित करने की अपनी चतुर योग्यता से

उन्होंने असाधारण वित्तीय सफलता हासिल की है, जिसने उन्हें कॉर्पोरेट जगत के शिखर पर पहुंचा दिया है। इसी प्रकार, एपल के बुद्धिमान सह-संस्थापक, स्टीव जॉब्स की शक्तिशाली छवि उस प्रभाव का एक प्रमुख उदाहरण है, जो एक कॉर्पोरेट संस्था के मार्ग को ढालने में बुद्धिमत्ता पैदा करती है। जॉब्स की रणनीतिक कुशाग्रता, दूरदर्शी विचारशीलता और दूरदर्शितापूर्ण योग्यता ने एपल को वैश्विक प्रौद्योगिकी के क्षेत्र में एक दुर्जेय शक्ति में बदलने में महत्वपूर्ण भूमिका निभाई। जॉब्स की दूरदर्शिता ने उन्हें जटिल बाज़ार की गतिशीलता को चतुराई से संचालित करने, अपनी टीमों के अंदर प्रेरणा पैदा करने और अग्रणी उत्पादों को तैयार करने में सक्षम बनाया, जिन्होंने कई उद्योगों के भीतर एक आदर्श बदलाव को जन्म दिया। व्यावसायिक क्षेत्र के अलावा, जागरूकता पर ज्ञान का प्रभाव विभिन्न व्यवसायों तक फैला हुआ है। चिकित्सा क्षेत्र के बारे में सोचिये, जहाँ ज्ञानी चिकित्सक रोगी देखभाल की जटिलताओं को समझते हैं, अपने व्यापक ज्ञान और अनुभव का उपयोग करते हैं, और ऐसे सूचित निर्णय लेते हैं जो जीवन बचाते हैं और स्वास्थ्य परिणामों में सुधार करते हैं। ये स्वास्थ्य देखभाल पेशेवर अपने अभ्यास में ज्ञान के प्रभाव को प्रदर्शित करते हैं, जो दर्शाता है कि

यह केवल व्यवसाय के दायरे तक ही सीमित नहीं है बल्कि हर व्यक्ति ज्ञान विकसित करने और ऊपर जाने के लिए इसकी क्षेत्र में व्याप्त है।

क्षमता का उपयोग करने के लिए कुछ कौशल और गुण विकसित कर सकते हैं। सबसे पहले, आजीवन सीखने और बौद्धिक जिज्ञासा के प्रति प्रतिबद्धता ज्ञान के विकास की नींव रखती है। नए विचारों

के प्रति खुले रहकर, निरंतर शिक्षा में संलग्न रहकर और अपने संबंधित क्षेत्रों में ज्ञान प्राप्त करके, व्यक्ति अपनी समझ का विस्तार कर सकते हैं और बुद्धिमान निर्णय लेने के लिए आवश्यक अंतर्दृष्टि प्राप्त कर सकते हैं।

इसके अलावा, आत्म-चिंतन और आत्मनिरीक्षण का विकास ज्ञान की परिपक्वता में महत्वपूर्ण भूमिका निभाता है। आत्मनिरीक्षण की सुविचारित प्रक्रिया के माध्यम से, व्यक्ति अपने व्यक्तिगत मूल्यों, अंतर्निहित योग्यताओं और कमज़ोरी के क्षेत्रों का व्यापक मूल्यांकन कर सकते हैं। आत्मनिरीक्षण का यह प्रयास किसी के सार को समझना आसान बनाता है, जिससे व्यक्ति अपनी वास्तविक पहचान के अनुरूप निर्णय लेने में सक्षम होता है। आत्म-जागरूकता व्यक्तियों को अपनी अंतर्निहित शक्तियों का प्रभावी ढंग से लाभ उठाने और व्यक्तिगत विकास के लिए सक्रिय रूप से रास्ते तलाशने में सक्षम बनाती है, जिससे वे अपने मनचाहे उद्देश्यों को प्राप्त करने के करीब पहुंच जाते हैं। ज्ञान से जुड़ी जागरूकता बढ़ाने के लिए नीति और नैतिकता का एकीकरण भी महत्वपूर्ण है। ज्ञानी व्यक्ति मानते हैं कि सफलता नैतिक सिद्धांतों को ताक पर रखकर और दूसरों के साथ बुरा करके नहीं मिलनी चाहिए। वे सत्यनिष्ठा, सहानुभूति और सामाजिक ज़िम्मेदारी को प्राथमिकता देते हैं, और इस ज्ञान को समझते हैं कि यथार्थी आकलन और नैतिक निर्णय लेने और सक्रियात्मक प्रभाव की भी महत्वपूर्ण भूमिका निभाते हैं। ज्ञानी व्यक्ति अच्छे निर्णय लेने में विचारशील तैयारी के मूल्य को पहचानते हैं।

जानबूझकर और सक्रिय योजना में संलग्न होकर, व्यक्ति संभावित चुनौतियों का अनुमान लगा सकते हैं, विभिन्न विकल्पों पर विचार कर सकते हैं और अपनी पसंद के दीर्घकालिक परिणामों का आकलन कर सकते हैं। योजना कार्यशील कारकों के व्यापक मूल्यांकन की अनुमति देती है, जिससे निर्णय लेने के लिए एक समग्र दृष्टिकोण को बढ़ावा मिलता है, जो सफल परिणामों की संभावना को अधिकतम करती है।

ज्ञान में अनुकूलनशीलता और अनिश्चितता से निपटने की क्षमता भी मौजूद है। ज्ञानी व्यक्ति मानते हैं कि परिवर्तन अपरिहार्य है और इसे दृढ़ता और लचीलेपन के साथ अपनाते हैं। वे विकास की मानसिकता स्वीकार करते हैं, चुनौतियों को सीखने और व्यक्तिगत विकास के अवसर के रूप में देखते हैं। यह अनुकूलनशीलता उन्हें अवसरों का लाभ उठाने और बाधाओं से निपटने में सक्षम बनाती है, जिससे लगातार बदलती परिस्थितियों के सामने जागरूकता में निरंतर वृद्धि सुनिश्चित होती है।

ज्ञान की जवाबदेही और नैतिकता

ज्ञान के दायरे के अंदर जवाबदेही की मान्यता निहित है, जो मानव अस्तित्व के नैतिक ताने-बाने से जुड़ी हुई है। जैसे-जैसे व्यक्ति अपनी स्वतंत्र इच्छा का प्रयोग करते हैं, उन्हें अपने चुनावों से उत्पन्न होने वाले परिणामों की बड़ी ज़िम्मेदारी लेनी पड़ती है। यह स्वीकृति

ऐसे निर्णय लेने को प्राथमिकता देने की अनिवार्यता को जन्म देती है जो नैतिक सिद्धांतों के अनुरूप हों, जो स्वयं की, दूसरों की और व्यापक दुनिया की बेहतरी में योगदान करते हुए व्यक्तिगत विकास को बढ़ावा दें। नैतिक सिद्धांतों और रूपरेखाओं की खोज जो नैतिक निर्णय लेने का समर्थन करती है, ज्ञान के नैतिक आयामों में मूल्यवान अंतर्दृष्टि का खुलासा करती है, साथ ही इसके लिए मार्गदर्शन प्रदान करती है कि कैसे व्यक्ति जीवन के जटिल जाल को बुद्धिमत्ता और अखंडता के साथ पार कर सकते हैं।

नैतिक संरचना के तौर पर, परिणामवाद, किसी कार्य के नैतिक मूल्य को उसके परिणामों के दायरे में मजबूती से स्थापित करता है। परिणामवादी दृष्टिकोण से, जिन व्यक्तियों के पास ज्ञान होता है, वे किसी भी नकारात्मक परिणाम को कम करने के साथ-साथ सामूहिक कल्याण को अनुकूलित करने का प्रयास करते हुए, अपने निर्णयों के संभावित प्रभावों पर लगन से विचार करते हैं। यह विशेष दृष्टिकोण व्यक्तियों को अपने प्रयासों के तत्काल और स्थायी परिणामों का आकलन करते हुए, सावधानीपूर्वक चिंतन में भाग लेने के लिए मजबूर करता है। व्यक्तियों और समुदायों दोनों पर संभावित प्रभावों के आत्मनिरीक्षण और चिंतन के माध्यम से, चतुर व्यक्ति समझदार विकल्प चुनने की क्षमता रखते हैं जो सक्रिय कल्याण की उन्नति को बढ़ावा देते हैं। रचनात्मक परिवर्तन और सामाजिक सुधार की खोज के साथ अपने निर्णयों में सामंजस्य बैठाकर, ये व्यक्ति व्यक्तिगत कार्यों और व्यापक वातावरण के बीच अंतर्संबंध की समझ प्रदर्शित करते हैं।

इसके विपरीत, नीतिशास्त्र एक अन्य नैतिक संरचना के रूप

में उभरती है जो नैतिक कर्तव्य और सार्वभौमिक नैतिक सिद्धांतों पर केंद्रित है। इमैनुएल कांट जैसे दार्शनिकों के विचारों से प्रेरणा लेते हुए, आचार-विषयक नैतिकता इस बात पर ज़ोर देती है कि व्यक्तियों के कुछ नैतिक दायित्व होते हैं जो बाध्यकारी होते हैं, परिणाम चाहे जो भी हों। कर्तव्यनिष्ठ सिद्धांतों द्वारा निर्देशित ज्ञानी व्यक्तियों के लिए, व्यक्तिगत चुनौतियों या अनिश्चित परिणामों का सामना करने पर भी, नैतिक कर्तव्यों और सिद्धांतों के अनुसार कार्य करना प्राथमिकता होती है। उनके निर्णय प्रत्येक व्यक्ति के अंतर्निहित मूल्य और गरिमा के प्रति सम्मान को दर्शाते हैं क्योंकि वे अपनी नैतिक अखंडता को बनाए रखते हुए नैतिक दुविधाओं से निपटते हैं। अन्य नैतिक संरचना के रूप में, सदाचार नैतिकता, चरित्र के अच्छे गुणों और नैतिक उत्कृष्टता के विकास की ओर ध्यान आकर्षित करती है। सद्गुण नैतिकता को अपनाने वाले ज्ञानी व्यक्ति ईमानदारी, करुणा, विनम्रता और विशेष रूप से ज्ञान जैसे गुणों के विकास को प्राथमिकता देते हैं। वे मानते हैं कि ज्ञान न केवल जानकारी से बल्कि उन गुणों के विकास से भी उभरता है जो उनके चरित्र को आकार देते हैं और उनके कार्यों का मार्गदर्शन करते हैं। सद्गुणों को अपनाकर, ज्ञानी व्यक्ति सामंजस्यपूर्ण संबंधों, नैतिक निर्णय लेने और एक न्यायपूर्ण समाज के निर्माण में योगदान करते हैं। यह स्वीकार करना महत्वपूर्ण है कि नैतिक संरचनाएं हमेशा नैतिक प्रश्नों के निश्चित उत्तर प्रदान नहीं करती हैं। नैतिक दुविधाओं की जटिलताओं पर अक्सर सूक्ष्म विचार की आवश्यकता होती है। फिर भी, इन संरचनाओं की खोज व्यक्तियों को आत्म-चिंतन में संलग्न होने, अपने स्वयं के नैतिक मूल्यों को समझने और

ज्ञान में निहित नैतिक आयामों की व्यापक समझ विकसित करने के लिए आमंत्रित करती है। इसके अलावा, ज्ञान में कार्यों की परस्पर संबद्धता और उनके दूरगामी परिणामों के बारे में गहरी जागरूकता शामिल है। ज्ञानी व्यक्ति यह समझते हुए अपने चुनावों के प्रभाव को पहचानते हैं कि उनके निर्णय तात्कालिक परिस्थितियों से परे होते हैं, जो व्यापक समुदायों और भावी पीढ़ियों को प्रभावित करते हैं। यह बढ़ी हुई जागरूकता नैतिक ज़िम्मेदारी की भावना को बढ़ावा देती है, व्यक्तियों को ऐसे निर्णय लेने के लिए प्रेरित करती है जो दीर्घकालिक प्रभावों को ध्यान में रखते हैं और नैतिक सिद्धांतों को बनाए रखते हैं। ज्ञान के नैतिक निहितार्थ व्यक्तिगत कार्यों से परे, सामाजिक और वैश्विक आयामों तक फैले हुए हैं। ज्ञानी व्यक्ति, समाज के भीतर अपनी भूमिकाओं के प्रति सचेत रहते हुए, सामान्य भलाई में योगदान देने और गंभीर सामाजिक व पर्यावरणीय चुनौतियों का समाधान करने का प्रयास करते हैं। उनका ज्ञान उन्हें कार्रवाई के लिए प्रेरित करता है, उन्हें न्याय की वकालत करने और स्थायी कार्यप्रणालियों की वकालत करने के लिए

निर्णय लेने की प्रक्रिया में भावनाओं को नियंत्रित करना:

जुनून और तर्क की जटिल परस्पर क्रिया के साथ, भावनाएं निर्णय लेने के क्षेत्र में महत्वपूर्ण प्रभाव डालती हैं। जब व्यक्ति अच्छे चुनाव करने का प्रयास करता है तो ज्ञान और विवेक के साथ इन भावनाओं का संचालन करने की क्षमता बहुत महत्वपूर्ण बन जाती है। भावनाओं और तर्कसंगतता से उत्पन्न जटिल चुनौतियों का

समाधान करने के लिए, भावनात्मक बुद्धिमत्ता और आत्म-नियमन विकसित करने के लिए व्यावहारिक तकनीकों और रणनीतियों को नियोजित किया जा सकता है। सचेतनता अभ्यासों, भावनात्मक जागरूकता अभ्यासों और संज्ञानात्मक पुनर्गठन तकनीकों के समृद्ध परिदृश्य की खोज करके, व्यक्ति अपनी भावनाओं के जटिल नृत्य को नियंत्रित करने और ज्ञान पर आधारित निर्णय लेने के लिए आवश्यक कौशल विकसित कर सकते हैं।

प्राचीन चिंतनशील परंपराओं से प्रेरित सचेतनता अभ्यास, भावनात्मक बुद्धिमत्ता और आत्म-नियमन को विकसित करने में शक्तिशाली उपकरण के रूप में काम करती हैं। सचेतनता के माध्यम से, व्यक्ति अपने वर्तमान क्षण के अनुभव के बारे में खुली और गैर-निर्णयात्मक जागरूकता पैदा करते हैं। धीरे-धीरे अपना ध्यान अपने भीतर उत्पन्न होने वाली संवेदनाओं, विचारों और भावनाओं पर केंद्रित करके, वे उनके प्रभाव में उलझे बिना अपनी भावनाओं का निरीक्षण करने की अधिक क्षमता विकसित करते हैं। यह बढ़ी हुई जागरूकता उन्हें अपनी भावनाओं पर अधिक समानता और स्पष्टता के साथ प्रतिक्रिया करने में सक्षम बनाती है, जिससे अधिक विचारशील और व्यावहारिक निर्णय लेना आसान होता है।

दिलचस्प बात यह है कि उभरते वैज्ञानिक अनुसंधान ने मस्तिष्क पर सचेतनता के प्रभाव पर प्रकाश डाला है। न्यूरोइमेजिंग तकनीकों का उपयोग करने वाले अध्ययनों से पता चला है कि नियमित सचेतनता अभ्यास से भावना विनियमन और निर्णय लेने से जुड़े मस्तिष्क क्षेत्रों में संरचनात्मक और कार्यात्मक परिवर्तन हो सकते हैं। यह साक्ष्य भावनात्मक संतुलन और ज्ञान विकसित करने में

सचेतनता की परिवर्तनकारी क्षमता को दर्शाता है। भावनात्मक जागरूकता अभ्यास के साथ मिलकर सचेतनता भावनाओं के जटिल परिदृश्य की एक समृद्ध और सूक्ष्म खोज प्रदान करती है। सचेत रूप से अपने भावनात्मक अनुभवों को ध्यान में रखते हुए, व्यक्ति उन बारीकियों, सूक्ष्मताओं और पैटर्न की गहरी समझ विकसित कर सकते हैं जो उनकी भावनात्मक प्रतिक्रियाओं की विशेषता बताती हैं। जर्नल लिखना, गाइडेड इमेजरी, या अभिव्यंजक कला जैसी चिंतनशील अभ्यासों में संलग्न होकर, व्यक्ति उत्तेजकों, पूर्वाग्रहों और आदत-संबंधी भावनात्मक पैटर्न में अंतर्दृष्टि प्राप्त कर सकते हैं, जो उनकी निर्णय लेने की प्रक्रिया को प्रभावित करते हैं। यह बढ़ी हुई भावनात्मक आत्म-जागरूकता उन्हें पीछे हटने, अपनी भावनाओं के प्रभाव को पहचानने और ज़्यादा अंतर्दृष्टि और स्पष्टता के स्थान से निर्णय लेने की अनुमति देती है। संज्ञानात्मक पुनर्गठन तकनीक निर्णय लेने में भावनाओं के जटिल क्षेत्र को संचालित करने के लिए एक और मूल्यवान अवसर प्रदान करती है। इन तकनीकों में बेकार के विचारों और विश्वासों को चुनौती देना और उन्हें दोबारा परिभाषित करना शामिल है, जो भावनात्मक पूर्वाग्रह या अस्पष्ट निर्णय में योगदान कर सकते हैं। इन विचारों का समर्थन करने वाले साक्ष्यों की जांच करके और वैकल्पिक दृष्टिकोणों की खोज करके, व्यक्ति संज्ञानात्मक विकृतियों को दूर कर सकते हैं और ज़्यादा संतुलित और तर्कसंगत सोच विकसित कर सकते हैं। यह प्रक्रिया उन्हें ज़्यादा निष्पक्षता के साथ भावनाओं को नियंत्रित करने के लिए सशक्त बनाती है, और यह

सुनिश्चित करती है कि उनके निर्णय केवल क्षणिक भावनात्मक स्थितियों से प्रेरित न हों, बल्कि तर्कसंगत विश्लेषण और ज्ञान द्वारा सूचित हों।

वास्तविक जीवन के उदाहरण और केस अध्ययन निर्णय लेने में भावनाओं को नियंत्रित करने की खोज में एक आकर्षक आयाम जोड़ सकते हैं। यह दर्शाते हुए कि कैसे लोगों ने विभिन्न संदर्भों में भावनात्मक बुद्धिमत्ता और आत्म-नियमन को प्रभावी ढंग से लागू किया है, ये कहानियां ज्ञान की परिवर्तनकारी शक्ति को उजागर करती हैं। उच्च जोखिम वाली स्थितियों में निर्णायक विकल्प चुनने के लिए अपनी भावनाओं को कुशलता से प्रबंधित करने वाले नेताओं से लेकर व्यक्तिगत दुविधाओं को अनुग्रह और स्पष्टता के साथ सुलझाने वाले व्यक्तियों तक, ये उदाहरण निर्णय लेने की प्रक्रिया पर भावनात्मक संतुलन के प्रभाव को प्रदर्शित करते हैं।

भावनात्मक संवेदनाएं बहुत शक्तिशाली होती हैं

यह ध्यान देना ज़रूरी है कि इस बात को कहना आसान है लेकिन करना बहुत मुश्किल; इसका अनुमान पहले ही लगाया जा चुका है। भावनाएं हमेशा हमारे मस्तिष्क की संरचना और हमारी मानसिकता में मौजूद रहती हैं। कभी-कभी धीमे होकर सांस लेने के बजाय अपनी भावनाओं को हावी होने देना कहीं ज़्यादा आसान होता है। उसके बाद, तर्कसंगत बनें और वर्तमान परिदृश्य को कुछ ऐसे भागों में विभाजित करें जिन्हें स्वीकार करना आसान हो और उनसे हमें सबसे अच्छा परिणाम मिल सके। इसके लिए एक हल्का-फुल्का किस्सा यह होगा कि, "यदि आप एक क्षण के लिए अपनी

भावनाओं को काबू में रख सकें तो आप अच्छा परिणाम पाने की अपनी संभावना बढ़ा सकते हैं।" निर्णय लेते समय अपनी भावनाओं को हावी न होने देना केवल महत्वपूर्ण नहीं बल्कि अनिवार्य हैं, चाहे वो निर्णय कितने भी छोटा या बड़े क्यों न हों। प्रत्येक व्यक्ति को किसी समस्या या निर्णय के साथ जूझने की मुश्किल प्रक्रिया के लिए प्रतिबद्ध होने का प्रयास करना चाहिए, और जल्दबाज़ी में कोई भी कदम उठाने से पहले, सभी संभावित क्रमपरिवर्तन और संयोजनों के साथ संभावनाओं और परिणामों का एक अच्छी तरह से सोचा-समझा अंतर्संबंधित जाल बनाना चाहिए, ताकि वो यह पता लगा सकें कि कौन सा विकल्प उनके और उनके आसपास के लोगों के लिए सबसे ज़्यादा फ़ायदेमंद है।

ज्ञान, निर्णय लेने पर अपने प्रभाव के साथ, भावनात्मक संतुलन प्राप्त करने में महत्वपूर्ण भूमिका निभाता है। इसका प्रभाव एक व्यापक परिप्रेक्ष्य प्रदान करने की इसकी क्षमता से उत्पन्न होता है जो तत्काल भावनात्मक प्रतिक्रियाओं या पूर्वाग्रहों से परे होता है जो अक्सर निर्णय को अस्पष्ट करते हैं। ज्ञान व्यक्तियों को उनके निर्णयों के दीर्घकालिक परिणामों और निहितार्थों पर विचार करने की क्षमता प्रदान करता है, और यह सुनिश्चित करता है कि उनके चुनाव उनके मूल्यों और लक्ष्यों के अनुरूप हों। यह उन्नत परिप्रेक्ष्य व्यक्तियों को स्पष्टता के साथ चुनौतीपूर्ण परिस्थितियों से निपटने और ऐसे निर्णय लेने में सक्षम बनाता है जो तर्क और भावनात्मक बुद्धिमत्ता के संतुलित मिश्रण पर आधारित होते हैं।

इसके परिणामस्वरूप, ज्ञान व्यक्तियों को अपनी भावनाओं को प्रभावी ढंग से नियंत्रित करने की क्षमता से लैस करता है। ज्ञानी

व्यक्तियों के पास अपनी निर्णय लेने की प्रक्रिया को नियंत्रित करने की अनुमति दिए बिना अपनी भावनाओं को पहचानने और समझने के लिए आवश्यक आत्म-जागरूकता और भावनात्मक बुद्धिमत्ता होती है। अपने ज्ञान का उपयोग करके, वे जटिल भावनात्मक परिदृश्यों को नियंत्रित कर सकते हैं, ऐसे विकल्प चुन सकते हैं जो कारण और भावना के विचारशील और संतुलित एकीकरण द्वारा निर्देशित होते हैं। भावनात्मक संतुलन प्राप्त करने में विवेक ज्ञान का एक और महत्वपूर्ण पहलू है। ज्ञानी व्यक्ति वास्तविक अंतर्ज्ञान और आवेगपूर्ण भावनात्मक प्रतिक्रियाओं के बीच अंतर करने में माहिर होते हैं। यह समझ उन्हें तत्काल भावनात्मक संतुष्टि के आगे झुकने के बजाय सोच-समझकर निर्णय लेने की अनुमति देती है। अपनी भावनात्मक प्रतिक्रियाओं के अंतर्निहित कारणों का सावधानीपूर्वक मूल्यांकन करके और उन्हें समझकर, ज्ञानी व्यक्ति अपने दीर्घकालिक उद्देश्यों और समग्र कल्याण के अनुरूप निर्णय ले सकते हैं। ज्ञानी व्यक्तियों को अपने निर्णयों के नैतिक निहितार्थ पर विचार करने के लिए भी प्रेरित करता है। इसमें यह विचार करना शामिल है कि उनके निर्णय का उन पर और उनके आसपास के लोगों पर क्या प्रभाव पड़ेगा। निर्णय लेने में नैतिक विचार महत्वपूर्ण हैं क्योंकि वे इस बात का ध्यान रखते हैं कि चुनाव ज़िम्मेदारी की भावना और व्यापक भलाई के प्रति प्रतिबद्धता के साथ चुने जाएं। ज्ञानी व्यक्ति तर्क, भावना और नैतिक विचारों के संतुलित एकीकरण को बढ़ावा देते हुए, अपनी निर्णय लेने की प्रक्रिया में नैतिक सिद्धांतों को शामिल कर सकते हैं। ज्ञानी व्यक्ति अक्सर मानते हैं कि शह-मात के लिए आगे बढ़ने

से पहले उनके पास दुनिया में अपने विचार तैयार करने के लिए पूरा समय है। उन्होंने सीख लिया है कि कोई भी अपनी भावनाओं को आसानी से विभाजित कर सकता है। यह कई तरीकों से किया जा सकता है, एक है अपनी भावनाओं को अस्थायी रूप से एक तरफ रखकर मानसिक सीमाएं बनाने की क्षमता, जिससे आप वर्तमान काम पर ध्यान केंद्रित कर सकें। जब आप ऐसे कार्यों में शामिल होते हैं, जिनमें तर्कसंगत सोच की आवश्यकता होती है, तो सचेत रूप से भावनात्मक चिंताओं को अलग रखें और तार्किक विश्लेषण और एकाग्रता का अभ्यास करना; इसे ऐसी तकनीक विकसित करके हासिल किया जा सकता है जो आपको परेशान हुए बिना अपनी भावनाओं का निरीक्षण करने देती है। यह ध्यान से लेकर किसी शौक के अभ्यास तक कुछ भी हो सकता है। ज्ञान के सबसे बड़े विषयों में से एक आत्म-जागरूकता है, जैसा कि इस यात्रा में बहुत पहले विस्तार से बताया गया था, यही कारण है कि भावनाओं के विभाजन में शामिल होने का सबसे अच्छा तरीका आत्म-चिंतन को लागू करना होगा। आत्म-चिंतन का अर्थ है अपनी भावनाओं पर विचार करने और उनके अंतर्निहित कारणों को समझने के लिए समय निकालना। विचार करें कि क्या आपकी भावनाएं आपके निर्णय पर असर डाल रही हैं या आपके विचारों को प्रभावित कर रही हैं। अपनी भावनाओं की जड़ों को समझने से आपको उन्हें तर्कसंगत सोच से अलग करने में मदद मिल सकती है।

संबंध का ज्ञान

लोगों में मूल्य की पहचान और सार्थक रिश्तों का विकास ज्ञान की खोज के लिए महत्वपूर्ण हैं। ज्ञान के लिए भावनाओं और तर्कसंगत सोच के बीच संतुलन की आवश्यकता होती है। अब हम यह दिखाते हुए व्यक्तियों में मूल्य देखने और सार्थक संबंधों को बढ़ावा देने के महत्व पर गहराई से चर्चा करेंगे कि यह भावनात्मक बुद्धिमत्ता और सहानुभूतिपूर्ण जुड़ाव के माध्यम से ज्ञान के विकास से ~~कैसे संबंधित है।~~ भावनात्मक बुद्धिमत्ता ज्ञान के विकास के लिए महत्वपूर्ण है। अपनी भावनाओं को पहचानने और समझने से, हम वास्तविक संबंधों के साथ बेहतर, अधिक खुले वातावरण का निर्माण करते हुए अन्य व्यक्तियों को बेहतर ढंग से समझ सकते हैं और उनसे सहानुभूति रख सकते हैं। इससे सहानुभूति की शक्ति भी पैदा होती है, जो शायद एक ज्ञानी व्यक्ति के लिए सबसे शक्तिशाली हथियारों में से एक है।

किसी की अपनी भावनाओं और प्रक्रियाओं को समझने की क्षमता को ज्ञान के रूप में जाना जाता है, लेकिन किसी अन्य व्यक्ति के लिए भी इसे समझने की कल्पना करें; यह चरम ज्ञान की आधारशिला होगी। सहानुभूति के माध्यम से, व्यक्ति प्रामाणिक संबंध बना सकते हैं और आपसी समझ को बढ़ावा दे सकते हैं। उदाहरण के लिए, एक ज्ञानी नेता जो सहानुभूति प्रदर्शित करता है, वह अपने आस-पास के लोगों की ताकत और चुनौतियों को पहचानता है, उनकी क्षमता का उपयोग करता है, उनकी ताकत पर काम करता है, और एक ऐसा वातावरण बनाता है जो विकास और सहयोग को बढ़ावा देता है। व्यक्तियों और रिश्तों को महत्व

देना निरंतर सीखने और व्यक्तिगत विकास में योगदान देता है, जो ज्ञान का उद्देश्य है। ज्ञानी व्यक्ति मानते हैं कि हर किसी के पास दूसरों को देने के लिए अद्वितीय ज्ञान, अनुभव और अंतर्दृष्टि होती है।

सक्रिय रूप से दूसरों से सीखने की कोशिश करके, वे दुनिया के बारे में अपनी समझ का विस्तार करते हैं और अपना ज्ञान बढ़ाते हैं। वे विविध दृष्टिकोणों की परिवर्तनकारी शक्ति की सराहना करते हैं और रचनात्मक प्रतिक्रिया के लिए खुले रहते हैं। उदाहरण के लिए, एक बुद्धिमान गुरु अपने प्रशिक्षुओं के ज्ञान और अनुभवों को महत्व देता है, जिससे पारस्परिक संबंध को बढ़ावा मिलता है जहाँ दोनों पक्ष एक साथ सीखते हैं और बढ़ते हैं। लोगों के साथ सम्मानपूर्वक व्यवहार करना ज्ञान का एक मूलभूत पहलू है और पिछले खंडों में चर्चा किये गए विषयों से जटिल रूप से जुड़ा हुआ है। इसमें प्रत्येक व्यक्ति के अंतर्निहित मूल्य और योग्यता को पहचानना शामिल है और स्थायी संबंध बनाने के लिए यह महत्वपूर्ण है। लोगों के साथ सम्मानपूर्वक व्यवहार करने के महत्व को कम करके नहीं आंका जा सकता। इस अध्याय का अंतिम भाग इस बात पर ज़ोर देते हुए लोगों के साथ सम्मानपूर्वक व्यवहार करने के महत्व को स्वीकार करता है कि यह ज्ञान के विकास और स्थायी व सार्थक संबंधों की स्थापना में कैसे योगदान देता है।

लोगों के साथ ऊपर बताई गई गरिमा के साथ व्यवहार करने में सम्मान दिखाना और उनके आंतरिक मूल्य को पहचानना शामिल है। इसका अर्थ है उनके अद्वितीय गुणों, दृष्टिकोणों और योगदानों को स्वीकार करना और उनका मूल्यांकन करना। ज्ञानी व्यक्ति समझते हैं कि प्रत्येक व्यक्ति के पास देने के लिए कुछ न कुछ

मूल्यवान होता है, और वे सक्रिय रूप से दूसरों की अंतर्निहित गरिमा की सराहना और सम्मान करना चाहते हैं। ऐसा करने में उन्हें प्रामाणिक होने के लिए सशक्त बनाना और व्यक्तिगत विकास को प्रोत्साहित करना शामिल है। ज्ञानी व्यक्ति दूसरों को उनकी पूरी क्षमता का एहसास करने के लिए सहायता, प्रोत्साहन और अवसर प्रदान करते हैं। सक्रिय रूप से सुनने और सहानुभूति के माध्यम से रिश्तों में गरिमा को बढ़ावा मिलता है। ज्ञानी व्यक्ति दूसरों के दृष्टिकोण, ज़रूरतों और भावनाओं को समझने की कोशिश करते हुए वास्तविक और ध्यानपूर्वक सुनने में संलग्न होते हैं। वे सहानुभूति विकसित करते हैं, अपने अनुभवों को पूरी तरह से समझने के लिए खुद को दूसरों के स्थान पर रखते हैं। सुनने और सहानुभूति रखने से स्थायी रिश्तों का पोषण होता है, क्योंकि व्यक्तियों को लगता है कि उन्हें सुना गया है, स्वीकार किया गया है और समझा गया है। लोगों के साथ सम्मानपूर्वक व्यवहार करने में विवाद का कुशल समाधान और क्षमा करने की इच्छा शामिल है। ज्ञानी व्यक्ति मानते हैं कि रिश्तों में संघर्ष अपरिहार्य हैं, लेकिन उन्हें सहानुभूति, धैर्य, और समझ व बीच का रास्ता खोजने की प्रतिबद्धता के साथ संभालें। वे खुले और सम्मानजनक संचार को प्राथमिकता देते हैं, ऐसे समाधान तलाशते हैं जो इसमें शामिल सभी पक्षों की गरिमा का सम्मान करते हों। इसके अलावा, बुद्धिमान व्यक्ति रिश्तों को बनाए रखने में क्षमा की शक्ति को समझते हैं। वे मानते हैं कि यह उपचार, विकास और विश्वास की नींव रिश्तों में एक आधारशिला के रूप में खड़ी है,

जो दूसरों की भावनाओं, दृष्टिकोणों और अनुभवों को समझने और साझा करने की क्षमता का प्रतीक है। इसका विकास किसी व्यक्ति की भावनात्मक बुद्धिमत्ता और आत्म-केंद्रितता से परे जाने की उनकी क्षमता का प्रमाण है। सहानुभूति के माध्यम से, ज्ञानी व्यक्ति अपने आस-पास के लोगों की भलाई के लिए वास्तविक चिंता प्रदर्शित करते हैं, जिससे समझ और संबंध के माहौल को बढ़ावा मिलता है। सहानुभूति के अभ्यास में सक्रिय रूप से संलग्न होकर, वे केवल सहानुभूति से परे जाकर दूसरों के जीवित अनुभवों को सही मायने में समझते हुए, ध्यान से सुनते हैं, भावनाओं को स्वीकार करते हैं, और समर्थन प्रदान करते हैं। ज्ञान व्यक्तियों को उन दूरियों को पाटने और करुणा व सहानुभूति के पुल बनाने की अनुमति देता है जो हमें विभाजित करती हैं। सक्रिय रूप से सुनना ज्ञान के दायरे में एक महत्वपूर्ण कौशल के रूप में उभरता है, जो सार्थक संबंधों के लिए एक माध्यम के रूप में कार्य करता है। इसमें वक्ता पर अपना पूरा ध्यान देना, कोई राय न बनाना और किसी के संदेश को गहराई से समझने की कोशिश करना शामिल है। सक्रिय रूप से सुनना केवल शब्दों को सुनने की क्रिया से कहीं ज़्यादा है, क्योंकि इसमें गैर-मौखिक संकेतों, आवाज के स्वर और व्यक्त की जा रही अंतर्निहित भावनाओं का ध्यानपूर्वक निरीक्षण करना शामिल है। सक्रिय रूप से सुनने की कला को निखारकर, ज्ञानी व्यक्ति खुले संवाद के लिए एक सुरक्षित और सहायक स्थान बनाते हैं, जिससे दूसरों को ख़ुद को पूरी तरह से व्यक्त करने में सक्षम बनाया जाता है। यह कौशल संबंधों के विकास की नींव रखते हुए

सम्मान, विश्वास और आपसी समझ की भावना को बढ़ावा देता है।

रिश्तों में ज्ञान का एक बुनियादी पहलू, प्रभावी संचार, एक सूक्ष्म कौशल है जिसमें अभिव्यक्ति और ग्रहणशीलता दोनों शामिल हैं। ज्ञानी व्यक्ति मानते हैं कि प्रभावी संचार एक पारस्परिक प्रक्रिया है, जिसमें उन्हें दूसरों के दृष्टिकोण के प्रति खुले रहते हुए अपने विचारों, ज़रूरतों और भावनाओं को स्पष्ट करने की आवश्यकता होती है। प्रामाणिकता और कमज़ोरी को अपनाकर, वे अपने विचारों और भावनाओं को स्पष्टता और अखंडता के साथ व्यक्त कर सकते हैं, जिससे वास्तविक और सार्थक संबंधों को बढ़ावा मिलता है। साथ ही, ज्ञानी व्यक्ति ध्यानपूर्वक और खुले दिमाग से सुनने, दूसरों के दृष्टिकोण और अंतर्दृष्टि को महत्व देने के मायने समझते हैं। वे एक साझा समझ बनाते हुए, सामान्य आधार की तलाश में रहते हैं, जो मतभेदों से परे हो और संबंध को पोषित करे। इसके अलावा, रिश्तों में संघर्ष के समाधान में ज्ञान महत्वपूर्ण भूमिका निभाता है। बुद्धिमान व्यक्ति अहंकार से प्रेरित लड़ाइयों पर समझ और सामंजस्य को प्राथमिकता देते हुए, शांत और चिंतनशील मानसिकता के साथ संघर्षों का सामना करते हैं। अपनी सहानुभूति और सक्रिय सुनने के कौशल का उपयोग करके, वे अंतर्निहित आवश्यकताओं और प्रेरणाओं को उजागर करने के लिए रचनात्मक संवाद में संलग्न होते हैं। वे भावनात्मक बुद्धिमत्ता के साथ विवादों को सुलझाते हैं, तनाव को कम करते हैं और ऐसे सहयोगात्मक समाधान ढूंढते हैं जो इसमें शामिल सभी पक्षों की भलाई का सम्मान करते हैं। ज्ञान व्यक्तियों को व्यक्तिगत पूर्वाग्रहों और शिकायतों से परे जाने की अनुमति देता है, जिससे एक ऐसे वातावरण को बढ़ावा मिलता है

जहाँ विवाद विकास, समझ और रिश्तों को मजबूत करने के अवसर बन जाते हैं।

सहायक परिवेशों के निर्माण में, ज्ञान एक निर्देशक शक्ति है जो व्यक्तिगत विकास और सामूहिक कल्याण को बढ़ावा देती है। ज्ञानी व्यक्ति अपने आसपास के लोगों की क्षमता को पोषित करने में प्रोत्साहन, सत्यापन और रचनात्मक प्रतिक्रिया की शक्ति को समझते हैं। वे ऐसे स्थान बनाते हैं जहाँ व्यक्ति अपने विचारों का पता लगाने, अपनी भावनाओं को व्यक्त करने और जोखिम लेने में सुरक्षित महसूस करते हैं। दूसरों की अद्वितीय शक्तियों और योगदानों को स्वीकार करने और उनका जश्न मनाने से, बुद्धिमान व्यक्ति सशक्तिकरण की संस्कृति को बढ़ावा देते हैं, जिससे एक ऐसे वातावरण को बढ़ावा मिलता है जहाँ व्यक्तिगत विकास और समृद्धि फलती-फूलती है।

लोगों के साथ गरिमापूर्ण व्यवहार करना

लोगों के साथ गरिमापूर्ण व्यवहार करने में रिश्तों में सम्मान, मान्यता और सशक्तिकरण के सिद्धांत शामिल हैं, जिससे एक ऐसे वातावरण को बढ़ावा मिलता है, जहाँ टिकाऊ और संतुष्टिदायक संबंध पनप सकें। रोज़मर्रा की बातचीत में गरिमा प्रदर्शित करने पर व्यावहारिक सलाह पर ध्यान देकर और शक्ति, समानता और समावेशिता गतिशीलता की खोज करके, हम इस बात पर प्रकाश डाल सकते हैं कि कैसे ज्ञान हमारे रिश्तों को आकार देता है और उनकी लंबी उम्र और पूर्ति में योगदान देता है। सम्मान लोगों के

साथ गरिमापूर्ण व्यवहार करने में एक मूलभूत स्तंभ के रूप में कार्य करता है। इसमें प्रत्येक व्यक्ति के अंतर्निहित मूल्य और योग्यता को पहचानना और सम्मान करना शामिल है, चाहे उनकी पृष्ठभूमि, स्थिति या विश्वास कुछ भी हो। बुद्धिमान व्यक्ति समझते हैं कि सम्मान केवल एक निष्क्रिय स्वीकृति नहीं है, बल्कि एक सक्रिय अभ्यास है जो उनकी परस्पर बातचीत में व्याप्त होता है। वे प्रत्येक व्यक्ति के अनोखे योगदान और दृष्टिकोण को महत्व देते हुए, उत्साही प्रशंसा में लगे रहते हैं। अपने शब्दों, कार्यों और व्यवहारों के माध्यम से सम्मान प्रदर्शित करने से एक ऐसा वातावरण बनता है जहाँ हर कोई महसूस करता है कि उसे देखा, सुना और महत्व दिया जाता है, लोगों के साथ सम्मानपूर्वक व्यवहार करने का एक और महत्वपूर्ण पहलू है। ज्ञानी व्यक्ति केवल स्वीकृति से परे जाते हैं और सक्रिय रूप से दूसरों के कौशल, गुणों और उपलब्धियों की पुष्टि करते हैं। वे व्यक्तियों को चमकने, उनकी उपलब्धियों का जश्न मनाने और उनके विकास को बढ़ावा देने के लिए जगह बनाते हैं। सत्यापन और प्रोत्साहन के माध्यम से, वे सकारात्मकता और समर्थन का माहौल बनाते हैं, दूसरों को अपनी क्षमता को अपनाने और अपने लक्ष्यों को आगे बढ़ाने के लिए सशक्त बनाते हैं। मान्यता की संस्कृति को बढ़ावा देकर, ज्ञानी व्यक्ति आपसी सम्मान और व्यक्तिगत विकास के आधार पर स्थायी संबंध बनाते हैं।

सशक्तिकरण की अवधारणा मानव गरिमा के सिद्धांतों को बनाए रखने के संदर्भ में महत्वपूर्ण स्थान रखती है। चतुर व्यक्तियों में अपने साथी प्राणियों को फलने-फूलने और समृद्ध होने के लिए

आवश्यक उपकरण, संसाधन और अवसर प्रदान करने के सर्वोपरि महत्व को स्वीकार करने की बुद्धिमत्ता होती है। वे समावेशी वातावरण स्थापित करते हैं जिसमें सभी व्यक्तियों को अपने दृष्टिकोण व्यक्त करने और सामूहिक उद्देश्यों की प्राप्ति में सक्रिय रूप से भाग लेने का अवसर मिलता है। ऐसे वातावरण को बढ़ावा देकर जो सक्रिय सहभागिता, सहयोग और समावेशी विचार-विमर्श को बढ़ावा देता है; वे व्यक्तियों को अपने अस्तित्व की ज़िम्मेदारी लेने और समग्र रूप से समुदाय की बेहतरी में योगदान करने के लिए सशक्त बनाते हैं। सशक्तिकरण के माध्यम से, ज्ञानी व्यक्ति ऐसे स्थायी रिश्ते विकसित करने का प्रयास करते हैं जो व्यक्तिगत विकास, सामूहिक विजय और संतुष्टि की भावना को पोषित करते हैं। रिश्तों के भीतर, शक्ति की गतिशीलता यह निर्धारित करने में महत्वपूर्ण भूमिका निभाती है कि व्यक्तियों के साथ किस हद तक सम्मान के साथ व्यवहार किया जाता है। ज्ञानी व्यक्ति शक्ति के संभावित असंतुलन से परिचित होते हैं जो पारस्परिक बातचीत में उभर सकते हैं और वे उन्हें कम करने का प्रयास करते हैं। यह मानते हुए कि हर कोई समान व्यवहार और अवसरों का हकदार है, वे रिश्तों को समानता की प्रतिबद्धता के साथ देखते हैं। पदानुक्रमों को ख़त्म करके और समावेशी स्थानों को बढ़ावा देकर, बुद्धिमान व्यक्ति अपनेपन की भावना को बढ़ावा देते हैं और ऐसा वातावरण बनाते हैं जहाँ सभी आवाज़ों को सुना जाता है और उन्हें लोगों के साथ सम्मानपूर्वक व्यवहार करने के लिए समावेशिता महत्व दिया जाता है।

एक अनिवार्य घटक है। ज्ञानी व्यक्ति विविधता को अपनाते हैं और सक्रिय रूप से ऐसे स्थान बनाने का प्रयास करते हैं जो विभिन्न पृष्ठभूमि, संस्कृतियों और पहचान वाले व्यक्तियों का सम्मान और आदर करें। वे मानते हैं कि विविध दृष्टिकोण रिश्तों को समृद्ध करते हैं, जिससे रचनात्मकता, नवाचार और सामूहिक विकास को बढ़ावा मिलता है। विविधता का जश्न मनाने वाले वातावरण को विकसित करके, बुद्धिमान व्यक्ति खुलेपन, सहानुभूति और आपसी समझ वाले स्थायी संबंधों का निर्माण करते हैं।

अध्याय 4: आस्था

जैसा कि हम अपनी यात्रा में पहले ही चर्चा कर चुके हैं, ज्ञान में आस्था का बहुत गहरा महत्व है। इससे पहले कि हम इस अध्याय में आस्था के प्रभाव और निहितार्थों पर बात करें, आइये ख़ुद से पूछते हैं कि हमारे जीवन में आस्था का क्या महत्व है?

आस्था अपने मूल्यों को धर्म और आध्यात्मिकता के दायरे से परे विस्तारित करती है। इसकी जड़ें ज्ञान और दर्शन की दुनिया में गहराई तक धंसी हुई हैं। आस्था दुनिया की गहरी समझ पैदा करने और बौद्धिक जांच को प्रेरित करने में एक अनोखी भूमिका निभाती है। यह व्यक्तियों को अस्तित्व, अर्थ और वास्तविकता की प्रकृति के बारे में प्रश्नों का पता लगाने के लिए प्रोत्साहित करती है। यदि हम इस बात पर विचारे करें कि हमारे अस्तित्व के दार्शनिकों ने इन विचारधाराओं को अपने कार्यों में कैसे अपनाया, तो दर्शनशास्त्र में आस्था के महत्व के बस कुछ ही उदाहरण नहीं हैं।

ऐसा ही एक उदाहरण गणितज्ञ, भौतिक विज्ञानी और दार्शनिक ब्लेज़ पास्कल का मामला हो सकता है, जिन्होंने अपने काम "पेंसीज़" में आस्था और कारण के बीच संबंधों की जांच की। उन्होंने पासकल्स वेजर का प्रस्ताव दिया, एक ऐसा तर्क जो सुझाव देता है कि भले ही ईश्वर का अस्तित्व सिद्ध न किया जा सके, लेकिन ईश्वर पर विश्वास करना तर्कसंगत है। पास्कल ने अस्तित्व संबंधी प्रश्नों का

समाधान करने में तर्क की सीमाओं को स्वीकार किया और प्रस्तावित किया कि आस्था जीवन के रहस्यों को समझने के लिए अधिक समग्र और पूर्ण दृष्टिकोण प्रदान करती है। आस्था और तर्क को एकीकृत करके, पास्कल ने वास्तविकता की प्रकृति में संतुलित और खुले दिमाग वाली जांच के महत्व पर ज़ोर दिया। इसी प्रकार हम थॉमस एक्विनास के तर्कों पर भी विचार कर सकते हैं। एक्विनास के दृष्टिकोण ने आस्था और दार्शनिक जांच दोनों को ज्ञान और समझ के पूरक मार्ग के रूप में अपनाने के महत्व को प्रदर्शित किया। वह एक मध्यकालीन दार्शनिक और धर्मशास्त्री थे जिन्होंने अपने प्रभावशाली कार्य "सुम्मा थियोलॉजिका" के माध्यम से आस्था और तर्क में सामंजस्य स्थापित करने की कोशिश की। एक्विनास को पूरा विश्वास था कि आस्था और दर्शन दोनों सत्य के स्रोत हैं और वे एक-दूसरे के पूरक हैं। उन्होंने तर्क दिया कि तर्क आस्था के [illegible]

[illegible] एक इस्लामी दार्शनिक थे, जिन्होंने दर्शन, राजनीति विज्ञान और संगीत सिद्धांत सहित विभिन्न क्षेत्रों में महत्वपूर्ण योगदान दिया। उन्होंने आस्था और तर्क के बीच संबंधों पर, विशेषकर इस्लामी दर्शन के संदर्भ में, विस्तार से लिखा।

अल-फ़राबी ने आस्था और तर्क के बीच अनुकूलता पर ज़ोर दिया और तर्क दिया कि सच्चा दर्शन धार्मिक मान्यताओं के अनुरूप होना चाहिए। उनका मानना था कि दर्शन और धर्म वास्तविकता

की प्रकृति और मानवीय स्थिति में पूरक अंतर्दृष्टि प्रदान कर सकते हैं। अल-फ़राबी के अनुसार, आस्था दार्शनिक जांच के लिए प्रारंभिक प्रयास के रूप में कार्य करती है, और कारण धार्मिक सत्य की गहरी समझ के विकास की ओर ले जाने वाली सीढ़ी है।

यूरोप से लेकर अफ्रीका और एशिया तक, दुनिया भर में आस्था के प्रभाव के असंख्य उदाहरण मौजूद हैं। अंतिम परिणाम यह है कि आस्था मानव अस्तित्व का एक आंतरिक पहलू हो सकती है, और यह मानव जाति के लिए आदिकाल से ही रही है। यह धार्मिक सीमाओं को पार करती है और व्यक्तियों में ख़ुद से बड़ी किसी चीज़ के प्रति विश्वास का प्रतीक है: या ऐसे कहें तो एक बड़ी शक्ति। चाहे आस्था आध्यात्मिकता, दर्शन, या व्यक्तिगत दृढ़ विश्वास पर आधारित हो, यह व्यक्तियों और समाज को समान रूप से आकार देने में महत्वपूर्ण भूमिका निभाती है।

अधिकांश लोगों के जीवन में, आस्था को आशा की किरण, प्रेरणा के स्रोत और व्यक्तिगत विकास के लिए उत्प्रेरक के रूप में वर्णित किया गया है। अब हम आशा को पोषित करने, उद्देश्य को प्रेरित करने और विपरीत परिस्थितियों में लचीलापन बनाने की इसकी क्षमता पर प्रकाश डालते हुए मनुष्यों के जीवन में आस्था के गहरे निहितार्थों का पता लगाएंगे और जानेंगे कि यह कैसे ज्ञान के साथ जुड़ता है।

आशावाद की शक्ति:

मनुष्य होने के नाते, हम आशा का पोषण करने में सक्षम हैं,

जो हमारी प्रकृति का एक रहस्यमय और दिलचस्प पहलू है, जो हमारे विश्वासों से करीब से जुड़ा हुआ है। जीवन अप्रत्याशित हो सकता है और कभी-कभी हमारे सामने अप्रत्याशित चुनौतियां खड़ी कर देता है। जब निराशा और संदेह का सामना करना पड़ता है, तो हमारा दिमाग भावनाओं का युद्धक्षेत्र बन सकता है, जिससे हम निराश महसूस करने लगते हैं। लेकिन इन अंधेरे क्षणों के दौरान, आस्था एक चमकते सितारे की तरह हमारा मार्गदर्शन कर सकता है, और बेहतर भविष्य का मार्ग प्रशस्त कर सकता है। यह अन्वेषण इस बात पर केंद्रित है कि आस्था हमें आशा को बढ़ावा देने, आराम पाने, उद्देश्य खोजने और लचीलापन विकसित करने के लिए कैसे सशक्त बना सकती है। एक शक्तिशाली मनोवैज्ञानिक तंत्र के रूप में, आस्था संकट के दौरान आशा को बनाये रखने में महत्वपूर्ण भूमिका निभाती है।

एक बहुआयामी निर्माण के रूप में, इसमें एक उच्च शक्ति, एक ब्रह्मांडीय व्यवस्था, या मानवीय सीमाओं से परे एक आध्यात्मिक शक्ति में विश्वास शामिल है। यह विश्वास प्रणाली व्यक्तियों को आश्वासन से भर देती है, यह जानते हुए कि वे अकेले इन जीवन की चुनौतियों का सामना नहीं कर रहे हैं। इसके बजाय, उन्हें इस धारणा से सांत्वना मिलती है कि उन्हें एक अनदेखी परोपकारिता द्वारा समर्थित और निर्देशित किया जाता है, जो बेहतर परिणाम की आशा पैदा करता है। आस्था की संरचना के भीतर, शांति एक शक्तिशाली और परिवर्तनकारी अनुभव बन जाती है। जीवन के तूफानों के बीच, व्यक्ति अपने विश्वासों में शरण पाते हैं, जो एक

ऐसे आधार के रूप में कार्य करते हैं जो भावनात्मक अशांति की घटनाओं को स्थिर कर सकता है।

यह शांति धार्मिक संदर्भों की पूरक हो सकती है, जो मानव अस्तित्व के विभिन्न पहलुओं में व्याप्त है। अध्ययनों से पता चला है कि जो लोग ख़ुद को अधार्मिक मानते हैं, वे भी ध्यान और सचेतनता जैसी आध्यात्मिक कार्यप्रणालियों के माध्यम से आराम की भावना का अनुभव कर सकते हैं, जो पोषणकारी आशा में आस्था के सार्वभौमिक आकर्षण को दर्शाता है।

इसके अलावा, आस्था लोगों को उद्देश्य की भावना प्रदान करती है, जो उन्हें प्रतिकूल परिस्थितियों में सहन करने और बने रहने के लिए सशक्त बनाता है। किसी बड़ी योजना या उच्च उद्देश्य में विश्वास के साथ, व्यक्ति चुनौतियों पर विजय पाने की प्रेरणा से प्रेरित होते हैं। उद्देश्य की यह व्यापक संवेदना एक दृढ़ भावना पैदा करती है, जो व्यक्तियों को अपने संघर्षों में अर्थ खोजने और असफलताओं को व्यक्तिगत विकास और आत्म-खोज के अवसर के रूप में देखने के लिए प्रोत्साहित करती है।

आस्था का एक आकर्षक पहलू दृढ़ता के उत्प्रेरक के रूप में इसकी भूमिका में निहित है। धर्म और आशा के बीच का संबंध व्यक्तियों को सहन करने के एक अद्वितीय तंत्र से लैस करता है। अध्ययनों से पता चला है कि मजबूत धार्मिक या आध्यात्मिक विश्वास वाले व्यक्ति दर्दनाक घटनाओं का सामना करते समय अधिक दृढ़ता और अनुकूलनशीलता प्रदर्शित करते हैं। आस्था शक्ति का स्रोत बन जाती है जो व्यक्तियों को सबसे अंधेरे क्षणों को पार करने और संभावनाओं से भरे भविष्य को अपनाने में सक्षम बनाती है। आस्था

व्यक्तियों को प्रत्याशा की भावना से भर देती है, एक प्रत्याशित दृष्टिकोण जो तात्कालिक चुनौतियों से परे है। यह बढ़ी हुई लालसा आशावाद को बढ़ावा देती है, मानवीय भावना को इस विश्वास के साथ प्रेरित करती है कि आगे एक उज्जवल भविष्य है। आशावाद की यह भावना व्यक्तियों को दृढ़ रहने, अपनी आकांक्षाओं की दिशा में साहसिक कदम उठाने और आशा से प्रकाशित मार्ग बनाने के लिए प्रेरित करती है।

अच्छाई और बुराई

अपनी सृष्टि में अच्छाई और बुराई के बीच के संबंध को समझने की हमारी निरंतर खोज में, हम ख़ुद को एक विचारोतेजक यात्रा पर पाते हैं, जो परमेश्वर में हमारे अटूट विश्वास से निर्देशित होती है। इस गहन अन्वेषण पर आगे बढ़ते हुए, हम आपको एक ऐसी बातचीत में शामिल होने के लिए आमंत्रित करते हैं, जो मात्र प्रश्नों और उत्तरों की बाधाओं को पार करते हुए, इन शाश्वत शक्तियों की गहराई में उतरता है। क्योंकि जिन उत्तरों की हम तलाश कर रहे हैं वे सरल से बहुत दूर हैं, और वे हमें मानवीय अनुभव के केंद्र में ले जाते हैं।

हमारे परमेश्वर, हमारे निर्माता, ने बुराई के अस्तित्व की अनुमति क्यों दी? यह प्रश्न, जिसने युगों-युगों से मानवता को भ्रमित और उलझा रखा है, शायद कभी न कभी आपके मन में भी आया होगा। इसका समाधान निकालने के लिए, हमें यह स्वीकार करना होगा कि अस्तित्व की महान संरचना में, अच्छाई और बुराई दोनों

महत्वपूर्ण भूमिका निभाते हैं। जिस प्रकार पृथ्वी सूर्य की परिक्रमा करती है, उसी प्रकार यह सेंट्रिपेटल और सेंट्रीफ्यूगल की विरोधी शक्तियों द्वारा अपनी जगह पर बनी रहती है। ये दोनों बल नाजुक संतुलन बनाते हैं जो हमारे ग्रह को सूर्य की ओर बढ़ने या अंतरिक्ष के शून्य में भागने से रोकते हैं। हम इनमें से एक बल को स्वाभाविक रूप से अच्छे और दूसरे को बुरे के रूप में वर्गीकृत नहीं कर सकते; वे अटूट रूप से जुड़े हुए हैं और आकाशीय पिंडों के सामंजस्यपूर्ण नृत्य को बनाए रखने के लिए दोनों आवश्यक हैं। जीवन के जटिल जाल पर विचार करें, जहाँ हर धागे का एक उद्देश्य है, भले ही वो हमें तुरंत समझ न आये। ठीक उसी तरह जैसे प्रकृति में शिकारी और शिकार एक साथ रहते हैं, वहाँ एक नाजुक संतुलन होता है जो पारिस्थितिकी तंत्र को पनपने की अनुमति देता है। चीज़ों की भव्य योजना में, बुराई या प्रतिकूलता को एक विपरीत शक्ति के रूप में देखा जा सकता है, जो हमें अच्छाई की सराहना करने और हमारी दुनिया की नैतिक जटिलताओं से निपटने में मदद करती है। समझने की हमारी खोज में, आइए याद रखें कि हमारे जीवन में बुराई की उपस्थिति को विकास, दृढ़ता और हमारे नैतिक दिशा-निर्देश के विकास के अवसर के रूप में भी देखा जा सकता है।

अब, इस संतुलन को परमाणु जैसे छोटे पैमाने पर मानें। परमाणु की संरचना के भीतर, एक नाभिक सूर्य के रूप में कार्य करता है, जिसके चारों ओर इलेक्ट्रॉन घूमते हैं। एक बार फिर, सेंट्रिपेटल और सेंट्रीफ्यूगल की दोहरी शक्तियां काम करती हैं, जो परमाणु स्तर

पर स्थिरता सुनिश्चित करती हैं। यही द्वंद्व ब्रह्मांडीय से लेकर उपपरमाण्विक तक, अस्तित्व के सभी स्तरों पर लागू होता है। अच्छाई और बुराई दोनों की उपस्थिति हमारे अस्तित्व के लिए ज़रूरी है। यह जीवन के जटिल जाल का एक मूलभूत पहलू है, जिसमें ब्रह्मांड की विशालता और उप-परमाणु कणों की सूक्ष्म दुनिया शामिल है।

तो फिर परमेश्वर ने ये दोनों बल क्यों बनाये? इसका उत्तर संतुलन की आवश्यकता में निहित है। अच्छाई और बुराई परस्पर विरोधी चीज़ें नहीं हैं, बल्कि एक ही ब्रह्मांडीय सिक्के के दो पहलू हैं, जो एक जटिल नृत्य में हमेशा के लिए गुंथे हुए हैं जो हमारे अस्तित्व को बनाए रखता है। वे ब्रह्मांड के यिन और यांग हैं, जो ब्रह्मांडीय संतुलन बनाए रखते हैं और हमारे जीवन को आकार देने वाले सच्चे और नैतिक विकल्पों के लिए रूपरेखा प्रदान करते हैं।

अब, सवाल उठता है कि: इन शक्तियों में से कौन बुरा या अच्छा है? सच तो यह है कि इनमें से कोई भी न तो पूरी तरह से अच्छा है और न ही पूरी तरह से बुरा है; वे निरंतर मिश्रण की स्थिति में मौजूद रहते हैं। यह द्वंद्व आकाशीय स्तर, जहाँ ग्रह और तारे एक नाजुक संतुलन में हैं, से लेकर परमाणु स्तर और उनके बीच की हर चीज़ तक फैला हुआ है। आप और मैं भी, इन ब्रह्मांडीय शक्तियों का एक अनूठा मिश्रण हैं, हममें से प्रत्येक अच्छे और बुरे दोनों कार्यों में सक्षम है। अच्छाई और बुराई की यह दोहरी प्रकृति हमारे भीतर रहती है। दिव्य ज्ञान को विकसित करने के लिए इन आंतरिक शक्तियों का उपयोग करना हमारी पवित्र

ज़िम्मेदारी है। जब हम काम, क्रोध, लोभ, मोह, अहंकार, ईर्ष्या और भय के वशीभूत हो जाते हैं, तो हम बुराई की ओर झुक जाते हैं। इसके विपरीत, जब हम करुणा, प्रेम, सहानुभूति और निस्वार्थता का पोषण करते हैं, तो हम ख़ुद को अच्छे मार्ग के साथ जोड़ लेते हैं। हमारे कार्य और चुनाव हमारे जीवन में इन ब्रह्मांडीय शक्तियों के बीच संतुलन निर्धारित करते हैं।

बुराई का अस्तित्व ब्रह्मांडीय व्यवस्था में अंतर्निहित है और जब तक ईश्वर चाहेगा तब तक यह बना रहेगा। हालाँकि बुराई पर अच्छाई की विजय की कहानियां धार्मिक और पौराणिक कथाओं में प्रचुर मात्रा में मिलती हैं, लेकिन वास्तविकता यह है कि बुराई एक स्थायी शक्ति बनी हुई है, जो उस जटिल संतुलन का एक अभिन्न अंग है जिसे ईश्वर ने गति प्रदान की है। इस स्थायी द्वंद्व को पहचानना हमारे अस्तित्व और ब्रह्मांडीय व्यवस्था के भीतर हमारे स्थान को [illegible] है। समझ को स्वीकार करें कि अच्छाई और बुराई का द्वंद्व हमारे और हम जो कुछ भी अनुभव करते हैं उसके भीतर मौजूद है। व्यक्तियों को बुरी इच्छाओं के चंगुल से दूर आध्यात्मिक विकास के मार्ग पर ले जाने के लिए दयालुता, जागरूकता और शिक्षा फैलाने का प्रयास करें। सद्गुणों को विकसित करके और समझ को बढ़ावा देकर, हम दुनिया में अच्छाई के बेहतर संतुलन में योगदान दे सकते हैं और लोगों को उनकी इच्छाओं के उत्पाद मात्र से सकारात्मक परिवर्तन और ज्ञानोदय का प्रतीक बनने में मदद कर सकते हैं। क्या बुराई सचमुच बुरी है? इस गहन प्रश्न का उत्तर आसान "हाँ"

या "नहीं" से अधिक जटिल है। यह एक गहरी और सूक्ष्म जांच है जो दार्शनिक और धार्मिक विचारों में उतरती है। किसी का दृष्टिकोण, साथ ही यह विश्वास करने की उसकी इच्छा कि सब कुछ दैवीय योजना के अनुसार विकसित होता है, दृढ़ता से यह निर्धारित करता है कि कोई इस मुद्दे को कैसे समझता है। इस तथ्य को स्वीकार करके कि सभी घटनाएं, इसमें वे भी शामिल हैं जो बुरे प्रतीत होते हैं, एक बड़ी ब्रह्मांडीय योजना का हिस्सा हैं, व्यक्ति अपने आप को उस नाजुक संतुलन के गहन ज्ञान के लिए खोलता है जो दुनिया को नियंत्रित करता है और परम ज्ञान के मार्ग पर चलता है।

इस विषय में आगे बढ़ने के लिए, उस हृदय विदारक पीड़ा पर विचार करें जो एक व्यक्ति तब महसूस करता है जब उसका कोई प्रियजन मर जाता है। पहली नज़र में, यह दुखद घटना किसी बुराई की अभिव्यक्ति लग सकती है। इससे होने वाला दर्द स्पष्ट है। हालाँकि, यह अस्तित्व की बुनियादी सच्चाई है कि जन्म लेने वाली हर चीज़ का मरना निश्चित है। मृत्यु, अपनी अपरिहार्यता में, ऊर्जा के एक रूप से दूसरे रूप में स्थानांतरण को दर्शाती है। दिवंगत की मूल ऊर्जा, या सार, वास्तव में कभी नहीं मरता; इसके बजाय, यह बस एक अवतार से दूसरे अवतार में बदलता चला जाता है, जिससे सृष्टि का शाश्वत चक्र कायम रहता है। यह दृष्टिकोण हमें सतह के पीछे जाने और हमारे जीवन के अनुभवों के अंतर्निहित महत्व पर विचार करने के लिए प्रोत्साहित करता है।

अच्छाई और बुराई के संतुलन को समझने के हमारे निरंतर प्रयास में, हमें यह समझना चाहिए कि ये शक्तियां अलग-अलग

अवधारणाएं नहीं हैं, बल्कि एक बड़े डिजाइन के महत्वपूर्ण पहलू हैं। इन शक्तियों की जटिल अंतःक्रिया हमारे जीवन पर गहरा प्रभाव डालती है, हमें सबक और चुनौतियां प्रदान करती है जो हमें प्रगति करने, सीखने और अंत में दिव्य स्रोत तक वापस जाने का रास्ता खोजने में सक्षम बनाती हैं। ये घटनाएं हमारे अस्तित्व के ताने-बाने में बुनी हुई हैं, जो हमें ब्रह्मांड की विशाल टेपेस्ट्री से जोड़ती हैं। जैसे ही हम जीवन की विशाल भूलभुलैया से आगे बढ़ते हैं, ईश्वर पर हमारा भरोसा हमारा मार्गदर्शक प्रकाश बन जाता है, और ज्ञान के लिए हमारी निरंतर खोज हमें अच्छाई और बुराई के बीच ब्रह्मांडीय नृत्य की बेहतर समझ प्रदान करती है। हम इस प्रयास में आध्यात्मिक ज्ञान के मार्ग को प्रकट करने की कोशिश करते हैं, जो हमें ब्रह्मांड की लय से जोड़ता है। इस महान ब्रह्मांडीय संगीत में, हमारे विश्वास और सत्य की खोज हमारे कार्यों को प्रेरित करने के लिए निर्बाध रूप से मिश्रित होती है, और उनके माध्यम से, हम ब्रह्मांड के भव्य डिजाइन में अपने उद्देश्य की खोज करते हैं, और इसकी जटिलताओं और सुंदरता से हमेशा आश्चर्यचकित रहते हैं।

उद्देश्य को प्रेरित करने वाली आस्था:

मानव इतिहास के संपूर्ण वृतांतों के दौरान, आस्था और उद्देश्य के बीच का परस्पर संबंध अध्ययन का एक आकर्षक विषय बना हुआ है, जो विद्वानों और शोधकर्ताओं को समान रूप से आकर्षित करता है। मानवीय अनुभव के एक मूलभूत पहलू के रूप में, आस्था ने व्यक्तियों को लगातार प्रेरित किया है, उन्हें अपने जीवन

में दृढ़ विश्वास और दिशा की भावना प्रदान की है। यह मनमोहक घटना, जो विभिन्न संस्कृतियों, धर्मों और विश्वास प्रणालियों में गहराई से समाई हुई है, अध्ययन को आकर्षित करती है क्योंकि यह आध्यात्मिकता, नैतिकता और मानव प्रेरणा के बीच जटिल संबंधों का पता लगाती है।

आस्था के प्रभाव की बहुआयामी प्रकृति में गहराई से उतरते हुए, कोई भी लोगों के कार्यों का मार्गदर्शन करने और उनके निर्णयों को आकार देने में नैतिक दिशासूचक के रूप में कार्य करने की इसकी क्षमता को अनदेखा नहीं कर सकता है। विभिन्न धार्मिक परंपराओं में, पवित्र ग्रंथ और शिक्षाएं चमकदार प्रकाशस्तंभ हैं, जो धार्मिकता और सदाचार के मार्ग को रोशन करते हैं। धार्मिक अध्ययन के विद्वानों ने यह समझने के लिए इन नैतिक दिशानिर्देशों का विश्लेषण किया है कि वे नैतिक आचरण और चरित्र विकास के लिए रूपरेखा कैसे बनाते हैं। विश्वासों और नैतिक सिद्धांतों की संसृति की जांच करने से उद्देश्य-संचालित जीवन को प्रेरित करने के लिए सावधानीपूर्वक बुने गए एक जाल का पता चलता है जो समाज की बेहतरी में योगदान देता है। मनोवैज्ञानिक और समाजशास्त्रीय अनुसंधान में, करुणा, क्षमा और न्याय जैसे मूल्यों को स्थापित करने में आस्था की भूमिका अन्वेषण का एक आकर्षक अवसर रही है। शोधकर्ता यह जानने का प्रयास कर रहे हैं कि कैसे ये मूल्य विश्वासियों के मानस में समाहित हो जाते हैं, जिससे उनके पारस्परिक संबंधों और सामाजिक भूमिकाओं को आकार मिलता है। उदाहरण के लिए, करुणा और आस्था के बीच दिलचस्प परस्पर क्रिया यह उजागर करती है कि कैसे व्यक्ति दूसरों के प्रति

सहानुभूतिपूर्ण दृष्टिकोण विकसित करते हैं, जो व्यक्तिगत सीमाओं से परे जाकर दयालुता और सहायता प्रदान करते हैं। धार्मिक संदर्भों में क्षमा के प्रभाव पर चर्चाएं शिकायतों को दूर करने और मेल-मिलाप को बढ़ावा देने के पीछे की मनोवैज्ञानिक प्रक्रियाओं पर प्रकाश डालती हैं, जिससे इस बात की गहरी समझ मिलती है कि आस्था कैसे सद्भाव और सामाजिक एकजुटता का पोषण करती है।

धार्मिक दर्शन का अध्ययन आस्था और उद्देश्य के अस्तित्वगत आधारों की गहराई से पड़ताल करता है। दार्शनिकों ने ऐतिहासिक रूप से जीवन के अंतिम अर्थ से संबंधित प्रश्नों से जूझते हुए, आस्था, उद्देश्य और मानव संतुष्टि के बीच संबंध की जांच की है। विभिन्न युगों के प्रसिद्ध विचारकों के लेखन की जांच करके, विद्वान यह समझने का प्रयास करते हैं कि आस्था मानव मानसिकता को कैसे मजबूत करती है, जिससे व्यक्तियों को अस्तित्व की जटिलताओं के बीच उद्देश्य खोजने में मदद मिलती है।

सभी विषयों में अनुभवजन्य अनुसंधान ने प्रेरणादायक उद्देश्यपूर्ण कार्यों में आस्था के वास्तविक दुनिया के प्रभाव का पता लगाने की भी कोशिश की है। समाजशास्त्री और मानवविज्ञानी नृवंशविज्ञान अध्ययन में संलग्न हैं, और इस बात पर प्रकाश डालते हैं कि कैसे धार्मिक समुदाय परोपकारी प्रयासों और सामाजिक न्याय पहल शुरू करने के लिए अपनी आस्था को एकजुट करते हैं। इन जांचों के माध्यम से, शोधकर्ता आस्था की परिवर्तनकारी क्षमता पर प्रकाश डालते हैं, जो एक सामान्य उद्देश्य की दिशा में सामूहिक प्रयासों को प्रेरित करने की इसकी क्षमता को दर्शाता है - जिससे एक ज़्यादा न्यायसंगत और दयालु समाज का निर्माण होता है। आलोचकों

और संशयवादियों का तर्क है कि आस्था, कभी-कभी, दोधारी तलवार हो सकती है, जो व्यक्तियों को हठधर्मिता में संलग्न होने के लिए उकसाती है और बहिष्कृत विश्वदृष्टिकोण को कायम रखती है। यह उत्साही लेख, आस्था की सकारात्मक प्रेरणाओं और इसके संभावित नुकसानों के बीच सूक्ष्म संतुलन के साथ, विद्वानों से इसके सामाजिक प्रभावों की व्याख्या करते समय एक महत्वपूर्ण दृष्टिकोण अपनाने का आग्रह करता है।

फिर भी, आस्था और उद्देश्य के बीच परस्पर क्रिया का आकर्षण बना रहता है, जो हमें इस आकर्षक क्षेत्र में गहराई से उतरने के लिए प्रेरित करता है। मानव प्रेरणा के स्रोत और उद्देश्यपूर्ण जीवन को आगे बढ़ाने में आस्था की भूमिका के बारे में निरंतर प्रश्न धर्मशास्त्र, मनोविज्ञान, समाजशास्त्र और दर्शन से अंतर्दृष्टि के साथ अंतःविषय जांच की मांग करते हैं। जैसे-जैसे मानवीय अनुभूति और आध्यात्मिकता के बारे में हमारी समझ बढ़ती है, शोधकर्ता आस्था और मानवीय प्रेरणा के संबंध के बारे में और अधिक खुलासे करने के कगार पर खड़े होते हैं।

दृढ़ता का निर्माण करने वाली आस्था:

हमारी दुनिया के अशांत परिदृश्य में, जहाँ मुश्किलें और चुनौतियां अक्सर किसी व्यक्ति की मानसिक दृढ़ता को ख़त्म कर देती हैं, आस्था एक मजबूत जंजीर और दुर्जेय हथियार के रूप में आगे आती है, जो व्यक्ति की स्थिरता की भावना को मजबूत बनाती है और उन्हें आगे बढ़ाती है। जीवन की यात्रा में एक अपरिहार्य

साथी, प्रतिकूलता, के लिए अक्सर दृढ़ता की ज़रूरत होती है। आस्था चुनौतियों की इस मुश्किल घड़ी में एक दृढ़ साथी है, जो व्यक्तियों को सबसे अंधकारपूर्ण समय से निपटने के लिए आवश्यक आंतरिक शक्ति से लैस करती है। यह धार्मिक या आध्यात्मिक संबद्धता से परे है, जो आशा के सभी चाहने वालों को गले लगाती है और कठिन परिस्थितियों को समझने और स्वीकार करने के लिए एक मजबूत संरचना प्रदान करती है। आराम प्रदान करके और व्यक्तियों को शक्ति प्रदान करके, आस्था मानवीय अनुभव में एक अपूरणीय भूमिका निभाती है, उद्देश्य को प्रेरित करती है और जीवन की बाधाओं को विकास की सीढ़ी में बदल देती है। मूल रूप से, आस्था मानवीय स्थिति के एक सार्वभौमिक पहलू का प्रतीक है, जो धार्मिक सिद्धांत की सीमाओं से कहीं आगे जाती है। यह एक सहज झुकाव है, एक विश्वास है कि कुछ बड़ा, कुछ सार्थक है जो मूर्त दायरे से परे है। चाहे वो उच्च शक्ति, किसी बड़े उद्देश्य, या यहाँ तक कि स्वयं में एक अटूट विश्वास को दर्शाता हो, यह विश्वास आशा को बनाये रखता है - रोशनी की एक किरण की तरह काम करता है, जो सबसे अंधेरे समय में भी टिमटिमाती है। यह आशा एक जीवन रेखा बन जाती है, जो लोगों को निराशा की खाई से बाहर निकालती है और अनिश्चितता के अंधकार के बीच आशावाद की एक झलक प्रदान करती है। इसके अलावा, आस्था प्रेरणा का एक शक्तिशाली स्रोत है, जो उद्देश्य को प्रज्वलित करती है और किसी अस्त-व्यस्त लगने वाले अस्तित्व में रास्ता दिखाती है। यह जीवन को अर्थ से भर देती है,

लोगों को उच्च आदर्शों की तलाश करने और केवल जीवित रहने से परे एक बड़े उद्देश्य के लिए प्रयास करने के लिए प्रेरित करती है। जो लोग धार्मिक विश्वासों में शांति पाते हैं, उनके लिए पवित्र ग्रंथ और शिक्षाएं मार्गदर्शन प्रदान करती हैं, जो एक नैतिक दिशा-निर्देश का काम करती हैं, जो कार्यों और निर्णयों को धार्मिकता और सदाचार के मार्ग पर ले जाता है। उद्देश्य की यह भावना एक सहारा बन जाती है, जो व्यक्तियों को जीवन की उथल-पुथल के बीच लक्ष्यहीन रूप से बहने से रोकती है और इसके बजाय संतुष्टि और विपत्ति के समय में, आस्था मजबूत कवच के रूप में कार्य करती है, जो लोगों को निराशा से बचाती है। यह जानना कि कोई अकेला नहीं है और एक दैवीय शक्ति या मार्गदर्शक सिद्धांत उनके अंधेरे क्षणों में उनका समर्थन करता है, व्यक्तियों को जीवन की कठिन परिस्थितियों से उबरने और मजबूत होने की शक्ति देता है। प्रार्थना, ध्यान या धार्मिक अनुष्ठानों में शामिल होने के माध्यम से, व्यक्ति कोलाहल के बीच सांत्वना और अर्थ खोजने के लिए अपनी आस्था का सहारा लेते हैं, जिससे उन्हें अपने टूटे हुए हौसले को फिर से संभालने और आगे बढ़ने का साहस मिलता है। आस्था की परिवर्तनकारी शक्ति की अवधारणा केवल व्यक्तिगत जीवन तक ही सीमित नहीं है, बल्कि पूरे समाज में व्याप्त है, जो उथल-पुथल के समय में सामूहिक शक्ति प्रदान करती है। इतिहास में ऐसे कई उदाहरण मिलते हैं, जहाँ आस्था-संबंधी समुदायों ने, साझा मान्यताओं से बंधकर, विपरीत परिस्थितियों के तूफानों का सामना किया है, ऐसी मुश्किलों के सामने दृढ़ता का प्रदर्शन किया है जो उन्हें पूरी

तरह तोड़ सकती थीं। आस्था से प्रेरित समुदायों की अडिग भावना ने एकीकृत शक्ति के रूप में काम किया है, जिससे आपसी समर्थन, सहानुभूति और टूटे हुए समाजों को तबाही के खंडहरों से दोबारा निर्माण के लिए सामूहिक दृढ़ संकल्प को बढ़ावा मिला है।

अपनी अंतर्निहित शक्ति और दृढ़ विश्वास के साथ, आस्था में किसी व्यक्ति के जीवन में परिवर्तनकारी परिवर्तन लाने की बेहतरीन क्षमता होती है। चूँकि, हमारी प्रजाति की शुरूआती से ही आस्था मानव इतिहास का हिस्सा रही है, इसलिए यह कहना सुरक्षित है कि यह बहुत सारे बदलावों को प्रेरित करती है और हमारे निर्णय लेने के तरीके पर इसका काफी प्रभाव पड़ता है।

विश्वासों और मूल्यों को आकार देना:

आस्था और मान्यताओं और मूल्यों के निर्माण के बीच परस्पर क्रिया एक मनोरम और बहुआयामी विषय है। जैसा कि पहले चर्चा की गई है, आस्था, चाहे वह धार्मिक शिक्षाओं या व्यक्तिगत दर्शन में निहित हो, एक शक्तिशाली शक्ति है जो व्यक्तियों को करुणा, अखंडता और सहानुभूति जैसे स्थायी सिद्धांतों से भर देती है। ये गहराई से निहित मूल्य मार्गदर्शक सितारों के रूप में कार्य करते हैं, जो व्यक्तियों को उनकी मान्यताओं के अनुरूप विकल्प चुनने और समाज के ढांचे में सकारात्मक योगदान देने के लिए निर्देशित करते हैं। इन निर्णयों के निहितार्थ निरपेक्ष से बहुत दूर हैं, क्योंकि वे व्यक्तिपरक बन जाते हैं, और चुनाव करने वाले व्यक्ति के अनूठे दृष्टिकोण और नैतिक दिशा-निर्देश पर निर्भर होते हैं। आस्था के प्रभाव में विश्वासों और मूल्यों को आकार देने की प्रक्रिया एक सूक्ष्म

यात्रा है, जो व्यक्तिगत अनुभवों, सांस्कृतिक प्रभावों और आध्यात्मिक मार्गदर्शन को जोड़ती है। धार्मिक शिक्षाएं अक्सर इस परिवर्तनकारी प्रक्रिया में केंद्रीय स्थान रखती हैं।

वे नैतिक उपदेशों और नैतिक दिशानिर्देशों के बीच एक समृद्ध अंतर्संबंध प्रस्तुत करते हैं जो वह आधार बन जाते हैं जिस पर व्यक्ति अपने चरित्र को ढालते हैं। धार्मिक क्षेत्रों के भीतर किए गए गहन अध्ययन उन जटिल तंत्रों की पड़ताल करते हैं जिनके माध्यम से धार्मिक सिद्धांत अनुयायियों के नैतिक विकास को प्रभावित करते हैं। पवित्र ग्रंथों, रीति-रिवाजों और आध्यात्मिक नेताओं की शिक्षाओं की जांच करके, शोधकर्ता यह उजागर करते हैं कि कैसे आस्था के ये पहलू करुणा, अखंडता और सहानुभूति के मूल्यों को स्थापित करते हैं, जो एक नैतिक विवेक का पोषण करते हैं जो नैतिक निर्णय इसको अस्तित्वम् विश्वास है और मूल्यों को आकार देने में व्यक्तिगत दर्शन की भूमिका को अनदेखा नहीं किया जा सकता है। हालाँकि, आस्था अक्सर संगठित धर्म से जुड़ी होती है, लेकिन इसमें व्यक्तिगत आध्यात्मिक यात्राएं भी शामिल हैं, जहाँ लोग अर्थ, उद्देश्य और नैतिकता के सवालों का पता लगाते हैं। नैतिकता और अस्तित्ववाद में दार्शनिक जांच इस अन्वेषण में योगदान देती है, जो व्यक्तियों को उनके सिद्धांतों और दृढ़ विश्वासों को परिभाषित करने के लिए विविध ढांचे प्रदान करती है।

व्यक्तिगत दर्शन के अध्ययन से पता चलता है कि कैसे व्यक्ति जीवन की नैतिक दुविधाओं की जटिलताओं से निपटने के लिए

परोपकारिता, मानवतावाद और अस्तित्ववाद के तत्वों को मिलाकर अपने मूल्य प्रणालियों का निर्माण करने के लिए विभिन्न विचारधाराओं से प्रेरणा लेते हैं। आस्था से प्रेरित विश्वासों और मूल्यों का प्रभाव व्यक्तिगत दायरे से परे जाकर व्यापक सामाजिक गतिशीलता को प्रभावित करता है। जैसे-जैसे व्यक्ति करुणा, अखंडता और सहानुभूति के गुणों को आत्मसात करते हैं, वे अपने समुदायों में सकारात्मक परिवर्तन के राजदूत बन जाते हैं। सामाजिक मूल्यों पर आस्था के प्रभावों पर समाजशास्त्रीय शोध से पता चलता है कि कैसे साझा सिद्धांतों का सामूहिक पालन सामाजिक एकजुटता को बढ़ावा देता है और समाज के ताने-बाने को मजबूत बनाता है। ये साझा मूल्य सामाजिक मानदंडों को आकार दे सकते हैं, विधायी निर्णयों का मार्गदर्शन कर सकते हैं और मानवीय प्रयासों को प्रेरित कर सकते हैं, जो व्यक्तिगत हितों से परे, सामान्य भलाई की वकालत करते हैं।

आस्था के प्रभाव में नैतिक निर्णय लेने की व्यक्तिपरक प्रकृति इस जांच में जटिलता की एक परत जोड़ती है। हालाँकि आस्था अच्छे विकल्प चुनने के इच्छुक व्यक्तियों के लिए प्रेरणा के स्रोत के रूप में कार्य करती है, धार्मिक शिक्षाओं या व्यक्तिगत दर्शन की अलग-अलग व्याख्याओं के आधार पर उन निर्णयों के परिणाम काफी भिन्न हो सकते हैं। नैतिक सापेक्षवाद, दार्शनिक और नैतिक लेखों में बड़े पैमाने पर जांच की गई एक अवधारणा, विविध सांस्कृतिक और धार्मिक पृष्ठभूमि से नैतिक दृष्टिकोण की विविधता को स्वीकार करती है। इस मान्यता के लिए आस्था समुदायों और समाज के भीतर आलोचनात्मक चिंतन और संवाद की आवश्यकता

होती है, जिससे नैतिक मुद्दों पर सामान्य आधार की तलाश करते हुए विविध दृष्टिकोणों की सराहना को बढ़ावा मिलता है।

लक्ष्यों और आकांक्षाओं को सशक्त बनाना:

आस्था और लक्ष्यों तथा आकांक्षाओं का पीछा करने के बीच का जटिल संबंध विद्वानों के अन्वेषण का एक दिलचस्प विषय है। जैसे-जैसे हम इस आकर्षक क्षेत्र में जाते हैं, यह स्पष्ट हो जाता है कि आस्था, एक शक्ति जो धार्मिक सीमाओं से परे है, व्यक्तियों को उद्देश्य और दृढ़ विश्वास की भावना से भर देती है। आशा और दृढ़ संकल्प का यह शक्तिशाली मिश्रण उन्हें बड़े सपने देखने और असाधारण व्यक्तिगत और व्यावसायिक उपलब्धियों की ओर यात्रा शुरू करने की शक्ति देता है। आस्था के लेंस के माध्यम से, हम प्रेरणा की परिवर्तनकारी शक्ति को देखते हैं, जो व्यक्तियों को स्वयं द्वारा थोपी गई सीमाओं से मुक्त होने, अपने आराम के क्षेत्र से परे जाने और उत्साहपूर्वक अपने जुनून का पीछा करने के लिए प्रोत्साहित करती है। आस्था के क्रम पोषणकारी आलिंगन के भीतर प्रेरणा और साहस प्रज्वलित होता है, जो लोगों को दुर्जेय बाधाओं को दूर करने, प्रतिकूल परिस्थितियों का सामना करने और सार्थक उपलब्धियों की निरंतर खोज में सोचे-समझे जोखिमों को अपनाने के लिए प्रेरित करता है।

लक्ष्यों और आकांक्षाओं को सशक्त बनाने पर आस्था का प्रभाव जीवन को एक ऐसे उद्देश्य से भरने की उसकी सहज क्षमता से उत्पन्न होता है जो सांसारिक चीज़ों और दिनचर्या से परे है। धार्मिक

शिक्षाएं, आध्यात्मिक रहस्योद्घाटन, या व्यक्तिगत दर्शन मार्गदर्शन के प्रतीक बन जाते हैं, जो एक उच्च पुकार और अस्तित्व के भव्य दृष्टिकोण की ओर मार्ग को रोशन करते हैं। लक्ष्य निर्धारण में आस्था की भूमिका की विद्वतापूर्ण खोज में, हम यह उजागर करते हैं कि कैसे एक दिव्य योजना में विश्वास या बड़ी ब्रह्मांडीय शक्तियों के साथ व्यक्तिगत महत्वाकांक्षाओं का संरेखण व्यक्तियों को उनकी आकांक्षाओं को साकार करने के संकल्प के साथ प्रेरित करता है।

आस्था और लक्ष्य प्राप्ति के बीच तालमेल निष्क्रिय चिंतन तक ही सीमित नहीं है; बल्कि, यह एक उत्प्रेरक शक्ति बन जाती है जो व्यक्तियों को कार्रवाई के लिए प्रेरित करती है। यह परिवर्तनकारी प्रक्रिया व्यक्तिगत और व्यावसायिक उपलब्धियों में विशेष रूप से स्पष्ट है। मनोवैज्ञानिक अनुसंधान उन तंत्रों की पड़ताल करता है जिनके माध्यम से आस्था एक प्रेरक चालक है, जो व्यक्तियों को उनकी आकांक्षाओं को वास्तविकता में बदलने के लिए निर्णायक कदम उठाने के लिए प्रेरित करती है। आस्था एक ऐसी मानसिकता विकसित करती है जो विकास की संभावनाओं को स्वीकार करती है, और व्यक्तियों को चुनौतियों को दुर्गम बाधाओं के बजाय सीढ़ी के रूप में स्वीकार करने के लिए प्रेरित करती है। जैसे-जैसे महत्वाकांक्षा का इंजन जीवन की ओर बढ़ता है, लोगों को जाने-पहचाने के आराम को चुनौती देने और अज्ञात में जाने के उत्साह

महत्वाकांक्षी लक्ष्यों को प्राप्त करने में, प्रतिकूल परिस्थितियां को अपनाने का साहस मिलता है।

अक्सर सामने आती है, जो किसी की प्रतिबद्धता और संकल्प की परीक्षा लेती हैं। आस्था एक दृढ़ साथी है, जो व्यक्तियों को तूफानों

का सामना करने और कठिनाइयों के बीच डटे रहने की शक्ति और दृढ़ता प्रदान करता है। दृढ़ संकल्प को बढ़ावा देने में आस्था की भूमिका की जांच से पता चलता है कि कैसे किसी उच्च शक्ति या उद्देश्य की आंतरिक भावना में विश्वास संदेह और निराशा के क्षणों में प्रोत्साहन का स्रोत प्रदान करता है। आस्था की शक्ति किसी के रास्ते में आने वाली बाधाओं को दूर करने में नहीं है, बल्कि एक उच्च पुकार से शक्ति प्राप्त करके व्यक्तियों को चुनौतियों से ऊपर उठने के साहस के साथ मजबूत बनाने में है, जो लौकिक असफलताओं से परे है। आस्था का परिवर्तनकारी प्रभाव व्यक्तिगत गतिविधियों से परे, सामूहिक आकांक्षाओं और सामाजिक प्रगति के पथ को आकार देता है। आस्था समुदायों के ढांचे के भीतर, साझा मूल्य और सामान्य लक्ष्य सामूहिक प्रयासों को प्रेरित करते हैं जो समाज में क्रांति लाते हैं। आस्था और सामाजिक आंदोलनों के चौराहे की खोज करने वाले अध्ययनों से पता चलता है कि कैसे धार्मिक या आध्यात्मिक विश्वास क्रांतिकारी परिवर्तनों को बढ़ावा देते हैं, जो व्यक्तियों को न्याय, समानता और मानवाधिकारों के साझा दृष्टिकोण की दिशा में एकजुट होकर काम करने के लिए प्रेरित करते हैं।

दृष्टिकोण और मानसिकता में परिवर्तन:

परिवर्तन और आत्म-सुधार की निरंतर खोज में आस्था दृष्टिकोण और मानसिकता के परिवर्तन के लिए उत्प्रेरक के रूप में सामने आती है। आस्था के प्रभाव का यह मनोरम और बहुआयामी पहलू

तब सामने आता है जब लोगों को जीवन पर एक आशावादी दृष्टिकोण अपनाने, कृतज्ञता, लचीलापन और दृढ़ता के गुणों को विकसित करने की चुनौती दी जाती है। आस्था के पोषणकारी आलिंगन के अंदर, ऐसी मानसिकता की ओर बढ़ते हुए, व्यक्ति कायापलट की एक यात्रा से गुज़रते हैं, जो उत्साहपूर्वक विकास को स्वीकार करती है और चुनौतियों को सीखने और व्यक्तिगत विकास के लिए कदम के रूप में देखती है। इसके अलावा, आस्था व्यक्तियों को आत्म-सीमित विश्वासों के बंधनों को त्यागने के लिए प्रेरित करती है, जिससे व्यक्ति में एक नया आत्मविश्वास और अपनी क्षमताओं पर विश्वास पैदा होता है। मानसिकता में यह गतिशील बदलाव लोगों को खुलेपन, अनुकूलनशीलता और परिवर्तन की हवाओं को अपनाने की इच्छा की शानदार भावना के साथ जीवन जीने का अधिकार देता दृष्टिकोण और मानसिकता को आकार देने में आस्था की शक्ति जीवन में आशा और सकारात्मकता की स्थायी भावना भरने की क्षमता पर निर्भर करती है। मनोवैज्ञानिक क्षेत्रों के भीतर दृष्टिकोण पर आस्था के प्रभाव के अध्ययन से पता चलता है कि कैसे किसी उच्च शक्ति या ब्रह्मांडीय व्यवस्था में विश्वास व्यक्तियों को एक स्थायी आशावाद से भर देता है जो जीवन के तूफानों का सामना करता है। जैसे-जैसे व्यक्ति ख़ुद को आस्था में स्थापित करते हैं, उन्हें कृतज्ञता को अपनाने, मुश्किलों के बीच आशीर्वाद को पहचानने और कठिनाई के समय में शांति पाने की ताकत मिलती है। निराशावादी से आशावादी दृष्टिकोण में यह परिवर्तन प्रकाश की किरण बन जाता है, जो अंधेरे सुरंगों में व्यक्तियों का मार्गदर्शन

करता है और एक दृढ़ता की भावना पैदा करता है, जो बुरी परिस्थितियों में सामने आती है।

इसके अलावा, आस्था और मानसिकता में परिवर्तन के बीच का संबंध तब और ज़्यादा स्पष्ट होता है जब व्यक्ति वृद्धि और विकास की दिशा में एक आदर्श बदलाव को अपनाते हैं। आस्था व्यक्तियों को ऐसी मानसिकता अपनाने के लिए प्रेरित करती है जो चुनौतियों को दुर्गम बाधाओं के रूप में नहीं बल्कि सीखने और आत्म-सुधार के सुनहरे अवसरों के रूप में देखती है। विभिन्न क्षेत्रों में आस्था से प्रेरित विकास मानसिकता की खोज से पता चलता है कि कैसे व्यक्तियों को असीम उत्साह के साथ अपनी आकांक्षाओं का पीछा करने के लिए जोखिम उठाते हुए, अपने आराम के क्षेत्र से बाहर निकलने के लिए प्रोत्साहित किया जाता है। विकास की इस खोज में, व्यक्ति आस्था के स्रोत से प्रेरणा पाते हैं, और ख़ुद को संभावनाओं और परिवर्तनकारी संभावनाओं से भरे भविष्य की ओर प्रेरित करते हैं।

दृष्टिकोण और मानसिकता पर आस्था का परिवर्तनकारी प्रभाव केवल आशावाद और विकास से आगे तक फैला हुआ है; यह व्यक्तिगत प्रगति में बाधा डालने वाली आत्म-सीमित मान्यताओं को ख़त्म करने का एक माध्यम बन जाता है।

सीमित करने वाले ये विश्वास, अक्सर अनुभवों या सामाजिक अनुकूलन में गहराई से निहित होते हैं, जो ऐसी जंजीर के रूप में काम करते हैं जो लोगों को उनकी पूरी क्षमता को समझने से रोकते हैं। फिर भी, आस्था के भीतर, व्यक्तियों को एक मुक्तिदायक शक्ति मिलती है जो उन्हें संदेह और असुरक्षा के बोझ से मुक्त

करने का आग्रह करती है। इसके स्थान पर, आस्था किसी की क्षमताओं में आत्म-विश्वास की एक अटूट भावना पैदा करती है, जो एक ऐसी चुंबकीय शक्ति बन जाती है, जो व्यक्तियों को आत्म-सशक्तिकरण और अप्रयुक्त क्षमता की ओर खींचती है।

आस्था के प्रभाव के अंतर्गत मानसिकता में यह परिवर्तनकारी बदलाव परिवर्तन और अनुकूलनशीलता के प्रति खुलेपन में बदलता है। जैसे-जैसे व्यक्ति आस्था के सिद्धांतों को अपनाते हैं, वे नई परिस्थितियों और अवसरों को अपनाते हुए, जीवन के उतार-चढ़ाव को शालीनता से स्वीकार करने के लिए तैयार होते हैं। दृष्टिकोण पर आस्था के प्रभाव की समाजशास्त्रीय जांच से पता चलता है कि कैसे आस्था समुदायों के भीतर व्यक्ति परिवर्तन के प्रति अधिक लचीलापन और स्वीकृति प्रदर्शित करते हैं, जिससे सामाजिक बदलावों के बीच सद्भाव का माहौल बनता है।

व्यक्तिगत संबंधों को बढ़ावा देना:

मानवीय रिश्तों पर आस्था का प्रभाव व्यापक जांच का विषय रहा है, जिसमें विभिन्न विषयों के विद्वान शामिल हैं। धर्म, दुनिया भर के समाजों में एक व्यापक शक्ति है, जो व्यक्तियों के बीच सार्थक और दयालु संबंधों को बढ़ावा देता है। इस दिलचस्प अन्वेषण में, हम यह जानने के लिए एक यात्रा पर निकले हैं कि कैसे आस्था व्यक्तियों को दूसरों के प्रति प्रेम, क्षमा और समझ को बढ़ाने, सामंजस्यपूर्ण बंधन बनाने और परस्पर जुड़ाव की भावना को बढ़ावा देने के लिए प्रोत्साहित करती है।

आस्था समुदायों में प्रचलित समर्थन प्रणालियों और साझा मूल्यों

की जांच करके, हम बताते हैं कि कैसे ये रिश्ते व्यक्तिगत विकास, पारस्परिक समर्थन और फलदायी सहयोग के लिए उपजाऊ भूमि बन जाते हैं। आस्था के लेंस के माध्यम से, हमें पता चलता है कि कैसे व्यक्ति सहानुभूति विकसित करना, क्षमा का अभ्यास करना और समुदाय की भावना को बढ़ावा देना सीखते हैं, जिससे ज़्यादा पूर्ण और समृद्ध रिश्ते बनते हैं जो विश्वास प्रणालियों की सीमाओं को पार करते हैं।

व्यक्तिगत संबंधों पर आस्था के प्रभाव के मूल में करुणा को प्रेरित करने की क्षमता निहित है। धार्मिक या आध्यात्मिक संबद्धता के बावजूद, धर्म व्यक्तियों में दूसरों के प्रति सहानुभूति और समझ की भावना पैदा करता है।

आस्था और करुणा के बीच संबंधों की खोज करने वाले मनोवैज्ञानिक अध्ययनों से पता चलता है कि कैसे एक उच्च शक्ति या सार्वभौमिक अंतर्संबंध में विश्वास व्यक्तियों को दयालुता और परोपकारिता के कार्यों को बढ़ाने के लिए प्रेरित करता है। सहानुभूति, दूसरों के अनुभवों के साथ भावनात्मक रूप से जुड़ने की क्षमता, साथी मनुष्यों के साथ सार्थक संबंध विकसित करने में एक महत्वपूर्ण घटक के रूप में उभरती है। आस्था अनुयायियों को ख़ुद को दूसरों के स्थान पर रखने, उनकी भलाई के लिए वास्तविक चिंता को बढ़ावा देने और देखभाल व करुणा की संस्कृति को बढ़ावा देने के लिए प्रोत्साहित करती है। क्षमा, रिश्तों पर आस्था के प्रभाव का एक और अभिन्न पहलू, मानवीय मेल-मिलाप की गतिशीलता को समझने के इच्छुक विद्वानों का ध्यान आकर्षित करती है। धार्मिक शिक्षाएं अक्सर क्षमा पर ज़ोर देती हैं, जो विश्वासियों को

पिछले अपराधों को त्यागने और मेल-मिलाप की परिवर्तनकारी शक्ति को अपनाने के लिए प्रोत्साहित करती हैं।

आस्था के संदर्भ में क्षमा का अध्ययन क्षमा के कार्य से उत्पन्न होने वाले मनोवैज्ञानिक और भावनात्मक लाभों को उजागर करता है। जैसे-जैसे व्यक्ति क्षमा करना सीखते हैं, वे मुक्ति और भावनात्मक उपचार की भावना का अनुभव करते हैं और स्वस्थ व ज़्यादा स्थायी रिश्तों को बढ़ावा देने की नींव रखते हैं। उन तंत्रों की विभिन्न जांच जिनके माध्यम से आस्था क्षमा को आसान बनाती है, से पता चलता है कि कैसे धार्मिक विश्वास आक्रोश और घृणा के खिलाफ एक बफर के रूप में कार्य कर सकते हैं, जिससे पारस्परिक संबंधों का ताना-बाना मजबूत हो सकता है। आस्था के समुदाय आकर्षक और सहायक पारिस्थितिकी तंत्र के रूप में कार्य करते हैं, जो व्यक्तिगत संबंधों पर आस्था के प्रभाव की खोज में महत्वपूर्ण ध्यान देने योग्य हैं। समाजशास्त्र के क्षेत्र ने आस्था-आधारित समूहों की जटिल गतिशीलता की जांच शुरू कर दी है, जिससे पता चलता है कि कैसे ये समुदाय अपने सदस्यों के बीच अपनेपन, सौहार्द और साझा मूल्यों की भावना को बढ़ावा देते हैं। सामूहिक पूजा, अनुष्ठानों और सामाजिक गतिविधियों के माध्यम से, इन आस्था-आधारित समूहों के व्यक्ति सामाजिक, सांस्कृतिक और जातीय मतभेदों की सीमाओं को पार करते हुए, समान विचारधारा वाले साथियों के साथ रिश्ते बनाते हैं। इन आस्था-आधारित समूहों के भीतर सामुदायिक माहौल का पोषण आपसी विश्वास और समझ पर बने मजबूत रिश्तों की नींव रखता है। आस्था

पर आधारित, ये संबंध भावनात्मक समर्थन के अमूल्य स्रोत बन जाते हैं, जो चुनौतीपूर्ण समय के दौरान व्यक्तियों के लचीलेपन और मुकाबला तंत्र को मजबूत बनाते हैं।

इसके अलावा, आस्था समुदाय अक्सर व्यक्तिगत वृद्धि और विकास के लिए इनक्यूबेटर बन जाते हैं, और एक ऐसे वातावरण को बढ़ावा देते हैं जो व्यक्तियों को उनकी क्षमता और प्रतिभा का पता लगाने के लिए प्रोत्साहित करता है। विनम्रता, दृढ़ता और सेवा पर धार्मिक शिक्षाएं अनुयायियों को आत्म-सुधार करने और अपने समुदायों में सार्थक योगदान देने के लिए प्रेरित करती हैं।

आस्था के परिवेशों के भीतर व्यक्तिगत विकास की जांच से पता चलता है कि ध्यान, प्रार्थना और चिंतन जैसी आध्यात्मिक गतिविधियां, आत्म-जागरूकता और आत्मनिरीक्षण को बढ़ाने में कैसे योगदान करती हैं। इस तरह के आंतरिक परिवर्तन का सकारात्मक प्रभाव पड़ता है कि व्यक्ति अपने रिश्तों को कैसे आगे बढ़ाते हैं, जिससे वे अधिक खुले विचारों वाले, सहानुभूतिपूर्ण और समझदार भागीदार, मित्र और समुदाय के सदस्य बन पाते हैं।

आस्था और व्यक्तिगत रिश्तों के बीच परस्पर क्रिया व्यक्तिगत पारस्परिक प्रभावों से परे, सहयोगात्मक प्रयासों और सामूहिक पहलों तक फैली हुई है। आस्था-आधारित सामाजिक सक्रियता की गतिशीलता की खोज करने वाले विद्वान इस बात पर प्रकाश डालते हैं कि कैसे साझा विश्वास और मूल्य धार्मिक समुदायों को व्यक्तिगत हितों से परे के कारणों के लिए एक साथ आने के लिए प्रेरित करते हैं। ऐसे सहयोगात्मक प्रयासों में, विविध आस्था समूह महत्वपूर्ण

सामाजिक मुद्दों को संबोधित करने के लिए सांप्रदायिक विभाजनों और सामाजिक बाधाओं को पार करते हुए समान आधार पाते हैं। सामाजिक न्याय और परोपकारिता के प्रति साझा प्रतिबद्धता इस बात को दर्शाती है कि कैसे आस्था एक एकजुट शक्ति के रूप में कार्य करती है जो एक सामान्य उद्देश्य का पीछा करने के लिए व्यक्तियों को एकजुट करती है, जिससे विश्वास प्रणालियों की सीमाओं को पार करके परस्पर जुड़ाव की सामंजस्यपूर्ण टेपेस्ट्री बनती है। फिर भी, व्यक्तिगत संबंधों को बढ़ावा देने में आस्था की भूमिका की जांच में जटिलताओं और चुनौतियों का अभाव है। शोधकर्ताओं ने रिश्तों पर आस्था के प्रभाव के अंधकारपूर्ण पहलुओं की जांच की है, जो स्वीकार करते हैं कि धार्मिक विचारों या विशिष्टता को स्वीकार करने से विभाजन और संघर्ष हो सकते हैं। आस्था समुदायों के भीतर और उनके बीच समावेशिता और संवाद चिंता के केंद्र बिंदु के रूप में उभर रहे हैं, जहाँ विद्वान तेज़ी से विविध और परस्पर जुड़ी दुनिया में आपसी समझ को बढ़ावा देने और विभाजन

अर्थ और संतुष्टि की खोज:

को पाटने के रास्ते तलाश रहे हैं।

अर्थ और संतुष्टि की शाश्वत खोज में, आस्था एक अदम्य शक्ति के रूप में उभरती है, जो लोगों का एक ऐसी उद्देश्य की भावना की ओर मार्गदर्शन करती है, जो सांसारिक गतिविधियों के दायरे से परे है। आस्था का यह मनमोहक पहलू तब उजागर होता है जब व्यक्तियों को उन उत्कृष्ट अनुभवों की तलाश करने के लिए प्रोत्साहित किया जाता है जो उन्हें ख़ुद से भी बड़ी किसी चीज़ से जोड़ते हैं - एक दिव्य शक्ति, एक सार्वभौमिक सत्य, या

आध्यात्मिकता की गहरी व्यक्तिगत भावना।

मूल रूप से, आस्था अस्तित्व के गहरे आयाम के द्वार खोलती है, जो व्यक्तियों को उनके जीवन की टेपेस्ट्री में अर्थ, पूर्णता और संतुष्टि खोजने की कुंजी प्रदान करती है।

अर्थ और संतुष्टि की खोज एक सार्वभौमिक इच्छा है जो संस्कृतियों, धर्मों और विश्वास प्रणालियों में व्याप्त है। आस्था के भीतर, व्यक्ति सिद्धांतों और आध्यात्मिक शिक्षाओं को अपनाते हुए एक परिवर्तनकारी यात्रा पर निकलते हैं, जो जीवन को एक ऐसे उद्देश्य से भर देते हैं जो अस्थायी और क्षणिक से परे तक फैला होता है। आस्था परंपराओं के भीतर अर्थ की खोज में दार्शनिक अन्वेषणों से पता चलता है कि कैसे व्यक्ति जीवन के अस्तित्व संबंधी सवालों के जवाब तलाशते हैं, अस्तित्व के सार और ब्रह्मांड के भीतर अपने स्थान से जूझते हैं। व्यक्तियों को उत्कृष्ट अनुभवों की ओर मार्गदर्शन करने में आस्था की भूमिका धार्मिक अध्ययनों में आकर्षण की विषय जैसे-जैसे व्यक्ति अपनी आस्था को विकसित करते हैं, वे स्वयं को दिव्य समागमों, रहस्यमय रहस्योद्घाटनों और आध्यात्मिक जागृति के क्षणों की ओर आकर्षित पाते हैं।

इन उत्कृष्ट अनुभवों की खोज से पता चलता है कि कैसे आस्था एक माध्यम के रूप में कार्य करती है, जो व्यक्तियों को एक उच्च शक्ति, एक सार्वभौमिक सत्य या उनकी आत्मा की सबसे गहरी गहराई से जुड़ने में सक्षम बनाती है। पवित्र के साथ ये समागम रोशनी की किरण बन जाते हैं, जो जीवन में अर्थ और पूर्णता की

ओर जाने वाले मार्गों पर प्रकाश डालते हैं।

इसके अतिरिक्त, आस्था एक शक्तिशाली शक्ति के रूप में कार्य करते हुए, व्यक्तियों को व्यापक ब्रह्मांड के साथ अंतर्संबंध की भावना प्रदान करती है, जो स्वयं और ब्रह्मांड के बीच की सीमाओं को समाप्त कर देती है।

यह पवित्र संबंध अत्यधिक राहत और आश्वासन का स्रोत बन जाता है, जो अस्तित्व की भव्य टेपेस्ट्री के भीतर अपनेपन और उद्देश्य की गहरी भावना का पोषण करता है।

मनोवैज्ञानिक अनुसंधान के दायरे में आत्म-उत्थान पर आस्था के प्रभाव की खोज से पता चलता है कि कैसे व्यक्ति अहंकार की बाधाओं से परे जाकर और अपने से कहीं अधिक महान चीज़ के साथ संबंध बनाकर तृप्ति और संतुष्टि की भावना का अनुभव करते हैं। जब व्यक्ति अपने कार्यों को अपनी आस्था के साथ जोड़ते हैं, तो वे अपने आंतरिक विश्वास और बाहरी गतिविधियों के बीच एक सामंजस्य की खोज करते हैं। दैनिक जीवन में धर्म का एकीकरण एक परिवर्तनकारी प्रयास बन जाता है, जो व्यक्तियों को दूसरों की सेवा करने, परोपकारिता का अभ्यास करने और आत्म-केंद्रित इच्छाओं से परे गुणों को अपनाने में पूर्णता पाने में सक्षम बनाता है। जैसे-जैसे अर्थ की खोज एक निस्वार्थ रंग लेती है, व्यक्तियों को तृप्ति का एक गहरा स्रोत मिलता है जो दूसरों की भलाई में योगदान देने और एक ज़्यादा दयालु और सामंजस्यपूर्ण दुनिया का पोषण करने से उत्पन्न होता है।

विश्वास, अर्थ और संतुष्टि के बीच का संबंध मनोवैज्ञानिक कल्याण के दायरे में भी गूंजता है। आत्मविश्वास और व्यक्तिपरक कल्याण के बीच संबंध की खोज करने वाले अनुभवजन्य शोध से पता चलता है कि जो व्यक्ति अपनी आस्था में गहरी समझ और गर्व पाते हैं, वे जीवन में अधिक संतुष्टि, कम चिंता के स्तर और बढ़ी हुई मनोवैज्ञानिक दृढ़ता का अनुभव करते हैं। धर्म और कल्याण के बीच यह परस्पर क्रिया जांच का एक आकर्षक विषय बन जाती है, जो इस बात पर प्रकाश डालती है कि आध्यात्मिक गतिविधियां भावनात्मक और मानसिक कल्याण का भंडार कैसे बन जाती हैं। **आस्था आपकी परिस्थितियों को बदल सकती है।**

अब हम ऐसे उदाहरणों पर चर्चा करेंगे कि कैसे आस्था ने कई उल्लेखनीय व्यक्तियों के जीवन के मार्ग को बदल दिया और कैसे उन्होंने कोलाहलपूर्ण समय में अपने जीवन में ज्ञान प्राप्त करके आस्था को अपनाया:

हिप्पो के ऑगस्टीन (354-430 ई.पू.):

ऑगस्टीन का जन्म वर्तमान अल्जीरिया में हुआ था और वह एक प्रमुख प्रारंभिक ईसाई धर्मशास्त्री और दार्शनिक थे। जीवन के आरंभ में, उद्देश्य की तलाश में कई सुखों का आनंद लेते हुए ऑगस्टाइन ने एक सुखवादी अस्तित्व जीया। एक आश्चर्यजनक आध्यात्मिक परिवर्तन के बाद, उन्होंने अपना धर्म बदल लिया और ईसाइयों के बीच प्रमुख बन गए।[1]

उनके आत्मज्ञान की खोज में एक महत्वपूर्ण मोड़ तब आया जब वे ईसाई बने। उन्होंने ज्ञान के अलावा, अपने धर्म के माध्यम से ईश्वर के चरित्र, उसके अस्तित्व और मानवीय स्थिति की बेहतर समझ की तलाश की। उनके लेखन ने ज्ञान की उनकी खोज को प्रतिबिंबित किया क्योंकि उन्होंने सैद्धांतिक मुद्दों, मानवीय आकांक्षाओं

---

1 1 [1]*सेंट ऑगस्टीन (स्टैनफोर्ड इनसाइक्लोपीडिया ऑफ़ फिलॉसफी)। (2019, 25 सितम्बर)।https://plato.stanford.edu/entries/augustine/*

की जटिलता और दिव्य सत्य के चरित्र पर बहस की। ऑगस्टीन का मार्ग इस बात का उदाहरण है कि कैसे सच्चे ज्ञान में आध्यात्मिक अंतर्दृष्टि के साथ-साथ बौद्धिक प्रयास भी शामिल हो सकते हैं।

मैल्कम एक्स (1925-1965):

अमेरिकी नागरिक अधिकार आंदोलन की एक प्रतीकात्मक शख्सियत और नेशन ऑफ़ इस्लाम में एक अग्रणी आवाज़, मैल्कम एक्स, मूल रूप से मैल्कम लिटिल के रूप में 19 मई, 1925 को ओमाहा, नेब्रास्का में पैदा हुए थे। अपने प्रारंभिक वर्षों के दौरान, मैल्कम का जीवन गहरे अलगाव वाले अमेरिका की प्रतिकूल परिस्थितियों और नस्लीय पूर्वाग्रह में डूबा हुआ था। श्वेत वर्चस्व के भूत ने उनके बचपन पर एक लंबी छाया डाली, उनके परिवार को अक्सर श्वेत वर्चस्ववादी समूहों की धमकियों और हिंसा का निशाना बनाया गया, जिसने उनके विश्वदृष्टिकोण को गहराई से आकार दिया।

एक युवा व्यक्ति के रूप में, कानून के साथ मैल्कम के संघर्ष की वजह से उन्हें जेल जाना पड़ा, जो एक महत्वपूर्ण अध्याय है जिसने उनके जीवन की दिशा को काफी हद तक बदल दिया। सलाखों के पीछे मैल्कम का सामना इस्लाम की शिक्षाओं से हुआ, जिसे एलिजा मुहम्मद और नेशन ऑफ़ इस्लाम, एक अफ्रीकी-अमेरिकी राजनीतिक और धार्मिक आंदोलन द्वारा पेश किया गया था। आत्मनिर्भरता, अश्वेत गौरव और आस्था की परिवर्तनकारी शक्ति के सिद्धांत मैल्कम के साथ गहराई से जुड़ गए, जिसके कारण उनका धर्म परिवर्तन हुआ और बाद में उन्होंने मैल्कम एक्स नाम अपनाया, जो 'लिटिल' उपनाम को अस्वीकार करने का प्रतीक था, जिसे वह गुलामी का प्रतीक मानते थे। जेल से रिहा होने के बाद, मैल्कम एक्स ने छोटे-मोटे अपराध का अपना जीवन त्याग दिया और खुद को अश्वेत सशक्तिकरण के लिए समर्पित कर दिया। नेशन ऑफ़ इस्लाम के मंत्री और राष्ट्रीय प्रवक्ता के रूप में, उन्होंने अफ्रीकी-अमेरिकी आत्मनिर्भरता, नस्लीय गौरव और श्वेत उत्पीड़न के लिए अडिग प्रतिरोध की वकालत की। उनकी तीक्ष्ण वक्तृत्व कला और नस्लीय न्याय की अथक खोज ने उन्हें नस्लीय असमानता के खिलाफ लड़ाई में एक प्रभावशाली और कुछ लोगों के लिए एक विवादास्पद व्यक्ति बना दिया।

ज्ञान की अपनी निरंतर खोज में, मैल्कम एक्स ने नस्लवाद की ऐतिहासिक जड़ों और अफ्रीकी अमेरिकियों द्वारा सामना किए जाने वाले प्रणालीगत अन्याय को समझने की कोशिश करते हुए, गहन अध्ययन में खुद को डुबो दिया। उन्होंने यात्रा के माध्यम से अपने

दृष्टिकोण को व्यापक बनाया, जिसमें मक्का की परिवर्तनकारी तीर्थयात्रा भी शामिल थी, जिससे उनके दृष्टिकोण में महत्वपूर्ण बदलाव आया। एकता में रहने वाले सभी नस्लों के मुसलमानों से मिलने के बाद नस्ल और आध्यात्मिकता की उनकी समझ पर गहरा प्रभाव पड़ा। इस अनुभव के कारण उन्होंने सुन्नी इस्लाम और एक नया नाम, अल-हज मलिक अल-शबाज़ अपनाया, क्योंकि उन्होंने न केवल संयुक्त राज्य अमेरिका के भीतर, बल्कि विश्व स्तर पर नस्लीय सद्भाव और मानवाधिकारों की वकालत करना शुरू कर दिया था। मैल्कम एक्स के बाद के जीवन की दार्शनिक विकास से चिह्नित किया गया जिसने नागरिक अधिकारों के ज़्यादा समावेशी दृष्टिकोण को अपनाया, जो कि उनके द्वारा समर्थित पहले की अलगाववादी विचारधारा से परे था। 21 फरवरी, 1965 को उनकी हत्या के बावजूद, उनकी विरासत परिवर्तन की शक्ति और सामाजिक न्याय के लिए अथक संघर्ष के प्रमाण के रूप में कायम है। उनका जीवन और कार्य इस विचार को दर्शाता है कि सच्चा ज्ञान स्थिर नहीं है, बल्कि न्याय की निरंतर खोज, समझ के विस्तार, मानवता के लिए वास्तविक करुणा और व्यक्तिगत और सांप्रदायिक ज्ञान की निरंतर खोज से युक्त एक सतत यात्रा है।[2]

आंग सान सू की (1945-वर्तमान):

---

[2] Biography.com संपादक। (2023, 12 सितंबर)। मैल्कम एक्स। *जीवनी*/https://www.biography.com/activists/malcolm-x

म्यांमार, जिसे बर्मा के नाम से भी जाना जाता है, में शांतिपूर्ण प्रतिरोध और लोकतांत्रिक आकांक्षाओं के लिए एक प्रकाशस्तंभ, आंग सान सू की का जन्म 19 जून, 1945 को देश की राजनीति में गहराई से स्थापित एक परिवार में हुआ था।

उनके पिता, जनरल आंग सान, ब्रिटिश औपनिवेशिक शासन से बर्मा की आज़ादी में एक प्रमुख व्यक्ति थे, और उनकी माँ, दा खिन की, एक प्रमुख सार्वजनिक हस्ती थीं। महज दो साल की उम्र में अपने पिता की हत्या के बाद अशांत राजनीतिक माहौल के बीच पली-बढ़ी सू की को राजनीतिक उथल-पुथल और म्यांमार में लगातार सैन्य शासन द्वारा किए जा रहे दमन के बारे में अच्छी तरह से पता था। उनके प्रारंभिक वर्ष, हालाँकि, उनके देश के संघर्ष से प्रभावित थे, लेकिन वे बर्मी संस्कृति में व्याप्त बौद्ध परंपराओं से भी जुड़े हुए थे। इन शिक्षाओं ने सक्रियतावाद के प्रति उनके दृष्टिकोण को गहराई से प्रभावित किया। मेटा (प्रेम-दया) और अहिंसा (अहिंसा)

की बौद्ध अवधारणाएं उनके दर्शन का आधार बन गईं, जो लोकतंत्र के लिए उनके कार्यों और अभियानों का मार्गदर्शन करती थीं।

सू की का शांतिपूर्ण विरोध के प्रतीक के रूप में उभरना लगभग आकस्मिक था। अपने शुरुआती वयस्क जीवन का अधिकांश समय विदेश में बिताने के बाद, 1988 में जब वो अपनी बीमार माँ की देखभाल के लिए म्यांमार लौटीं तो सैन्य तानाशाही के खिलाफ बड़े पैमाने पर विद्रोह चल रहा था। राजनीति में उनका प्रवेश सत्ता की आकांक्षा के बजाय कर्तव्य की तीव्र भावना से प्रेरित था। उन्होंने ख़ुद को लोकतंत्र समर्थक आंदोलन में सबसे आगे पाया और अपने नैतिक आक्रोश को शांतिपूर्ण लोकतांत्रिक सुधार के लिए एक शांत लेकिन भावुक आह्वान में बदल दिया।

बौद्ध सिद्धांतों के प्रति उनकी प्रतिबद्धता उनके आचरण और भाषणों में स्पष्ट थी, जिसमें उन्होंने उत्पीड़न के खिलाफ शक्तिशाली उपकरण के रूप में अहिंसक प्रतिरोध और सविनय अवज्ञा पर ज़ोर दिया था। आंग सान सू की की आध्यात्मिक साधना, विशेष रूप से ध्यान और आत्म-चिंतन पर ज़ोर, ने उन्हें अपने राजनीतिक संघर्ष के साथ आए व्यक्तिगत बलिदानों को सहन करने की आंतरिक शक्ति प्रदान की, जिसमें 15 साल की लंबी अवधि की घर में नज़रबंदी भी शामिल थी।

अहिंसा के प्रति उनकी अटूट प्रतिबद्धता और राजनीतिक परिवर्तन की नैतिक खोज को अंतर्राष्ट्रीय मान्यता मिली, जिसके लिए 1991 में उन्हें नोबेल शांति पुरस्कार भी प्राप्त हुआ। नोबेल समिति ने लोकतंत्र और मानवाधिकारों के लिए उनके अहिंसक संघर्ष को स्वीकार किया, और वह अत्याचार के विरोध में प्रतिरोध का एक

वैश्विक प्रतीक बन गईं।

दुनिया से लंबे समय तक अलग-थलग रहने और अपने परिवार से अलग होने के बावजूद, सू की का संकल्प नहीं डिगा। उनका राजनीतिक जीवन उनके इस विश्वास का प्रमाण रहा है कि स्थायी ज्ञान और सच्चे नेतृत्व के लिए राजनीतिक अंतर्दृष्टि, नैतिक स्पष्टता और दूसरों की पीड़ा के प्रति गहरी करुणा का संगम आवश्यक है। उन्होंने लगातार इस बात पर प्रकाश डाला है कि ज्ञान की खोज एक अकेली बौद्धिक खोज नहीं है, बल्कि एक उचित और न्यायसंगत समाज की ओर एक सामूहिक यात्रा है, जो साझा मानवता और सामान्य भलाई की मौलिक समझ में निहित है।

आंग सान सू की की यात्रा इस बात को दर्शाती है कि ज्ञान का सार न केवल व्यक्तिगत ज्ञान की खोज में निहित है, बल्कि दूसरों की गरिमा और अधिकारों के लिए निरंतर वकालत में भी निहित है, जो एक ऐसा रास्ता है जिस पर वह उन कई चुनौतियों के बीच शालीनता और दृढ़ता के साथ चलीं, जिन्होंने उनकी और उनके देश की लोकतांत्रिक यात्रा को प्रभावित किया है।[3]

---

3 3 प्लेचर, के. (2023, 15 अक्टूबर) । आंग सान सू की । जीवनी, नोबेल पुरस्कार और तथ्य। एनसाइक्लोपीडिया ब्रिटानिका।
https://www.britannica.com/biography/Aung-San-Suu-Kyi

मैरियन क्रोक (1955-वर्तमान)

मैरियन क्रोक प्रौद्योगिकी और दूरसंचार की दुनिया में नवाचार और उपलब्धि की प्रतीक हैं। 1955 में जन्मी एक अफ्रीकी-अमेरिकी महिला होने के नाते, उन्होंने लगातार अपने क्षेत्र की सीमाओं को आगे बढ़ाने के प्रति एक पत्थर जैसा दृढ़ विश्वास प्रदर्शित किया है। एक अमेरिकी इंजीनियर के रूप में, क्रोक ने अग्रणी योगदान दिया है जिसने दुनिया के संचार के तरीके को पूरी तरह से ढाला और आकार दिया है।

अपने प्रारंभिक वर्षों के दौरान इंजीनियरिंग में महिलाओं के लिए सीमित अवसरों के बावजूद, क्रोक ने कभी भी सामाजिक मानदंडों को अपनी क्षमता को परिभाषित नहीं करने दिया। प्रौद्योगिकी में उनकी गहन रुचि और उद्देश्य की गहरी समझ से प्रेरित होकर, उन्होंने दक्षिणी कैलिफोर्निया विश्वविद्यालय से सामाजिक मनोविज्ञान और मात्रात्मक विश्लेषण में उन्नत अध्ययन किया और पीएच.डी. अर्जित की। विशेष रूप से वॉयस ओवर इंटरनेट प्रोटोकॉल (VoIP) तकनीक के क्षेत्र में, क्रोक के शानदार करियर

को अभूतपूर्व नवाचारों की एक श्रृंखला द्वारा चिह्नित किया गया है। यह सिर्फ एक तकनीकी सफलता नहीं थी, बल्कि दुनिया के जुड़ने के तरीके में एक बड़ा बदलाव था। उनकी दूरदर्शिता और तकनीकी कौशल ने VoIP की लोकप्रियता और सुलभता में महत्वपूर्ण भूमिका निभाई। उनकी असंख्य उपलब्धियों में से एक इसके महत्वपूर्ण सामाजिक प्रभाव के लिए सामने आती है: VoIP के लिए आपातकालीन 911 सेवाओं का विकास। यह नवाचार क्रोक की दूरदर्शिता और जन कल्याण के प्रति समर्पण का प्रतीक है। डिजिटल संचार की ओर बदलाव को पहचानते हुए, उन्होंने इस बात का ध्यान रखा कि आपात स्थिति में, संचार का तरीका महत्वपूर्ण सहायता तक पहुंचने में बाधा न बनें।

अपने क्षेत्र की कुछ अफ्रीकी-अमेरिकी महिलाओं में से एक के रूप में, क्रोक नस्लीय और लैंगिक पूर्वाग्रहों के खिलाफ विजय के प्रतीक के रूप में भी उभरी। उनकी यात्रा इस बात का प्रमाण है कि दृढ़ता, दूरदर्शिता और यथास्थिति को चुनौती देने के साहस के माध्यम से क्या हासिल किया जा सकता है। अपने पूरे करियर के दौरान, मैरियन क्रोक को कई प्रशंसाएँ मिलीं, जो उनके योगदान की मान्यता और प्रौद्योगिकी की दुनिया में अपनी पहचान बनाने की इच्छा रखने वालों के लिए एक प्रेरणा के रूप में काम करती हैं।

उनकी विरासत सिर्फ उनके नवाचारों से कहीं अधिक है–यह वह मार्ग है जो उन्होंने भविष्य की पीढ़ियों के लिए प्रशस्त किया है, और वह प्रेरणा है जो वह अपने संबंधित क्षेत्रों में सीमाओं को आगे बढ़ाने का लक्ष्य रखने वालों को प्रदान करती रहती हैं।

दूरसंचार के क्षेत्र में एक सच्ची विदुषी, मैरियन क्रोक की कहानी आने वाले दशकों तक गूंजती रहेगी और लोगों को प्रेरित करती रहेगी।[4] इन उदाहरणों के आधार पर, एक बहुत ही विशिष्ट पैटर्न उभर कर आता है। इन प्रेरक व्यक्तियों ने, मुश्किल समय में, विद्वत्तापूर्ण, नैतिक और पारलौकिक पहलुओं को शामिल करके अपनी समझ और बुद्धि की खोज को विकसित किया। वे एक अनुस्मारक के रूप में कार्य करते हैं कि ज्ञान एक समग्र प्रयास है जो जीवन की विभिन्न परिस्थितियों में ज्ञान, मूल्यों और सत्य की खोज को एकीकृत करता है। उनके परिवर्तनकारी अनुभव बताते हैं कि आस्था और ज्ञान, दर्शन और ज्ञान की तरह, एक दूसरे के मित्र हैं।

आस्था आपको अपने मूल्यों के प्रति ईमानदार बनाये रख सकती है:

आस्था, जिसे अक्सर अदृश्य में दृढ़ विश्वास के रूप में संदर्भित किया जाता है, में व्यक्तियों को उनके मूल्यों से जोड़ने की एक जन्मजात शक्ति होती है, जो जीवन के मुश्किल समुद्र में एक अचल दिशा सूचक यंत्र के रूप में कार्य करती है। जिस तरह एक प्रकाशस्तंभ अंधेरे में जहाज़ों का मार्गदर्शन करता है, उसी तरह आस्था किसी के सिद्धांतों की ओर जाने वाले मार्ग को रोशन करती

---

[4] Jbkatz. (2023, जनवरी 5)। *क्रोक, डॉ. मैरियन रोजर्स- VOIP अमेज़िंग ब्लैक हिस्ट्री के आविष्कारक।* https://amazingblackhistory.com/2023/01/05/croak-dr-marian-rogers-inventor-of-voip/

है, जिससे नैतिक अखंडता का संरक्षण और सद्गुणों की खोज संभव हो पाती है।

इसे उन संघर्षों को देखकर आत्मसात किया जा सकता है जिनसे मानव इतिहास के कई प्रतीक गुज़रे हैं। लेकिन सवाल यह है कि वे इन असंभव-से दिखने वाले मुद्दों को कैसे सुलझाते हैं। उनके अंदर आस्था थी। हिप्पो के ऑगस्टीन से लेकर आंग सान सू की तक, इसके कई उदाहरण हैं।

जटिल समस्याओं से गुज़रते हुए, जटिल व्यक्ति, इन सबके माध्यम से आस्था की शक्ति की खोज करते हैं और स्थिति को अपने पक्ष में करते हैं।

मूल रूप से, आस्था किसी व्यक्ति और उनके मूल मूल्यों के बीच संबंध को बढ़ावा देती है। किसी उच्च उद्देश्य या दैवीय शक्ति पर भरोसा रखने से, लोगों को बाहरी दबावों के बावजूद अपने विश्वासों के प्रति सच्चे रहने की शक्ति मिलती है। यह अडिग प्रतिबद्धता इस विश्वास से उत्पन्न होती है कि उनके मूल्य केवल व्यक्तिगत निर्माण नहीं हैं, बल्कि किसी महान और कालातीत चीज़ में निहित हैं। यह आत्मविश्वास एक ठोस आधार के रूप में कार्य करता है, जो व्यक्तियों को जीवन में आने वाली असंख्य चुनौतियों और प्रलोभनों से निपटने में सक्षम बनाता है। आस्था व्यक्तियों को दृढ़ता प्रदान करती है, जो अपने मूल्यों से समझौता किए बिना विपरीत परिस्थितियों का सामना करने का साहस पैदा करती है। जब अपने विश्वासों के विरुद्ध नैतिक दुविधाओं या सामाजिक मानदंडों का सामना करना पड़ता है तो आस्था एक नैतिक आधार के रूप में काम करती है। यह भीड़ के अनुरूप विरोध करने की

शक्ति प्रदान करती है, जिससे व्यक्तियों को नैतिक अस्पष्टता के सामने खड़े होने की अनुमति मिलती है।

यह निश्चितता कि उनका विश्वास उनकी आस्था में गहराई से अंतर्निहित है, उन्हें डटे रहने के लिए प्रोत्साहित करता है, तब भी जब रास्ता कठिन हो जाता है। इसके अलावा, आस्था जवाबदेही की भावना पैदा करती है, जो व्यक्तियों को याद दिलाती है कि उनके कार्यों को न केवल सामाजिक मानकों द्वारा बल्कि उच्च आध्यात्मिक सिद्धांत द्वारा भी मापा जाता है।

यह जवाबदेही आत्म-जागरूकता की भावना पैदा करती है, जिससे व्यक्तियों को अपनी पसंद और कार्यों पर लगातार विचार करने के लिए प्रोत्साहित किया जाता है। अपने व्यवहार को अपने आस्था-संचालित मूल्यों के साथ जोड़कर, लोग आंतरिक शांति और संतुष्टि की भावना पैदा करते हैं जो क्षणिक संतुष्टि से परे है।

जिस सकारात्मक प्रकाश में आस्था दिखाई देती है, वह करुणा और सहानुभूति को बढ़ावा देने की क्षमता में भी स्पष्ट होती है। साझा मानवता और एक सामान्य आध्यात्मिक बंधन की मान्यता व्यक्तियों को मतभेदों के बावजूद दूसरों के साथ दयालुता और सम्मान के साथ व्यवहार करने के लिए प्रोत्साहित करती है। आस्था से पैदा हुई परस्पर जुड़ाव की यह भावना, दूसरों के जीवन और बड़े समुदाय में सकारात्मक योगदान देने की इच्छा को बढ़ावा देती है। आस्था एक प्रकाशस्तंभ के रूप में खड़ी है जो व्यक्तियों का जीवन की भूलभुलैया में मार्गदर्शन करती है, जो उन्हें अपने मूल्यों में दृढ़ रहने में सक्षम बनाती है। मानव अस्तित्व के ताने-बाने में

दृढ़ विश्वास, दृढ़ता, जवाबदेही और करुणा का संचार करने की इसकी क्षमता इसके सकारात्मक प्रभाव का प्रमाण है। एक कालातीत संगीत की तरह, आस्था जीवन के माधुर्य के साथ व्यक्ति की आंतरिक नैतिक दिशा का सामंजस्य स्थापित करती है, जिसके परिणामस्वरूप ईमानदारी, उद्देश्य और उन्हें परिभाषित करने वाले मूल्यों के प्रति स्थायी प्रतिबद्धता से भरी एक धार्मिक यात्रा शुरू होती है।

अध्याय 5: वित्तीय सुरक्षा

वित्तीय ज्ञान ऐसे किसी भी व्यक्ति के लिए एक महत्वपूर्ण चीज़ है, जिसके पास इस वर्तमान युग में समय के माध्यम से गुज़रने का सौभाग्य है और वह ज्ञान व दर्शन पर पहले के अध्यायों से जुड़ा हुआ है। आइए सबसे पहले हम वित्त के व्यक्तिगत अर्थ पर प्रकाश डालें। वित्त को किसी राज्य, संगठन या व्यक्ति के मौद्रिक संसाधनों और मामलों के रूप में परिभाषित किया जा सकता है। वित्त शब्द की उत्पत्ति पुरानी फ्रांसीसी जड़ों से हुई है। इसका मूल अर्थ 'ऋण, मुआवज़ा, या फिरौती का भुगतान' था; जो बाद में, 'कराधान, राजस्व' हुआ। इसका वर्तमान अर्थ 18वीं शताब्दी से आया है और [illegible] है। यह ज्ञान से निकटता से कैसे जुड़ा हुआ है। इस विषय पर शुरुआत करने के लिए, हमें सबसे पहले एक बुनियादी समझ बनानी होगी कि वित्त क्या है।

वित्तीय ज्ञान

वित्त एक महत्वपूर्ण अवधारणा है जिसमें धन और संसाधनों का प्रबंधन शामिल है, जो व्यक्तियों और संगठनों दोनों के लिए मौलिक है। इसमें बजट बनाने, निवेश करने, बचत करने, उधार लेने और भविष्य के लिए योजना बनाने जैसे विभिन्न पहलू शामिल हैं। हालाँकि,

वित्त मुख्य रूप से मौद्रिक मामलों से जुड़ा है, लेकिन ज्ञान से इसका संबंध ज़िम्मेदार और सूचित निर्णय लेने में निहित है। वित्तीय सफलता और सुरक्षा प्राप्त करने के लिए यह आवश्यक है। जैसा कि हम पहले ही ज्ञान पर विस्तार से चर्चा कर चुके हैं, इन दोनों के बीच के संबंध का पता लगाते समय, हम इसपर एक आसान रिकैप शामिल करेंगे कि इसमें क्या शामिल है ताकि किसी तरह की विसंगतियां न रहें। जैसा कि आप जानते हैं, इसके मूल में, ज्ञान अच्छी तरह से सूचित निर्णय और सकारात्मक परिणामों के लिए ज्ञान, अनुभव और विवेक को लागू करने की क्षमता है। वित्त के संदर्भ में, ज्ञान केवल वित्तीय साक्षरता से परे है। इसमें वित्तीय निर्णयों के व्यापक निहितार्थों को समझना, जोखिमों को पहचानना और दीर्घकालिक परिणामों पर विचार करना शामिल है। वित्त में ज्ञान की एक पहलू वित्तीय लक्ष्य और प्राथमिकताएं निर्धारित करने की क्षमता है। अल्पकालिक ज़रूरतों और दीर्घकालिक आकांक्षाओं दोनों को पूरा करने के लिए संसाधनों का बुद्धिमानी से आवंटन करने के लिए व्यक्तिगत परिस्थितियों, बाज़ार की स्थितियों और भविष्य की अनिश्चितताओं पर सावधानीपूर्वक विचार करने की आवश्यकता होती है। आवश्यकताओं बनाम चाहतों के प्रति सचेत रहना और आवेगपूर्ण खर्च से बचना इस बात का उदाहरण है कि ज्ञान वित्तीय निर्णयों को कैसे प्रभावित करता है। वित्तीय परिदृश्य में आप जो भी निर्णय लेते हैं उसमें बहुत विवेकपूर्ण रहना न भूलें और पिछले अनुभवों को मार्गदर्शक के रूप में उपयोग दूसरा महत्वपूर्ण पहलू है निवेश बुद्धिमानि निवेश निर्णय करते हुए हमेशा पहले से ही एक रास्ता तैयार रखें।

गहन शोध करना, बाज़ार को समझना, जोखिम की सहनशीलता का आकलन करना और निवेश को व्यक्तिगत या संगठनात्मक लक्ष्यों के साथ संरेखित करना शामिल है। ज्ञानी निवेशक एक संतुलित दृष्टिकोण अपनाता है, जोखिमों को कम करने और रिटर्न को अनुकूलित करने के लिए अपने पोर्टफोलियो में विविधता लाता है। ज्ञान का तात्पर्य हमेशा यह होता है कि व्यक्ति पिछले अनुभवों के आधार पर सही कदम उठाएगा और हमेशा पहले से ही अपना उचित शोध अंकालेगा। वित्त के ज्ञान में ऋण को ज़िम्मेदारी से प्रबंधित करना शामिल है। ऋण लेना कुछ उद्देश्यों को प्राप्त करने के लिए एक रणनीतिक कदम हो सकता है, जैसे शिक्षा के लिए धन देना या व्यवसाय का विस्तार करना। ज्ञान यह निर्देशित करता है कि उतना उधार लिया जाए जितना उचित रूप से चुकाया जा सके और उच्च-ब्याज वाले ऋणों से बचें जो वित्तीय संकट का कारण बन सकते हैं। महत्वपूर्ण जोखिम मूल्यांकन के बिना ऋण लेना किसी व्यक्ति के लिए हानिकारक हो सकता है क्योंकि वे उच्च, बढ़ते ब्याज चक्र में फंस जाएंगे। वित्तीय योजना और सेवानिवृति की तैयारी में भी ज्ञान महत्वपूर्ण भूमिका निभाता है। मुद्रास्फीति के संभावित प्रभाव, बदलती आर्थिक स्थितियों और जीवनशैली की अपेक्षाओं को समझने से व्यक्तियों को बचत, निवेश और सेवानिवृति निधि के बारे में सूचित विकल्प चुनने में मदद मिलती है। विवेकपूर्ण वित्तीय नियोजन एक आरामदायक सेवानिवृति और अप्रत्याशित परिस्थितियों से सुरक्षा सुनिश्चित करता है।

व्यक्तिगत वित्तीय निर्णयों के अलावा, ज्ञान कॉर्पोरेट और सरकारी क्षेत्रों तक भी फैला हुआ है। व्यवसायों के लिए, बुद्धिमान वित्तीय प्रबंधन में नकदी प्रवाह को अनुकूलित करना, अच्छे निवेश निर्णय लेना और दीर्घकालिक विकास के लिए स्थिरता सुनिश्चित करना शामिल है। सरकारों को भी, बजट को संतुलित करने, संसाधनों को कुशलतापूर्वक आवंटित करने और आर्थिक स्थिरता का समर्थन करने के लिए बुद्धिमान वित्तीय विकल्प चुनने चाहिए।

समझदार वित्तीय निर्णय नैतिक और सामाजिक ज़िम्मेदारियों पर विचार करते हैं। स्थायी वित्त की अवधारणा को प्रमुखता मिली है, जिसमें पर्यावरण, सामाजिक और शासन (ESG) सिद्धांतों को बढ़ावा देने वाले निवेश की आवश्यकता पर ज़ोर दिया गया है। नैतिक निवेश, ज़िम्मेदार व्यवसायों का समर्थन करना और वित्तीय कार्यों के व्यापक प्रभाव पर विचार करना, ये सभी वित्त में ज्ञान के उदाहरण हैं।

जब वित्तीय ज्ञान को बढ़ावा देने की बात आती है तो शिक्षा और निरंतर सीखना महत्वपूर्ण भूमिका निभाते हैं। कम उम्र से ही वित्तीय साक्षरता को प्रोत्साहित करना व्यक्तियों को जीवन भर सूचित वित्तीय निर्णय लेने के लिए ज्ञान और कौशल से लैस करता है। वित्तीय शिक्षा में आलोचनात्मक सोच, समस्या-समाधान और नैतिक विचारों के महत्व पर ज़ोर देने से धन प्रबंधन के लिए एक समझदार दृष्टिकोण और सोच विकसित करता है। वित्तीय मामलों में जानकारी, अनुभव और विवेक के अनुप्रयोग के माध्यम से जुड़े हुए हैं। ठोस वित्तीय निर्णय लेने के लिए एक विचारशील और ज़िम्मेदार दृष्टिकोण

की आवश्यकता होती है जो दीर्घकालिक परिणामों, नैतिक विचारों और व्यक्तियों, संगठनों और समाज पर व्यापक प्रभाव पर विचार करता है।

कुछ मायनों में, वित्तीय साक्षरता का विकास करके, स्थायी कार्यप्रणालियों को बढ़ावा देकर और निरंतर सीखने की संस्कृति को बढ़ावा देकर, हम वित्तीय ज्ञान को बढ़ा सकते हैं और अधिक सुरक्षित और समृद्ध भविष्य में योगदान कर सकते हैं।

वित्तीय सुरक्षा पर चर्चा

यह कहना बिल्कुल सुरक्षित है कि वित्तीय सुरक्षा बनाना एक बुद्धिमान और आवश्यक कार्य है जो व्यक्तियों और परिवारों को कई लाभ और मानसिक शांति प्रदान करता है। वित्तीय सुरक्षा एक स्थिर और टिकाऊ वित्तीय आधार की स्थिति को दर्शाती है, जो अप्रत्याशित परिस्थितियों से बचाती है और एक आरामदायक और पूर्ण जीवन की अनुमति देती है। इस खंड में, हम इन कारणों का पता लगाएंगे कि वित्तीय सुरक्षा को प्राथमिकता देना और हासिल करनविलीयों सुरक्षाधिआर्मीतहैस्थिति और अप्रत्याशित घटनाओं के दौरान सुरक्षा प्रदान करती है। जीवन चिकित्सा-संबंधी आपात स्थिति, नौकरी छूटना, या प्राकृतिक आपदाओं जैसी अनिश्चितताओं से भरा है। बचत और वित्तीय भंडार के साथ, व्यक्ति गंभीर वित्तीय कठिनाइयों का सामना किए बिना इन तूफानों का सामना कर सकते हैं। यह उन्हें तत्काल ज़रूरतों को पूरा करने और उच्च-ब्याज ऋण का सहारा लेने या प्रतिकूल शर्तों पर संपत्ति बेचने से बचने की अनुमति

देती है। इसके अतिरिक्त, वित्तीय सुरक्षा स्थिरता की भावना को बढ़ावा देती है और तनाव कम करती है। वित्तीय चिंताएं मानसिक स्वास्थ्य पर चिंता और तनाव का एक महत्वपूर्ण स्रोत हो सकती हैं। यह जानते हुए कि किसी के पास आवश्यक खर्चों को कवर करने, ऋणों का प्रबंधन करने और भविष्य की योजना बनाने के लिए पर्याप्त संसाधन मौजूद हैं, आत्मविश्वास और मन की शांति की भावना पैदा होती है। यह स्थिरता व्यक्तियों को जीवन के अन्य पहलुओं, जैसे व्यक्तिगत विकास, रिश्ते और समग्र कल्याण पर ध्यान केंद्रित करने में सक्षम बनाती है। कई मायनों में, वित्तीय सुरक्षा व्यक्तिगत और व्यावसायिक विकास के अवसर खोलती है। एक ठोस वित्तीय आधार व्यक्तियों को शिक्षा, प्रशिक्षण या व्यवसाय शुरू करने में निवेश करने में सक्षम बनाता है। यह नए करियर पथ तलाशने या परिकलित जोखिम लेने की स्वतंत्रता प्रदान करता है जिससे अधिक वित्तीय समृद्धि और पूर्ति हो सकती है। वित्तीय सुरक्षा लोगों को वित्तीय सीमाओं से बंधे बिना अपने जुनून का पीछा करने और अपने लक्ष्यों को प्राप्त करने की आजादी देती है। वित्तीय सुरक्षा जीवन के महत्वपूर्ण पड़ावों के लिए बेहतर योजना और तैयारी की अनुमति देती है। चाहे वह घर खरीदना हो, शिक्षा के लिए धन जुटाना हो, या सेवानिवृत्ति के लिए बचत करना हो, वित्तीय सुरक्षा इस बात का ध्यान रखती है कि व्यक्ति जीवन की इन महत्वपूर्ण घटनाओं को आत्मविश्वास से और आसानी से पूरा कर सकें। उचित योजना और दूरदर्शिता से बेहतर परिणाम मिलते हैं, तनाव कम होता है और इन लक्ष्यों को पूरा

करने की यात्रा ज़्यादा सुखद होती है।

वित्तीय सुरक्षा दीर्घकालिक धन संचय में योगदान करती है। जब व्यक्ति वित्तीय सुरक्षा बनाने पर ध्यान केंद्रित करते हैं, तो वे विवेकपूर्ण आदतें अपनाते हैं, जैसे नियमित रूप से बचत करना, बुद्धिमानी से बजट बनाना और रणनीतिक रूप से निवेश करना। ये आदतें, चक्रवृद्धि ब्याज की शक्ति के साथ मिलकर, समय के साथ पर्याप्त धन संचय कर सकती हैं, एक आरामदायक सेवानिवृत्ति प्रदान कर सकती हैं या भविष्य की पीढ़ियों के लिए एक वित्तीय विरासत छोड़ सकती हैं।

वित्तीय सुरक्षा रिश्तों को भी बेहतर बनाती है और ज़िम्मेदारी की भावना को बढ़ावा देती है। जो पति-पत्नी और परिवार आर्थिक रूप से सुरक्षित होते हैं, उनमें धन संबंधी मामलों में झगड़े होने की संभावना कम होती है। वित्त के बारे में खुला संचार, साझा वित्तीय लक्ष्य और उन्हें प्राप्त करने में आपसी सहयोग रिश्तों को मजबूत करता है और अधिक सामंजस्यपूर्ण घरेलू वातावरण बनाता है। वित्तीय सुरक्षा केवल धन संचय करने के बारे में नहीं है, बल्कि जो बनाया गया है उसकी रक्षा करने के बारे में भी है। बीमा और संपत्ति योजना वित्तीय सुरक्षा के महत्वपूर्ण घटक हैं। उचित बीमा कवरेज होने से अप्रत्याशित जोखिमों से बचाव होता है, जबकि संपत्ति नियोजन यह सुनिश्चित करता है कि संपत्ति किसी की इच्छा के अनुसार स्थानांतरित की जाए, जिससे संभावित विवाद और कानूनी जटिलताएं कम होती हैं। अंत में वित्तीय सुरक्षा व्यक्तियों को अपने समुदायों को वापस

देने और योगदान करने के लिए सशक्त बनाती है। वित्तीय स्थिरता के साथ, व्यक्ति धर्मार्थ कार्यों में संलग्न हो सकते हैं, उन उद्देश्यों का समर्थन कर सकते हैं जिनकी उन्हें परवाह है, और समाज पर सकारात्मक प्रभाव डाल सकते हैं। दूसरों की मदद करने की यह क्षमता न केवल ज़रूरतमंद लोगों को लाभ पहुंचाती है, बल्कि देने वालों में संतुष्टि और उद्देश्य की भावना भी उत्पन्न करती है।

वित्तीय सुरक्षा दूरगामी लाभों वाला एक बुद्धिमान निर्णय है। यह आपात स्थिति के दौरान सुरक्षा प्रदान करता है, तनाव कम करता है और स्थिरता और आत्मविश्वास को बढ़ावा देता है। वित्तीय सुरक्षा व्यक्तियों को अवसरों का लाभ उठाने, जीवन के महत्वपूर्ण पड़ावों के लिए योजना बनाने और दीर्घकालिक संपत्ति बनाने में सक्षम बनाती है। यह रिश्तों को मजबूत करती है और ज़िम्मेदार वित्तीय आदतों को प्रोत्साहित करती है। इसके अलावा, वित्तीय सुरक्षा व्यक्तियों को वापस देने और अपने समुदायों पर सकारात्मक प्रभाव डालने का अधिकार देती है। व्यक्ति वित्तीय सुरक्षा को प्राथमिकता देकर और जानकारीपूर्ण तथा विवेकपूर्ण वित्तीय निर्णय लेकर अधिक पूर्ण और सार्थक जीवन जी सकते हैं।

वित्तीय निर्णय जल्दी लें

अक्सर, इसे एक प्रवृत्ति के रूप में देखा जा सकता है कि सफल व्यक्ति आम तौर पर अपने जीवन में शुरुआती वित्तीय ज्ञान के अभ्यास से आते हैं। जीवन की शुरुआत में ही बुद्धिमानीपूर्ण वित्तीय निर्णय लेना कई अनिवार्य कारणों से महत्वपूर्ण है जो किसी

व्यक्ति के वित्तीय कल्याण और भविष्य की संभावनाओं को प्रभावित कर सकते हैं। वित्तीय ज्ञान पर अपनी जांच शुरू करते हुए, आइये बारीकियों पर गौर करें।

वित्तीय निर्णयों के क्षेत्र में समय एक शक्तिशाली उत्प्रेरक है, जहाँ शुरुआती कार्यवाही से अक्सर वर्षों के दौरान चक्रवृद्धि लाभ मिलता है। जीवन में बचत और निवेश की यात्रा जल्दी शुरू करने से चक्रवृद्धि ब्याज का लाभ मिलता है, जिससे आपकी आय अधिक कमाई उत्पन्न करती है, और धन संचय में तेज़ी से वृद्धि होती है।

छोटी उम्र से ही अच्छी वित्तीय आदतें विकसित करने के महत्व को कम करके नहीं आंका जा सकता। शुरुआत में ही ज़िम्मेदारी से बजट बनाना, बचत करना और निवेश करना सीखना जीवन भर विवेकपूर्ण धन प्रबंधन के लिए मंच तैयार करता है। ये कौशल व्यक्तियों को आत्मविश्वास और दूरदर्शिता के साथ व्यक्तिगत वित्त की जटिलताओं से निपटने में सशक्त बनाते हैं।

युवावस्था के दौरान विवेकपूर्ण ऋण प्रबंधन अभ्यास शुरू करना सर्वोपरि है। छात्र ऋण, क्रेडिट कार्ड और उधार के अन्य रूपों को कुशलतापूर्वक संभालने से उच्च-ब्याज ऋण के संचय को रोका जा सकता है, जिससे दीर्घकालिक वित्तीय स्थिरता सुनिश्चित होती है। यह ज़िम्मेदार दृष्टिकोण एक सकारात्मक क्रेडिट इतिहास का मार्ग भी प्रशस्त करता है, जिससे आवश्यकता पड़ने पर क्रेडिट संसाधनों तक पहुंच की सुविधा मिलती है।

दीर्घकालिक वित्तीय लक्ष्यों की प्राप्ति के लिए प्रतिबद्धता और रणनीतिक योजना की आवश्यकता होती है। शुरुआत करने से व्यक्तियों को विस्तारित समय सीमा का लाभ उठाने की अनुमति

मिलती है, जिससे घर खरीदने, सेवानिवृत्ति और शिक्षा की फंडिंग जैसे उद्देश्यों की दिशा में लगातार प्रगति संभव हो पाती है। यह प्रारंभिक आधार कार्य इन लक्ष्यों की ओर एक स्थिर और अच्छी गति वाली यात्रा सुनिश्चित करता है।

शुरुआत से ही एक मजबूत वित्तीय नींव का निर्माण अप्रत्याशित परिस्थितियों के दौरान एक महत्वपूर्ण सुरक्षा प्रदान करता है। यह विशेष रूप से नौकरी छूटने या चिकित्सा-संबंधी आपात स्थिति के समय में प्रासंगिक है, जहाँ वित्तीय सुरक्षा व्यक्तियों को उनकी समग्र प्रगति से समझौता किए बिना चुनौतियों का सामना करने में मदद करती है।

प्रारंभिक वित्तीय ज्ञान न केवल व्यक्तिगत वित्तीय विकास को बढ़ावा देता है बल्कि व्यक्तियों को उद्यमशीलता और निवेश का पता लगाने के लिए भी सशक्त बनाता है। यदि व्यक्ति वित्त की ठोस समझ से लैस हैं तो वे सोचा-समझा जोखिम लेने, व्यावसायिक अवसरों का पीछा करने और ऐसी परिसंपत्तियों में निवेश करने के इच्छुक होते हैं, जो समय के साथ उनकी संपत्ति को बढ़ा सकें।

महंगी वित्तीय गलतियों को कम करना प्रारंभिक वित्तीय शिक्षा का एक और मूल्यवान परिणाम है। जीवन की शुरुआत में ही सोच-समझकर निर्णय लेने से भारी ऋण या जोखिम भरे निवेश विकल्पों को रोका जा सकता है, जिससे एक आसान वित्तीय यात्रा सुनिश्चित हो सकती है। हालाँकि, त्रुटियों से सीखना आवश्यक है, लेकिन बड़ी गलतियों से बचने की दूरदर्शिता दीर्घकालिक वित्तीय सफलता पर महत्वपूर्ण प्रभाव डाल सकती है। इसके अलावा, प्रारंभिक वित्तीय विवेक तनाव को कम कर सकता है, जो वित्तीय अनिश्चितता की

वजह से उत्पन्न होता है। ठोस निर्णय लेने से, व्यक्ति वित्तीय चिंताओं को कम करते हैं और व्यक्तिगत विकास, करियर में विकास और समग्र कल्याण के लिए मानसिक संसाधनों को मुक्त करते हैं।

प्रारंभिक वित्तीय ज्ञान का प्रभाव व्यक्तिगत लाभ से आगे तक फैला हुआ है। यह पीढ़ीगत धन संचय की नींव रख सकता है। वित्तीय ज्ञान और संसाधनों को हस्तांतरित करने से समृद्धि की विरासत को बढ़ावा मिलता है, जो परिवार के सदस्यों और भावी पीढ़ियों को सकारात्मक रूप से प्रभावित करता है।

जीवन में देर से वित्तीय निर्णय:

वित्तीय निर्णयों का समय किसी भी व्यक्ति की वित्तीय यात्रा पर महत्वपूर्ण प्रभाव डालता है, जो परिणामों को प्रभावित करता है और उनके वित्तीय कल्याण की रूपरेखा को आकार देता है। इन निर्णयों में देरी करने से कई मुश्किलें और चुनौतियां सामने आ सकती हैं जो किसी के वित्तीय परिदृश्य के विभिन्न पहलुओं पर लागू होती हैं। इस अन्वेषण में, हम वित्तीय निर्णयों को टालने के खतरों से बुनी गई जटिल टेपेस्ट्री पर प्रकाश डालते हैं, जो वित्तीय नियति को आकार देने में समय के व्यापक निहितार्थ को दर्शाते हैं। टाले गए वित्तीय निर्णयों के खतरों में सबसे महत्वपूर्ण है, बचत और निवेश के लिए उपलब्ध समय की कटौती। वित्तीय प्रतिबद्धताओं को स्थगित करने का कार्य उस अवधि को छोटा कर देता है जिसके भीतर कोई वित्तीय संसाधनों को एकत्रित और नियुक्त कर

सकता है। यह अस्थायी संकुचन सेवानिवृत्ति जैसे महत्वपूर्ण दीर्घकालिक लक्ष्यों के लिए धन के संचय को बाधित करता है। जैसे-जैसे समय की रेत फिसलती जाती है, सुनहरे वर्षों के दौरान एक आरामदायक जीवन शैली बनाए रखने की क्षमता कम हो जाती है, जिससे किसी के जीवन के अंतिम पड़ाव में संभावित वित्तीय कमज़ोरियों का मार्ग प्रशस्त होता है। इस खतरे को और अधिक तीव्र करना सेवानिवृत्ति के घोंसले के अंडे का क्षरण है–जो स्थगित वित्तीय नियोजन का एक गंभीर परिणाम है। कंपाउंडिंग की घटना, धन को बढ़ाने की आधारशिला है, जो समय के विशाल कैनवास पर पनपती है। दूरदर्शिता के साथ वित्तीय निर्णय लेने से इस शानदार वृद्धि का लाभ मिलता है, जिससे एक प्रभावशाली सेवानिवृत्ति कोष के संचय की सुविधा मिलती है। इसके विपरीत, इन निर्णयों को शुरू करने में देरी से परिवर्तनकारी प्रभाव डालने के लिए कंपाउंडिंग की राह छोटी हो जाती है, जिससे अंत में संकुचित सेवानिवृत्ति निधि और जीवन के अंतिम वर्षों में संभावित कठिनाइयों का सामना करना पड़ता है।

वित्तीय निर्णय लेने का अस्थायी पहलू पेशेवर क्षेत्र में भी दिखाई देता है। स्थगित वित्तीय योजना करियर में उन्नति या बदलाव के अवसरों को कम कर सकती है, जिससे कमाई की क्षमता पर व्यापक प्रभाव पड़ सकता है। इस परिदृश्य का अग्रभाग संभावनाओं से समृद्ध एक क्षेत्र का खुलासा करता है–समय पर लिए गए वित्तीय निर्णय करियर की संभावनाओं, महत्वपूर्ण बिंदुओं का लाभ उठाने और नई संभावनाओं का पीछा करने के लिए वित्तीय सुरक्षा की गति का उपयोग करने की छूट प्रदान करते हैं।

प्रभावी बीमा कवरेज समय पर लिए गए निर्णयों पर निर्भर करता है। बीमा प्राप्त करने में देरी, चाहे वो जीवन बीमा हो या दीर्घकालिक देखभाल के लिए कवरेज, व्यक्तियों को अपर्याप्त सुरक्षा और ऊंचे प्रीमियम के दोहरे जोखिमों के संपर्क में लाता है। समय की गति उम्र से संबंधित कारकों को जन्म देती है जो बीमा की लागत को बढ़ाती है, जिसकी वजह से लोगों को ख़राब कवरेज लेना पड़ता है या फिर तनावपूर्ण वित्तीय परिव्यय सहना पड़ता है। यह, बदले में, अप्रत्याशित चिकित्सा खर्चों के प्रति संवेदनशीलता में तब्दील हो सकता है, जिससे वित्तीय निर्णय लेने में विवेकपूर्ण समय की आवश्यकता बढ़ सकती है। टाल-मटोल का एक कष्टदायक परिणाम ऋण का बढ़ता बोझ है। समय के बीतने से उच्च-ब्याज वाले ऋणों का भार बढ़ सकता है, जो संभावित रूप से व्यक्तियों को वित्तीय तनाव के चक्र में फंसा सकता है। वित्तीय निर्णयों को स्थगित करने से सेवानिवृत्ति के चरण के दौरान ऋण चुकाने में असमर्थता हो सकती है, जिससे वित्तीय स्वतंत्रता और सेवानिवृत्ति के बाद के जीवन को पूरा करने की इच्छा पर असर पड़ सकता है।

बढ़े हुए वित्तीय तनाव का परिदृश्य देर से लिए गए वित्तीय निर्णयों के स्वाभाविक परिणाम के रूप में उभरता है। सीमित संसाधनों और पुनर्प्राप्ति के घटते रास्ते का संगम लगातार चिंता के माहौल को बढ़ावा दे सकता है। वित्तीय तनाव बहुत बुरी चीज़ है जो मानसिक और शारीरिक स्वास्थ्य पर हानिकारक प्रभाव डाल सकता है, जो समग्र कल्याण के लिए समय पर वित्तीय योजना की तात्कालिकता को दर्शाता है।

संपत्ति नियोजन का क्षेत्र एक और क्षेत्र है जिसमें समय का आयाम सर्वोपरि महत्व रखता है। संपत्ति नियोजन की पहलों में देरी संपत्तियों के रणनीतिक वितरण के लिए उपलब्ध विकल्पों की सीमा को कम करती है, जिसकी वजह से धन के संरक्षण, कर अनुकूलन, और विरासतों का उत्तराधिकारियों के लिए निर्बाध परिवर्तन प्रभावित होता है। व्यापक सामाजिक संदर्भ में, देरी से लिए गए वित्तीय निर्णयों के परिणाम धर्मार्थ और परोपकारी प्रयासों के माध्यम से दिखाई पड़ सकते हैं।

उन मामलों में महत्वपूर्ण योगदान देने की शक्ति उन वित्तीय निर्णयों के प्रारंभिक विकास पर निर्भर करती है जो रणनीतिक रूप से संसाधनों को आवंटित करते हैं। इस आवंटन में देरी से सकारात्मक बदलाव के लिए उत्प्रेरक बनने की क्षमता कम हो सकती है, जिससे स्थायी प्रभाव की संभावना कम हो सकती है। तैयारियों की कमी अप्रत्याशित अत्यावश्यकताओं पर बुरा प्रभाव डाल सकती है। आपातकालीन निधि की स्थापना न करना व्यक्तियों को अप्रत्याशित घटनाओं, जैसे चिकित्सा-संबंधी आपात स्थिति, घर की मरम्मत, या अचानक नौकरी छूटने के प्रति संवेदनशील बनाती है। वित्तीय बफर की अनुपस्थिति उच्च-ब्याज वाले ऋण उपकरणों पर निर्भरता के लिए मजबूर कर सकती है, जिससे वित्तीय कमजोरी का चक्र कायम हो सकता है। वित्तीय निर्णयों में देरी जीवनशैली में समायोजन के लिए उपलब्ध अस्थायी संभावना को सीमित कर सकती है। व्यापक वित्तीय उद्देश्यों के साथ किसी की जीवनशैली को समायोजित करने के लिए बार-बार कैलिब्रेशन की आवश्यकता

होती है, जो प्रारंभिक और रणनीतिक वित्तीय योजना के माध्यम से सबसे अच्छी तरह की जा सकती है। इस संबंध में देरी अचानक और संभावित रूप से अनचाहे परिवर्तनों के लिए मजबूर कर सकती है, जिससे संभावित रूप से जीवन की समग्र गुणवत्ता कम हो सकती है।

वित्तीय मानसिकता अपनाएं

रणनीतिक निवेश के माध्यम से जीवन में प्रारंभिक वित्तीय स्थिरता बनाने के लिए एक विचारशील दृष्टिकोण की आवश्यकता होती है जो जोखिम और संभावित रिटर्न को संतुलित करता है। निवेश की कला एक ऐसी यात्रा है जो विवेक, धैर्य और बाज़ार की गतिशीलता की गहरी समझ की मांग करती है। इस दायरे में, वित्तीय स्थिरता के मनचाहे लक्ष्य को प्राप्त करने में मदद के लिए कई रणनीतियां स्तंभ के रूप में खड़ी हैं।

एक मजबूत निवेश रणनीति की नींव "समय ही पैसा है" कहावत में निहित है। अपनी निवेश यात्रा यथाशीघ्र शुरू करना वित्तीय समृद्धि के बीज बोने के समान है।

जल्द से जल्द निवेश शुरू करके, आप कंपाउंडिंग नामक एक शक्तिशाली घटना के लिए प्रवेश द्वार खोलते हैं। इस वित्तीय कीमिया में आपकी कमाई का पुनर्निवेश शामिल है, जिससे उन्हें समय के साथ अतिरिक्त कमाई उत्पन्न करने की अनुमति मिलती है। नीचे की ओर लुढ़कने वाले स्नोबॉल के समान चक्रवृद्धि प्रभाव, आपके निवेश में तेज़ी से वृद्धि की ओर ले जाता है। आपके निवेश में योगदान में निरंतरता इस विकास पथ को और मजबूत करती है।

नियमित योगदान की आदत विकसित करने से एक अच्छा चक्र शुरू होता है जो आपकी वित्तीय स्थिरता को लगातार बढ़ाता है। अपने सभी अंडे एक टोकरी में न रखने का सिद्धांत निवेश के दायरे में दिखाई देता है। विविधीकरण जोखिम प्रबंधन की आधारशिला है और इसमें आपके निवेश को विभिन्न परिसंपत्ति वर्गों में फैलाना शामिल है। स्टॉक, बॉन्ड, रियल एस्टेट और नकदी [illegible] रूप में कार्य करता है। यह कई निवेशों की सामूहिक ताकत का उपयोग करके एकल परिसंपत्ति में ख़राब प्रदर्शन के प्रभाव को कम करता है। यह रणनीति आपके पोर्टफोलियो को अस्थिरता के झटकों से बचाती है और आपको वित्तीय बाज़ारों के उतार-चढ़ाव का सामना करने में सक्षम बनाती है।

निवेश वाहनों का परिदृश्य असंख्य विकल्प प्रदान करता है, और सबसे अच्छे विकल्पों में कम लागत वाले इंडेक्स फंड और एक्सचेंज-ट्रेडेड फंड (ETF) शामिल हैं।

ये वित्तीय उपकरण एक विशिष्ट बाज़ार सूचकांक के प्रदर्शन को दर्शाते हैं, जिससे निवेशकों को व्यापक बाज़ार का एक भाग मिलता है। जो चीज़ उन्हें अलग करती है वह उनकी लागत-प्रभावशीलता है। इन निष्क्रिय निवेश साधनों से जुड़ी फीस आम तौर पर सक्रिय रूप से प्रबंधित फंडों की तुलना में कम होती है।

यह कारक आपकी मेहनत की कमाई का अधिक हिस्सा फंड प्रबंधन शुल्क के बजाय आपके निवेश की वृद्धि में लगाता है। इंडेक्स फंड और ETF दीर्घकालिक निवेशक को विकास और

स्थिरता का एक स्थिर पथ प्रदान करते हैं। निवेश के माध्यम से वित्तीय स्थिरता की धुन में, कंडक्टर की छड़ी आपके चतुर निर्णय लेने से संचालित होती है। जल्दी शुरुआत करने, लगातार योगदान देने, अपने पोर्टफोलियो में विविधता लाने और कम लागत वाले निवेश साधनों को अपनाने का एक सामंजस्यपूर्ण मिश्रण वित्तीय सुरक्षा का एक संगीत प्रस्तुत करता है।

निवेश परिदृश्य के जटिल संगीत से गुज़रते हुए, याद रखें कि प्रत्येक रणनीति धुन में एक अलग नोट का योगदान करती है–एक ऐसा नोट जो एक स्थिर और समृद्ध वित्तीय भविष्य की खोज के साथ प्रतिध्वनित होता है। निवेश के अवसरों का कैनवास आपके ब्रशस्ट्रोक का इंतज़ार कर रहा है, और सावधानीपूर्वक स्ट्रोक के माध्यम से आप अपनी वित्तीय स्थिरता का चित्र बना सकते हैं।

नियोक्ता-प्रायोजित सेवानिवृत्ति खातों पर विचार करें:

नियोक्ता-प्रायोजित सेवानिवृत्ति खातों, जैसे 401(k) या 403(b) योजनाओं का लाभ उठाएं। 401(k) योजनाएं वे योजनाएं हैं जो लाभ कमाने वाली कंपनियां पेश करती हैं। लेकिन उक्त योजना के लिए कोई तभी पात्र हो जाता है जब कर्मचारी को ऐसा कर्मचारी माना जाता है जो पेरोल कटौती के माध्यम से कर-पूर्व या कर-पश्चात धन का योगदान देता है। 403(b) योजनाएं गैर-लाभकारी संगठनों और सरकारी संस्थाओं के कर्मचारियों को पेश की जाती हैं। किसी भी नियोक्ता के समान योगदान के लिए अर्हता प्राप्त करने के लिए पर्याप्त योगदान करें, क्योंकि यह अनिवार्य रूप से

आपकी सेवानिवृत्ति बचत के लिए "मुफ़्त धन" प्रदान करता है।

Roth IRA खोलें:

Roth IRA एक व्यक्तिगत सेवानिवृत्ति खाता है जो सेवानिवृत्ति में कर-मुक्त विकास और कर-मुक्त निकासी की पेशकश करता है। Roth IRA के नियम तय करते हैं कि जब तक आपके पास पांच साल से आपका खाता है और आपकी उम्र 59½ या उससे अधिक है, आप जब चाहें तब अपना पैसा निकाल सकते हैं, और आपको कोई संघीय कर नहीं देना होगा। पात्र होने पर Roth IRA खोलने पर विचार करें। Roth IRA में योगदान कर-पश्चात डॉलर से किया जाता है, लेकिन सेवानिवृत्ति में निकासी कर-मुक्त होती है। यदि आप भविष्य में अपनी कर दर अधिक होने की उम्मीद करते हैं तो यह फायदेमंद हो सकता है।

सूचित और शिक्षित रहें:

वित्तीय बाज़ारों, निवेश विकल्पों और आर्थिक रुझानों के बारे में सूचित रहें। सूचित निर्णय लेने के लिए विभिन्न निवेश रणनीतियों और जोखिम प्रबंधन तकनीकों के बारे में स्वयं को शिक्षित करें।

याद रखें, किसी चीज़ के बारे में बहुत अधिक जानना कभी भी बुरा नहीं होता, ख़ासकर यदि आप अपनी मेहनत की कमाई निवेश कर रहे हों।

भावनात्मक निवेश से बचें:

भय या लालच जैसी भावनाओं के आधार पर निवेश करने से आवेगपूर्ण निर्णय लिए जा सकते हैं जो आपकी वित्तीय स्थिरता को नुकसान पहुंचा सकते हैं। अपनी दीर्घकालिक निवेश योजना पर कायम रहें और अल्पकालिक बाज़ार के उतार-चढ़ाव पर बिना सोचे प्रतिक्रिया करने से बचें।

डॉलर-लागत औसत पर विचार करें:

डॉलर-लागत औसत में बाज़ार की स्थितियों की परवाह किए बिना नियमित अंतराल पर एक निश्चित राशि का निवेश करना शामिल है। यह रणनीति बाज़ार की अस्थिरता के प्रभाव को कम करने में मदद करती है और कीमतें कम होने पर आपको अधिक शेयर खरीदने और कीमतें अधिक होने पर कम शेयर खरीदने की अनुमति देती है।

एक आपातकालीन निधि बनाएं:

कुछ व्यक्ति रणनीतिक रूप से तीन से छह महीने के जीवन-यापन के खर्च के साथ एक आपातकालीन निधि स्थापित करते हैं। यह फंड अप्रत्याशित घटनाओं के दौरान सुरक्षा के रूप में कार्य करता है, जिससे यह सुनिश्चित होता है कि आपात स्थिति के दौरान आपको अपने निवेश में कटौती करने की आवश्यकता न पड़े।

समीक्षा और रिबैलेंस:

यह सुनिश्चित करने के लिए समय-समय पर अपने निवेश

पोर्टफोलियो की समीक्षा करें कि यह आपके वित्तीय लक्ष्यों और जोखिम सहनशीलता के अनुरूप बना रहे। मनचाहे परिसंपत्ति आवंटन को बनाए रखने के लिए यदि आवश्यक हो तो अपने पोर्टफोलियो को रिबैलेंस करें।

याद रखें कि जीवन की शुरुआत में वित्तीय स्थिरता बनाना एक दीर्घकालिक यात्रा है; धैर्य और अनुशासन प्रमुख गुण हैं। अपनी निवेश रणनीति को अपनी वित्तीय स्थिति, जोखिम सहनशीलता और लक्ष्यों के अनुरूप बनाना आवश्यक है। पेशेवर वित्तीय सलाह लेना भी मूल्यवान हो सकता है, ख़ासकर तब जब आप अपनी निवेश यात्रा शुरू कर रहे हों।

धन का संचय:

वित्तीय सुरक्षा, अवसरों को बढ़ावा देने और समग्र कल्याण को बढ़ाने की दिशा में धन संचय एक महत्वपूर्ण प्रयास है। धन का संचय एक बहुआयामी यात्रा को समाहित करता है जो प्रेरणाओं और परिणामों की एक श्रृंखला को दर्शाती है। यह लेख धन संचय के महत्व को रेखांकित करने वाले प्रमुख कारणों पर प्रकाश डालता है, उन जटिल पहलुओं को उजागर करता है जो इसे व्यक्तिगत और सामाजिक समृद्धि की आधारशिला बनाते हैं। इस अनिवार्यता के शीर्ष पर वित्तीय सुरक्षा की धारणा निहित है। धन का संचय व्यक्तियों और परिवारों को एक मजबूत सुरक्षा जाल प्रदान करता है, जो आर्थिक अस्थिरता और अप्रत्याशित प्रतिकूलताओं के प्रभाव को कम करने के लिए तैयार होता है। संचित धन व्यक्तियों को उच्च-ब्याज वाले ऋण के बंधनों के आगे झुके बिना या अपनी

वित्तीय स्थिरता के आधार से समझौता किए बिना, चिकित्सा-संबंधी आपात स्थिति या आर्थिक मंदी जैसी अप्रत्याशित चुनौतियों से निपटने में सक्षम बनाता है।

धन संचय की भव्य योजना में सेवानिवृत्ति योजना एक सर्वोपरि भूमिका निभाती है। जैसे-जैसे व्यक्ति सेवानिवृत्ति के करीब आते हैं, एकत्रित धन रोजगार के बाद के आरामदायक और आर्थिक रूप से सुरक्षित चरण के लिए एक माध्यम के रूप में कार्य करता है। यह किसी की मनचाही जीवनशैली को बनाए रखने, समृद्ध गतिविधियों में भाग लेने और सुनहरे वर्षों के दौरान एक संतुष्ट जीवन तैयार करने की क्षमता में तब्दील होता है–जो एक समृद्ध और सम्मानजनक सेवानिवृत्ति का मार्ग प्रशस्त करने वाले विवेकपूर्ण धन संचय की अक्षय शिक्षा और कौशल का विकास के प्रवेश द्वार के रूप में सामने आता है–जो क्षमता को खोलने और अवसरों का दोहन करने का पासपोर्ट है। वित्तीय संसाधनों का संचय व्यक्तियों को अपने बौद्धिक विकास में निवेश करने, गुणवत्तापूर्ण शिक्षा तक पहुंचने और कौशल को निरंतर निखारने में सक्षम बनाता है। यह समग्र विकास बेहतर करियर की संभावनाओं और बढ़ी हुई कमाई की क्षमता के लिए आधार तैयार करती है, जो अंत में पेशेवर उत्थान और वित्तीय सशक्तिकरण की ओर अग्रसर होती हैं। धन संचय की भव्य टेपेस्ट्री में, व्यावसायिक उद्यमों और निवेश का धागा जटिल रूप से जुड़ा हुआ है। संचित धन का भंडार उद्यमशील व्यक्तियों को परिकलित जोखिमों के क्षेत्र में आगे बढ़ने, उद्यमशीलता के रास्ते चुनने और अपने वाणिज्यिक उपक्रमों की

किस्मत को मजबूत करने के लिए तैयार करता है। धन और व्यवसाय के बीच यह सहजीवी संबंध बढ़ी हुई आय सृजन की क्षमता पैदा करता है, जिससे समृद्धि का एक चक्र कायम रहता है।

धन संचय के दूरगामी प्रभाव आर्थिक गतिशीलता के ताने-बाने तक फैले हुए हैं। यह एक दुर्जेय उपकरण के रूप में कार्य करता है जो अंतर-पीढ़ीगत गरीबी की बेड़ियों को तोड़ता है, और ऊपर की ओर सामाजिक-आर्थिक गतिशीलता का मार्ग प्रशस्त करता है। इन जंजीरों को तोड़कर, धन संचय व्यक्तियों को भावी पीढ़ियों को बेहतर गुणवत्ता वाला जीवन प्रदान करने की क्षमता प्रदान करता है, जिससे समाज की समग्र बेहतरी में योगदान मिलता है।

धन संचय और वापस देने के महान सिद्धांतों के बीच एक प्रतिध्वनि उभरती है। संसाधनों का संचय व्यक्तियों को ज़रूरतमंद लोगों की मदद करने, समुदायों का उत्थान करने वाले परोपकारी प्रयासों को बढ़ावा देने की क्षमता प्रदान करता है। परोपकार का वाहक, संचित धन से मजबूत होकर, शिक्षा, स्वास्थ्य देखभाल और सामाजिक पहल जैसे क्षेत्रों में सकारात्मक प्रभाव डालता है, जिससे सामाजिक संवर्धन की सामूहिक टेपेस्ट्री को बढ़ावा मिलता है। पीढ़ीगत संपत्ति विरासत के प्रतीक के रूप में अपना उचित स्थान ग्रहण करती है। संचित धन, सोच-समझकर प्रबंधित और हस्तांतरित किया गया, एक ऐसा प्रभाव पैदा करता है जो पीढ़ियों तक फैला रहता है। यह स्थायी विरासत संतानों और वंशजों को उन्नत अवसर, सुदृढ़ वित्तीय सुरक्षा और उनकी आकांक्षाओं के लिए

एक आशाजनक लॉन्चपैड प्रदान करती है। धन संचय की परिणति वित्तीय स्वतंत्रता के शिखर पर होती है–जो एक ऐसी स्थिति है जिसमें विकल्पों को वित्तीय अत्यावश्यकताओं से बाधित होने के बजाय आकांक्षाओं द्वारा आकार दिया जाता है। यह सशक्त स्वायत्तता उद्देश्य और पूर्ति से युक्त जीवन को जन्म देती है, जो रणनीतिक धन प्रबंधन के स्थायी पुरस्कारों का प्रमाण है। धन संचय का कार्य तनाव और चिंता में कमी लाता है, जिससे व्यक्तियों को शांति की भावना मिलती है। संचित धन का भंडार जीवन की अस्थिरता के खिलाफ एक बफर के रूप में कार्य करता है, जो मानसिक सुरक्षा की भावना से संबंधित है। संचय जीवन के अनुभवों की झाँकी को समृद्ध करता है। यह जीवन की उन्नत गुणवत्ता की शुरुआत करता है, व्यक्तियों को उन गतिविधियों में शामिल होने का विशेषाधिकार देता है जो आनंद और संतुष्टि से भरी होती हैं। यह आकांक्षाओं के साकार होने और सपनों को मूर्त वास्तविकताओं में बदलने का प्रतीक है।

हालांकि, इस बात पर ज़ोर देना ज़रूरी है कि धन संचय की यात्रा नैतिक विचारों और ज़िम्मेदारी की भावना से निर्देशित होकर शुरू की जानी चाहिए। धन की खोज केवल संचय से परे, मूल्यों, लक्ष्यों और सामाजिक और पर्यावरणीय अनिवार्यताओं के प्रति गहरी जागरूकता के साथ जुड़ी होनी चाहिए। इस प्रकार धन संचय की कला एक एकांत कहानी से परे, एक ऐसा इतिहास बुनती है जो व्यक्तिगत और सामूहिक दोनों है–एक ऐसा संगीत जो स्वयं के लिए स्थायी समृद्धि और मानवता की व्यापक टेपेस्ट्री के साथ गूंजती है।

बचत बनाम निवेश:

बचत और निवेश अलग-अलग उद्देश्यों वाली दो वित्तीय रणनीतियां हैं: जोखिम प्रोफाइल और संभावित रिटर्न। यहाँ बचत और निवेश के बीच एक संपूर्ण तुलना दी गई है: धन संचय वित्तीय सुरक्षा प्राप्त करने, उन्नति के रास्ते उपलब्ध कराने और समग्र कल्याण को बढ़ाने की जटिल टेपेस्ट्री में एक महत्वपूर्ण कड़ी के रूप में खड़ा है। धन संचय का आयोजन एक कला है जिसमें सावधानीपूर्वक रणनीति, बाज़ार की गतिशीलता की गहरी समझ और इसमें शामिल बहुआयामी पहलुओं की सराहना की आवश्यकता होती है। इस प्रदर्शनी में, हम उन बहुआयामी कारणों को उजागर करते हैं जो धन के संचय के महत्व को रेखांकित करते हैं, और व्यक्तिगत और सामाजिक क्षेत्रों में इसके विविध प्रभावों पर प्रकाश डालते हैं।इस लेख के केंद्र में वित्तीय सुरक्षा का वो कवच है, जो धन संचय प्रदान करता है। वित्तीय संसाधनों का संचय एक दुर्जेय सुरक्षा जाल तैयार करता है, जो व्यक्तियों और परिवारों को आर्थिक अनिश्चितता और अप्रत्याशित प्रतिकूलताओं की भयानक आँधी से बचाने के लिए तैयार होता है। संचित धन की सुरक्षा उच्च-ब्याज वाले ऋणों का सहारा लिए बिना या राजकोषीय स्थिरता की नींव को अस्थिर किए बिना आपात स्थिति, चिकित्सा अत्यावश्यकताओं और अप्रत्याशित वित्तीय आकस्मिकताओं के कुशल प्रबंधन को सक्षम बनाती है।

धन संचय की इमारत के भीतर एक प्रतीकात्मक आधारशिला सेवानिवृत्ति योजना के सावधानीपूर्वक चरण हैं। जैसे-जैसे व्यक्ति सेवानिवृत्ति के करीब पहुंचते हैं, संचित धन एक सम्मानित अभिभावक की भूमिका निभाता है, जो समृद्धि और वित्तीय कल्याण से युक्त सेवानिवृत्ति सुनिश्चित करता है। संपत्ति और बचत का एक अच्छी तरह से पोषित कोष एक मनचाही जीवन शैली को बनाए रखने की सुविधा को उजागर करता है, जिससे व्यक्ति समृद्ध गतिविधियों में संलग्न हो सकता है और वित्तीय संतुष्टि की भावना के साथ जीवन की संध्या का आनंद ले सकता है–जो एक पोषित और गरिमामय सेवानिवृत्ति के परिदृश्य को बढ़ावा देने वाले चतुर धन संचय का एक रूप है। धन संचय बौद्धिक और व्यावसायिक उन्नति के प्रवेश द्वार के रूप में सामने आता है, जिससे शिक्षा और कौशल बढ़ाने की सुविधा मिलती है। वित्तीय साधनों का भंडार व्यक्तियों को अपने बौद्धिक विकास में निवेश करने, गुणवत्तापूर्ण शिक्षा की खोज और कौशल को निरंतर निखारने का विशेषाधिकार प्रदान करता है। यह रणनीतिक विकास बेहतर करियर की संभावनाओं की ओर एक व्यक्ति के पथ को प्रोत्साहित करता है और ऐसे मार्ग पर ले जाता है जो पेशेवर उपलब्धि के लिए ऊपर का मार्ग प्रशस्त करता है, जो निश्चित रूप से बढ़ी हुई कमाई की

इस कहानी में गहराई से उतरने पर, संचित धन और उद्यमशील संभावनाओं और वित्तीय सशक्तिकरण की एक ऊंची भावना में कारनामों के बीच सहक्रियात्मक अंतर्क्रिया सामने आती है। एकत्रित परिणत होती है।

धन उद्यमशीलता के प्रयासों में संलग्न होने, गणना किए गए जोखिमों

से निपटने और व्यापार विस्तार के पहियों को आगे बढ़ाने के लिए प्रेरणा प्रदान करता है। धन और उद्यम का यह संगीत एक सामंजस्यपूर्ण चरमोत्कर्ष का आयोजन करता है जो बढ़ी हुई आय सृजन की क्षमता पैदा करती है, जो न केवल व्यक्तिगत समृद्धि को बढ़ाती है बल्कि आर्थिक क्षमता को भी आगे बढ़ाती है।

व्यक्तिगत उन्नति की रूपरेखा से परे, धन संचय सामाजिक-आर्थिक गतिशीलता को प्रभावित करने में एक शक्तिशाली उत्प्रेरक है। यह परिवर्तनकारी शक्ति अंतर-पीढ़ीगत गरीबी के चक्र को बाधित करती है, बढ़ती जागरूकता के एक वाहन में बदल जाती है, जो व्यक्तियों को सामाजिक-आर्थिक सीढ़ी के ऊंचे पायदानों की ओर ले जाती है।

वित्तीय बाधाओं की बेड़ियों को ख़त्म करके, धन संचय अवसरों का एक झरना तैयार करता है, जिससे सामाजिक कल्याण में समग्र वृद्धि को बढ़ावा मिलता है। धन संचय की कहानी आगे चलकर परोपकार के मानव-सौहार्द क्षेत्र की ओर बढ़ती है। जैसे-जैसे संचित धन बढ़ता है, परोपकार के रास्ते बढ़ते हैं, जिससे व्यक्तियों को उदारता और सामाजिक उत्थान के कार्यों से युक्त विरासत बनाने की अनुमति मिलती है। परोपकार, संचित धन के साथ जुड़ा हुआ, परिवर्तन का एक अच्छा चक्र पैदा करता है, और शिक्षा, स्वास्थ्य देखभाल और सामाजिक पहल को बढ़ावा देकर सामाजिक प्रगति को आगे बढ़ाता है–जो बुद्धिमान धन संचय के व्यापक प्रभाव का एक प्रमाण है।

संचित धन की गाथा पीढ़ी-दर-पीढ़ी गूंजती रहती है और विरासत

के पथप्रदर्शक के रूप में काम करती है। विवेकपूर्ण प्रबंधन और धन का अंतर-पीढ़ीगत हस्तांतरण संतानों और वंशजों को एक समृद्ध विरासत प्रदान करता है, जो बढ़ी हुई संभावनाओं, मजबूत वित्तीय सुरक्षा और उनकी आकांक्षाओं के लिए एक सशक्त कदम प्रदान करता है।

धन संचय वित्तीय स्वतंत्रता के शिखर पर समाप्त होता है–एक ऐसा युग जहाँ जीवन के निर्णय आर्थिक अत्यावश्यकताओं से बाधित होने के बजाय आकांक्षाओं द्वारा निर्देशित होते हैं। सशक्त स्वायत्तता का यह रूप उद्देश्य से ओत-प्रोत जीवन की कहानी बुनता है, जो व्यक्तिगत झुकाव और उत्साही गतिविधियों से प्रेरित मार्गों को पार करने की क्षमता से समृद्ध होता है।

धन संचय की एक ठोस पहचान मानसिक कल्याण पर इसका लाभकारी प्रभाव है–जो तनाव और चिंता में कमी करता है। संचित धन का भंडार यह जानकर सांत्वना देता है कि व्यक्ति के लिए एक सुरक्षा मौजूद है, जो प्रत्याशित और अप्रत्याशित दोनों वित्तीय दायित्वों के तनाव को कम करने के लिए तैयार है, जो इस प्रकार एक सामंजस्यपूर्ण संतुलन बनाता है।

जैसे ही इस संवाद पर पर्दा गिरता है, धन संचय की गूंज जीवन के अनुभवों की टेपेस्ट्री के माध्यम से गूंजती है। यह अस्तित्व को एक उन्नत प्रिज़्म से सजाता है जिसके माध्यम से जीवन की ख़ुशियों में भाग लिया जा सकता है, अज्ञात क्षेत्रों की यात्रा की जा सकती है और उन अनुभवों को आत्मसात किया जा सकता है जो पूर्णता की लौ जलाते हैं। धन संचय का संगीत एक नैतिक प्रस्ताव की मांग करता है–जो एक ऐसा कंपास है जो मूल्यों द्वारा निर्देशित

होता है और सामाजिक और पर्यावरणीय चेतना द्वारा संचालित होता है। धन संचय करने की यात्रा पैसे इकट्ठा करने की एक अलग यात्रा नहीं है, बल्कि एक ऐसा संगीत है जो मूल्यों, लक्ष्यों और सांप्रदायिक अनिवार्यताओं के बारे में जागरूकता को जोड़ता है। इस प्रकार धन संचय की कला एक सहजीवी जुड़ाव के रूप में उभरती है–जो व्यक्तिगत समृद्धि और समाज की समग्र बेहतरी के बीच एक साझेदारी है, जिससे सभी के लिए स्थायी समृद्धि का एक चित्र तैयार होता है।

वित्त की खोज के लाभ

वित्तीय ज्ञान कई लाभ प्रदान करता है जो अल्पकालिक और दीर्घकालिक वित्तीय निर्णयों पर सकारात्मक प्रभाव डालते हैं। आइए वित्तीय ज्ञान के लाभों और निहितार्थों की गहन जांच शुरू करें:

आर्थिक चुनावों के उथल-पुथल से भरे समुद्र में एक अपरिहार्य दिशासूचक यंत्र, वित्तीय ज्ञान, लोगों को व्यक्तिगत वित्त की जटिल भूलभुलैया से बाहर निकलने की बुद्धिमत्ता देता है। ज्ञान और निर्णय के विवेकपूर्ण समामेलन में निहित, यह संकाय लोगों को शानदार विवेक के निर्णय लेने के लिए मार्गदर्शन करता है। वित्तीय ज्ञान के विस्तार में आयामों की एक तस्वीर शामिल है, जिनमें से प्रत्येक वित्तीय स्थिरता, विकास और शांति के सिद्धांतों के साथ गूंजने वाले लाभों की एक धुन में योगदान देता है। वित्तीय ज्ञान के मूल में विवेकपूर्ण, ठोस वित्तीय निर्णय लेने की कला निहित है। इस संज्ञानात्मक कौशल में विविध कारकों का सावधानीपूर्वक मूल्यांकन, अंतर्निहित जोखिमों का कुशल विश्लेषण और प्रत्येक वित्तीय विकल्प

से उत्पन्न दूरगामी प्रभावों का एक व्यापक मूल्यांकन शामिल है। यह दूरदर्शिता और सावधानी का संगम है, जो आवेगपूर्ण वित्तीय चुनाव की लहरों के खिलाफ एक रक्षक के रूप में सामने आता है।

वित्तीय ज्ञान का एक केंद्रीय पहलू बेहतर धन प्रबंधन में महारत हासिल करना है। यह कला बजट के कुशल आयोजन, ज़रूरतों और चाहतों के बीच विवेकपूर्ण अंतर और आवेगपूर्ण खर्चों से बचने के इर्द-गिर्द घूमती है। मौद्रिक गतिविधियों में यह विवेक न केवल बेहतर आर्थिक नियंत्रण सुनिश्चित करता है, बल्कि एक अमिट कौशल भी प्रदान करता है, जो जीवन भर वित्तीय प्रभावकारिता को मजबूत बनाता है।

वित्तीय ज्ञान के साथ ऋण में कमी और बचाव का गुण जुड़ा हुआ है। इस दर्शन के अनुयायी विवेकपूर्ण तरीके से ऋण प्रबंधन करने, व्यवस्थित पुनर्भुगतान के लिए सावधानीपूर्वक रणनीति तैयार करने की कला से परिचित हैं। यह गाथा एक रणनीतिक नृत्य के रूप में सामने आती है, जहाँ ब्याज के भुगतान का बोझ कम हो जाता है, और क्रेडिट स्कोर आर्थिक अनुशासन के साथ सामंजस्यपूर्ण लय में बढ़ता है।

वित्तीय ज्ञान की चरम सीमा बढ़ी हुई बचत और निवेश के क्षेत्र में फैलती है। यह विस्तार नियमित बचत और चतुर निवेश के रत्नों से सुशोभित है, जो वित्तीय सुरक्षा के एक दुर्जेय किले में परिणत होता है। वित्तीय ज्ञान का अभ्यास करने वाले लोग अत्यावश्यकताओं के लिए धन अलग रखने, सेवानिवृत्ति की कल्पना करने और भविष्य की आकांक्षाओं के अंकुरण को बढ़ावा देने के बिगुल पर ध्यान देते

हैं।

वित्तीय बुद्धिमत्ता की आधारशिला वित्तीय आपात स्थितियों के खिलाफ सुरक्षा के विवेकपूर्ण विकास में निहित है। एक आपातकालीन निधि बनाकर और आर्थिक अत्यावश्यकताओं के क्षेत्र को व्यवस्थित रूप से नेविगेट करके, व्यक्तियों को अप्रत्याशित घटनाओं के तूफान का सामना करने के लिए लचीलेपन के साथ संपन्न किया जाता है, जिससे उन्हें वित्तीय बर्बादी की गंभीर स्थिति से बचाया जा सकता है। वित्तीय ज्ञान की कहानी को मजबूत बनाना दीर्घकालिक वित्तीय सुरक्षा के लिए ज़रूरी है। यह सेवानिवृत्ति योजना, विवेकपूर्ण बीमा कवरेज और रणनीतिक निवेश के संबंध में बुद्धिमान निर्णयों का एक आयोजन है। ये आर्केस्ट्रा मूवमेंट वित्तीय स्थिरता में वृद्धि के लिए सामंजस्य स्थापित करते हैं, जिससे किसी वित्तीय ज्ञान की उपजाऊ भूमि में धन संचय के बीज पनपते के वित्तीय भविष्य की इमारत मजबूत होती है।

हैं। यह परिदृश्य विवेकपूर्ण निवेशों के फलने-फूलने, चक्रवृद्धि की घातीय विकास क्षमता को अपनाने और बाज़ार के अवसरों के चतुराईपूर्ण दोहन का प्रमाण है। इसकी वजह से एक ऐसी समृद्धि आती है, जो समय के साथ बढ़ती है, जिससे व्यक्ति के वित्तीय कौशल की वृद्धि का पता चलता है।

वित्तीय ज्ञान का सामंजस्यपूर्ण संगीत वित्तीय तनाव को कम करने और शांति के विकास में दिखाई देता है। व्यक्तिगत वित्तीय गतिशीलता की सूक्ष्म समझ, एक मजबूत वित्तीय योजना के साथ मिलकर, मन की शांति का उपहार प्रदान करती है, जिससे मौद्रिक अशांति की पीड़ा से मुक्ति मिलती है।

वित्तीय ज्ञान के आलिंगन में, स्वतंत्रता और दृढ़ता के पंख खुलते हैं। अनुचित ऋण के बोझ से मुक्त और अच्छी तरह से प्रबंधित वित्त से उत्साहित, व्यक्ति वित्तीय बाधाओं से मुक्त होकर, अपनी आकांक्षाओं के अनुरूप जीवन के गलियारों में चलने के लिए स्वतंत्र होते हैं। वित्तीय ज्ञान की प्रवृत्तियां वापस देने की पवित्र भूमि की ओर बढ़ती हैं। यह आयाम व्यक्तियों को अपने संचित संसाधनों को महान परोपकारी प्रयासों की ओर ले जाने, समाज पर सकारात्मक प्रभाव डालने और सांप्रदायिक कल्याण की बेहतरी को बढ़ावा देने के लिए एक माध्यम प्रदान करने का अधिकार देता है। वित्तीय ज्ञान के गूंजते स्वर रिश्तों के भीतर गूंजते हैं, जो सद्भाव और समझ के संबंध बुनते हैं। जो साझेदार वित्तीय ज्ञान और मौद्रिक मामलों के बारे में पारदर्शी संवाद में संलग्न होते हैं, वे एक ऐसे पथ का निर्माण करते हैं जो कम वित्तीय संघर्षों और मजबूत संबंधों से भरा होता है।

कुल मिलाकर, वित्तीय ज्ञान का समापन सशक्तिकरण और आत्मविश्वास का जन्म है। यह सार वित्तीय चुनौतियों को पार करने, आर्थिक निर्णयों की भूलभुलैया से निपटने और व्यक्तिगत आकांक्षाओं के साथ जुड़ी उपलब्धियों की एक श्रृंखला को उजागर करने की क्षमता में एक अटूट विश्वास प्रदान करता है।

वित्तीय सफलता का मार्ग ढूंढना:

वित्तीय सफलता की राह पर चलना किसी बड़ी यात्रा पर निकलने के समान है। इसके लिए कुशल संचालन, चतुर निर्णय लेने और एक अच्छी तरह से तैयार किए गए रोडमैप के मिश्रण

की आवश्यकता होती है। चाहे आप अपने वित्त प्रबंधन की दुनिया में कदम रख रहे हों या अपनी वर्तमान वित्तीय स्थिति को बढ़ाने की कोशिश कर रहे हों, आगे आने वाली अंतर्दृष्टि की श्रृंखला आपके मार्ग को रोशन करने और आपको समृद्धि के तटों की ओर ले जाने में मदद कर सकती है। अपने वित्तीय लक्ष्यों को सुदूर भूमि के रूप में सोचें जो खोजे जाने के इंतज़ार में हैं। इन उद्देश्यों को निर्धारित करना आपके वित्तीय मानचित्र पर निर्देशांक बनाने जैसा है। यह ऋण चुकाना, आरामदायक सेवानिवृत्ति हासिल करना, उच्च शिक्षा का खर्च उठाना या यहाँ तक कि घर खरीदना भी हो सकता है। ये मार्ग-बिंदु दिशा और प्रेरणा दोनों प्रदान करते हैं, जो वित्तीय प्रबंधन के जटिल पहलुओं में आपका मार्गदर्शन करते हैं। अपने वित्त को एक पहेली के रूप में चित्रित करें, जिसमें बजट ब्लूप्रिंट के रूप में काम करेगा। यह ब्लूप्रिंट न केवल आपकी आय और व्यय का मिलान करता है, बल्कि आपके वित्तीय परिदृश्य की जटिल परस्पर क्रिया पर भी प्रकाश डालता है। इसे एक ख़ज़ाने के नक्शे के रूप में सोचें, जो आपके वित्तीय मार्ग को अनुकूलित करने की दिशा में छिपे हुए खज़ानों और गुप्त रास्तों को प्रकट करता है। जिस तरह एक मेहनती गिलहरी सदियों के लिए अखरोट जमा करके रखती है, वैसे ही नियमित बचत आर्थिक सफलता का आधार है। इसे एक आदत की तरह सोचें, जो बागवानी करने जैसा है। एक समर्पित बचत खाते में स्वचालित स्थानांतरण उस बाग को पानी देने, निरंतर ध्यान देने की आवश्यकता के बिना अपने वित्तीय भविष्य का पोषण करने जैसा है।

अपनी बचत को जीवन के अप्रत्याशित तूफानों के विरुद्ध एक मजबूत ढाल के रूप में कल्पना करें। एक आपातकालीन निधि, वित्तीय दृढ़ता के किले के समान, आपको उत्पन्न होने वाले अप्रत्याशित तूफानों से बचाती है। इस सुरक्षा कवच के साथ, आप उच्च-ब्याज वाले ऋणों का सहारा लिए बिना किसी भी अप्रत्याशित चुनौतियों का सामना करने के लिए तैयार रहेंगे।

ऋण एक अजगर की तरह हो सकता है, जो आपकी वित्तीय आकांक्षाओं पर पानी फेर सकता है। उच्च-ब्याज ऋणों को प्राथमिकता देकर इस जानवर को वश में करना युद्ध की तैयारी में कवच पहनने जैसा है। जैसे-जैसे आप अपना ऋण उतारते हैं, आप वित्तीय स्वतंत्रता के दायरे की ओर कदम बढ़ाएंगे।

पैसे के बारे में सीखना एक नई भाषा सीखने जैसा है। वित्तीय ज्ञान को एक सर्वव्यापक अनुवादक के रूप में सोचें, जो आपको वित्त की जटिल बोली को समझने की अनुमति देता है। इस टूल से लैस होकर, आप निवेश के अवसरों को डिकोड कर सकते हैं, जटिल शब्दों को समझ सकते हैं और आत्मविश्वास के साथ व्यक्तिगत वित्त के जटिल वेब को नेविगेट कर सकते हैं। निवेश करना एक जादुई बगीचे में बीज बोने जैसा है जो समय के साथ बढ़ता है। विविधीकरण एक जादू की तरह काम करता है, जो आपके बगीचे को एक भी गलत कदम से बचाता है, यह इस बात का ध्यान रखता है कि यदि एक पौधा लड़खड़ाए तो दूसरा फलता-फूलतूफ़ाहों का सामना करते हुए और धूप का आनंद लेते हुए इस

बगीचे की देखभाल धैर्यपूर्वक की जाती है, जिसके परिणामस्वरूप वर्षों तक भरपूर फसल होती है।

बाज़ार में उतार-चढ़ाव बदलते मौसम की तरह होते हैं - जो अपरिहार्य हैं और कभी-कभी अप्रत्याशित होते हैं। भावनाओं के आधार पर जल्दबाजी में निर्णय लेने की इच्छा का विरोध करना अचानक आए तूफान का सामना करने जैसा है। जिस तरह अंत में सूरज बादलों से बाहर निकल आता है, उसी तरह यदि आप इसी राह पर बने रहें तो आपका निवेश फिर से बढ़ सकता है। खरीदारी को एक बड़े ख़ज़ाने की खोज के रूप में सोचें, और छूट व सौदों को अपने छिपे हुए रत्नों के रूप में देखें। बेहतर कीमतों के लिए मोलभाव करना व्यस्त बाज़ार में एक चालाक व्यापारी के साथ बातचीत करने के समान है। अपने शस्त्रागार में कूपन, कैशबैक प्रोग्राम और डिस्काउंट वाले गिफ्ट कार्ड जोड़ना और भी ज़्यादा बचत के लिए गुप्त मार्ग खोजने जैसा है। नियोक्ता के लाभ सुरक्षित शस्त्रागार की तरह हैं, जो आपको अपनी वित्तीय यात्रा के लिए तैयार करते हैं। सेवानिवृत्ति योजनाएं, स्वास्थ्य बचत खाते और लचीले व्यय खाते ऐसे उपकरण हैं जो आपकी वित्तीय सुरक्षा को मजबूत करते हैं, जिससे आप आत्मविश्वास के साथ भविष्य की चुनौतियों का सामना कर सकते हैं। बीमा अप्रत्याशित आपदाओं के खिलाफ ढाल के रूप में कार्य करता है, यह सुनिश्चित करता है कि आप छाते के बिना भारी बारिश में न फंसें। इसे कवच के एक सूट के रूप में सोचें जो आपकी वित्तीय भलाई की रक्षा करता है और आपको उन अप्रत्याशित तीरों से बचाता है जो जीवन आपके रास्ते में फेंक

सकता है।

जैसे-जैसे आपकी आय बढ़ती है, अपने खर्च को एक बगीचे के रूप में सोचें जिसे सावधानीपूर्वक देखभाल की आवश्यकता होती है। अपने खर्चों को बेलों की तरह बेलगाम होने देने के बजाय, अनुशासन और संयम पैदा करें, जिससे आप अपने वित्तीय सपनों को साकार करने के लिए अधिक संसाधन आवंटित कर पाएंगे। अपनी वित्तीय यात्रा को रास्ते में चौकियों के साथ एक रोमांचक साहसिक कार्य के रूप में समझें। नियमित वित्तीय जांच रेगिस्तान में सैर के दौरान नखलिस्तान में आराम करने जैसा है। ये अल्प विराम आपको अपनी प्रगति का पुनर्मूल्यांकन करने, अपने रास्ते को ठीक करने और यह सुनिश्चित करने की अनुमति देते हैं कि आप अभी भी अपने गंतव्य तक पहुंचने की राह पर हैं। सेवानिवृत्ति योजना, बचत और दूरदर्शिता के धागों से बुनी हुई एक शानदार टेपेस्ट्री तैयार करने जैसी है। आप जितनी जल्दी बुनाई शुरू करेंगे, आपकी टेपेस्ट्री उतनी ही जटिल और सुंदर होगी। प्रत्येक सिलाई उस उत्कृष्ट कृति में योगदान देती है, जो आपके सुनहरे वर्षों में आपको आराम और गर्मी प्रदान करेगी। याद रखें, वित्तीय सफलता हासिल करना कोई तेज़ दौड़ नहीं बल्कि मैराथन है। यह एक नाजुक पौधे को बड़े ओक में बदलने जैसा है। आपके द्वारा लिया गया हर निर्णय, और उठाया गया हर कदम स्थिर विकास में योगदान देता है जो आपके वित्तीय परिदृश्य को सुरक्षा और प्रचुरता के हरे-भरे स्थान में बदल देगा।

वित्तीय ज्ञान के उदाहरण:

वित्तीय ज्ञान के रत्नों का पता लगाने की हमारी खोज में, हम उन उल्लेखनीय व्यक्तियों के एक समूह की ओर अपना ध्यान केंद्रित करते हैं जिनका जीवन विवेकपूर्ण वित्तीय अभ्यासों से जुड़ा है। ये दिग्गज न केवल वित्तीय सफलता का मार्ग प्रशस्त करते हैं, बल्कि वास्तविक अंतर्दृष्टि भी प्रदान करते हैं जो वित्त के क्षेत्र में ज्ञान की हमारी निरंतर खोज से मेल खाती है। वॉरेन बफेट को अक्सर "ओमाहा का ओरेकल" कहा जाता है, जो धैर्यवान और सोच-समझकर किए गए निवेश की शक्ति का प्रमाण हैं। उनकी यात्रा मूल्य-संचालित निर्णयों और अटूट बुनियादी सिद्धांतों वाली कंपनियों के प्रति प्रतिबद्धता की प्रतीक रही है, जिन्होंने निवेश के इतिहास में एक स्थायी विरासत बनाई है। मीडिया और परोपकार की आधुनिक नामिका, ओपरा विन्फ्रे, ने वित्तीय ज्ञान की सूची में अपना नाम अंकित कर लिया है। चतुर ब्रांडिंग और चतुर व्यावसायिक उपक्रमों के माध्यम से, उन्होंने अपने व्यक्तिगत ब्रांड को एक साम्राज्य में बदल दिया, जो वित्तीय जीत हासिल करने के लिए प्रामाणिकता का लाभ उठाने का एक केस अध्ययन था। Tesla, SpaceX और Neuralink के पीछे के दूरदर्शी एलन मस्क एक साहसी भावना के साथ वित्तीय ज्ञान का प्रतीक हैं। उनके साहसी प्रयासों और सोचे-समझे जोखिमों ने न केवल उद्योगों को फिर से परिभाषित किया है, बल्कि वित्तीय उत्कृष्टता की खोज में नवाचार और सोचे-समझे जोखिम लेने के महत्व को भी दर्शाया है।

फेसबुक की वृद्धि और लाभप्रदता के पीछे की प्रेरक शक्ति,

शेरिल सैंडबर्ग, रणनीतिक दूरदर्शिता और प्रभावी नेतृत्व के माध्यम से वित्तीय ज्ञान के उदाहरण के रूप में सामने आती हैं। तकनीकी परिदृश्य को नेविगेट करने और स्थायी बिजनेस मॉडल को आगे बढ़ाने में उनकी भूमिका दूरदर्शी नेतृत्व की महत्वपूर्ण भूमिका को दर्शाती है।

निवेश और परोपकार के प्रतीक, जॉर्ज सोरोस, वैश्विक अर्थशास्त्र की अपनी समझ के माध्यम से वित्तीय ज्ञान बुनते हैं। भू-राजनीतिक रुझानों को समझने और साहसिक निवेश निर्णय लेने की उनकी क्षमता वित्तीय कौशल को वैश्विक मामलों की गहरी समझ के साथ जोड़ने में एक मास्टरक्लास है। अमेज़न की जबरदस्त वृद्धि के आर्किटेक्ट, जेफ बेजोस, दीर्घकालिक दृष्टिकोण और ग्राहक-केंद्रित नवाचार पर अपने ध्यान के माध्यम से वित्तीय ज्ञान का प्रतीक हैं। भविष्य में अनुकूलन क्षमता और निवेश के प्रति उनकी प्रतिबद्धता महत्वाकांक्षी उद्यमियों के लिए एक मार्गदर्शक के रूप में कार्य करती है। जनरल मोटर्स के शीर्ष पर मौजूद मैरी बर्रा, वित्तीय कौशल के साथ ऑटोमोटिव उद्योग की जटिलताओं को सुलझाती हैं। कंपनी के फोकस को फिर से परिभाषित करने और लाभप्रदता बढ़ाने के उद्देश्य से लिए गए उनके रणनीतिक निर्णय, परिकलित नेतृत्व के महत्व को दर्शाते हैं। सूचित और अनुशासित निवेश के समर्थक, मार्क क्यूबन, व्यवसाय और निवेश के प्रति अपने व्यावहारिक दृष्टिकोण के माध्यम से वित्तीय ज्ञान का उदाहरण देते हैं। उनके बहुमुखी उद्यम और परिकलित जोखिमों के प्रति प्रतिबद्धता रणनीतिक निर्णय लेने की कला को दर्शाती है।

अलीबाबा समूह के दूरदर्शी सह-संस्थापक, जैक मा, साधारण शुरुआत से वैश्विक प्रमुखता तक की अपनी यात्रा के माध्यम से वित्तीय ज्ञान का प्रतीक हैं। नवाचार और अनुकूलनशीलता पर उनका ज़ोर लगातार विकसित हो रहे डिजिटल परिदृश्य में गहराई से दिखाई देता है।

फिडेलिटी इन्वेस्टमेंट्स के शीर्ष पर, अबीगैल जॉनसन, वित्तीय सेवाओं के क्षेत्र में अपने नेतृत्व के माध्यम से वित्तीय ज्ञान का प्रतीक हैं। उनका नेतृत्व ग्राहक-केंद्रित समाधानों और निरंतर विकास के सार को दर्शाता है।

मार्गदर्शक तारों की तरह, ये महान लोग इस बात के ज्वलंत उदाहरण पेश करते हैं कि कैसे वित्तीय ज्ञान असाधारण उपलब्धियों का रास्ता बना सकता है। वे बस कहीं दूर मौजूद लोग नहीं जिन्हें हम बस देख सकते हैं; बल्कि, वे हमें अनुसरण करने के लिए ठोस सबक और पदचिह्न प्रदान करते हैं। वित्तीय ज्ञान की जटिलताओं के माध्यम से यात्रा एक ऐसी यात्रा है जिसके लिए समय, धैर्य और दृढ़ समर्पण की आवश्यकता होती है।

फिर भी, इस जटिल टेपेस्ट्री से गुज़रते हुए यह याद रखना ज़रूरी है कि ज्ञान के मामले में जल्दबाज़ी और जबरदस्ती नहीं की जा सकती। यह मुश्किलों, गलतियों और विचारशील आत्मनिरीक्षण के माध्यम से उभरता है। इस यात्रा में बुनी गई प्रत्येक प्रक्रिया, प्रत्येक उपाय, प्रत्येक किस्से को अपनी वास्तविक क्षमता को सामने लाने और प्रकट करने के लिए समय की आवश्यकता होती है।

अध्याय 6: आजीवन संबंध

जैसे-जैसे हम समय के निहितार्थों की ओर आगे बढ़ते हैं, हमें जीवन भर के रिश्तों पर ज्ञान की परस्पर निर्भरता का पता चलता है। इन संबंधों का मानवता की बड़ी योजना में ज्ञान के साथ एक मजबूत संबंध है, जिसकी जड़ें सभी व्यक्तियों में गहराई तक उतरती हैं।

जीवन भर के रिश्तों की एक अमूर्त जांच शुरू करने पर, हमें पता चलता है कि वे मानव अस्तित्व की बुनियाद में महत्व रखते हैं, जो एक ऐसे संबंध का प्रतीक हैं जो अस्थायी सीमाओं को पार करता है और हमारे भावनात्मक और बौद्धिक परिदृश्य की गहराई में उतरता है। ये स्थायी संबंध, जो साझा अनुभवों, आपसी समझ और प्रतिबद्धता के माध्यम से बने हैं, उन स्तंभों के रूप में काम करते हैं जो हमारी व्यक्तिगत पहचान और सामूहिक मानवता की इमारत का समर्थन करते हैं।

जैसे-जैसे हम जीवन की भूलभुलैया में आगे बढ़ते हैं, ये रिश्ते प्रकाशस्तंभ के रूप में खड़े होते हैं, अस्तित्व की जटिलताओं के माध्यम से हमारा मार्गदर्शन करते हैं, प्रतिकूल परिस्थितियों में सांत्वना प्रदान करते हैं और हमारी आत्माओं को ख़ुशी के क्षणों से भर देते हैं।

आजीवन संबंधों के लाभ:

आजीवन संबंधों को समझने की यात्रा पर निकलते हुए, मानव अस्तित्व के दायरे में उनके महत्व को पहचानना महत्वपूर्ण है। ये रिश्ते इस मायने में अद्वितीय हैं कि उनमें मानव स्वभाव के द्वंद्व को प्रतिबिंबित करने की क्षमता होती है, जो कि नश्वरता और अनंत काल दोनों की विशेषता बताता है। ऐसी दुनिया में जहाँ सब कुछ क्षणभंगुर और अस्थायी है, जीवन भर के रिश्ते स्थिरता और निरंतरता की भावना प्रदान करते हैं। वे एक ऐसे लंगर के रूप में काम करते हैं जो हमें समय की बदलती लहरों के बीच वास्तविकता से जोड़े रखता है। यह दुर्भाग्यपूर्ण है कि तत्काल संतुष्टि से प्रेरित

संस्कृति में निरंतर संबंधों के मूल्य को अक्सर अनदेखा कर दिया समकालीन दुनिया में, इस्तेमाल के बाद छोड़ दिए जाने वाले जाता है।
परस्पर संबंध और सतही जुड़ाव आदर्श बन गए हैं। हालाँकि, जीवन भर के रिश्ते हमें इसकी याद दिलाते हैं कि सच्ची गहराई और संतुष्टि संबंध के पोषण में समय और प्रयास लगाने से प्राप्त होती है जो समय की कसौटी पर खरे उतरते हैं। ये संबंध हमें अपनेपन, उद्देश्य और अर्थ की भावना प्रदान करते हैं, और वे इस तथ्य का प्रमाण हैं कि हम इस दुनिया में अकेले नहीं हैं।
जीवन भर मजबूत किए गए रिश्ते के बंधन न केवल तूफानों का सामना करने के लिए बनाए जा सकते हैं, बल्कि ज़रूरत या सांत्वना के समय आश्रय भी प्रदान करते हैं। जीवन भर के रिश्ते की रूपरेखा साझा यादों से उकेरी गई है, जिसमें युवावस्था के उल्लास से लेकर जीवन के तूफानों का एक साथ सामना करने की

अनुभवी बुद्धिमत्ता तक शामिल है।

ये साझा इतिहास एक जटिल आवरण बुनते हैं जो प्रत्येक भागीदार की वृद्धि, विकास और आत्म-खोज की यात्रा के साथ विशिष्ट रूप से जुड़े हुए हैं। निरंतर प्रवाह से जानी जाने वाली इस दुनिया में, ये रिश्ते निरंतरता, वफादारी और भावनात्मक निवेश की शक्ति का एक जीवित प्रमाण बन जाते हैं।

इस अध्याय में चर्चा किए गए जीवन भर के रिश्ते आत्म-खोज और व्यक्तिगत विकास के लिए कड़ी परीक्षा के रूप में काम करते हैं। जैसे-जैसे हम समय के परिदृश्य को पार करते हैं, हम अनिवार्य रूप से अपनी भावनाओं, कमज़ोरियों और आकांक्षाओं के जटिल जाल का सामना करते हैं। ये रिश्ते हमें अपनी कमियों का सामना करने, समझौता करने की नाजुक कला सीखने और सहानुभूति विकसित करने के लिए एक प्रवेश द्वार प्रदान करते हैं–एक ऐसा गुण जो वास्तव में एक-दूसरे के सुख और दुख को समझने और साझा करने से पैदा होता है। इन अंतरंग अंतःक्रियाओं के माध्यम से, हमें ऐसे दर्पण प्रस्तुत किए जाते हैं जो हमारी प्रतिभा और छाया को प्रतिबिंबित करते हैं, जो आत्म-प्रतिबिंब और परिवर्तनकारी रूपांतरण का अवसर प्रदान करते हैं।

सामाजिक निहितार्थों का व्यापक कैनवास भी जीवन भर के रिश्तों के महत्व को रेखांकित करता है। ये संबंध सामुदायिक निर्माण की आधारशिला हैं, जो पीढ़ी दर पीढ़ी अपनेपन और निरंतरता की भावना को बढ़ावा देते हैं।

जीवन भर के रिश्तों को कई रूपों में माना जा सकता है।

बुजुर्गों द्वारा अपनी संतानों को दिया गया ज्ञान, एक पीढ़ी से दूसरी पीढ़ी तक हस्तांतरित होने वाले साझा मूल्य, और स्थायी रिश्तों द्वारा निर्देशित नैतिक दिशा-निर्देश स्थिर समाज के निर्माण में योगदान करते हैं।

ऐसी दुनिया में जहाँ परिवर्तन अत्यंत तीव्र गति से बढ़ रहा है, जीवन भर के रिश्ते एक स्थिर शक्ति बन जाते हैं, जो व्यक्तियों को परंपरा और निरंतरता की भावना से जोड़ते हैं।

आजीवन रिश्ते भावनात्मक, बौद्धिक और सामाजिक महत्व के मानचित्र को दर्शाते हैं, जो मानव अनुभव के विविध धागों को एक सामंजस्यपूर्ण संपूर्णता में बुनते हैं। ये बंधन समय की क्षणिक प्रकृति से आगे बढ़ते हैं, जो परिवर्तन के कोलाहल के बीच स्थिरता के अभयारण्य के रूप में कार्य करते हैं। लेकिन किसी को भी इन साझा इतिहासों, इस पारस्परिक विकास और इन रिश्तों के भीतर अंतर्निहित परिवर्तनकारी क्षमता के साथ आने वाले लगाव से डरना नहीं सीखना चाहिए। वे हमारी व्यक्तिगत पहचान और हमारे समाज के ढांचे को आकार देने में अपने महत्व को रेखांकित करते हैं। ऐसी दुनिया में जिसे अक्सर अपनी क्षणभंगुरता के लिए जाना जाता है, जीवन भर का रिश्ता मानवीय संबंध की शक्ति के प्रमाण के रूप में खड़ा है–जो हमारे गहरे सम्मान और प्रतिबद्धता के योग्य ख़ज़ाना है। यह एक ऐसा ख़ज़ाना है जिसे व्यक्ति को जीवन भर संजोकर रखना चाहिए।

आजीवन संबंधों का संचालन करना:

आजीवन संबंधों को विकसित करने की सुंदरता और मूल्य इतिहास की तरह ही कालातीत हैं। हमारे पूर्वजों ने स्थायी संबंधों में निवेश की शक्ति और महत्व को समझा था, और यह ज्ञान सदियों से गूंजता रहा है, जो उस गहराई के साथ प्रतिध्वनित होता है जो हमारी साझा मानवता को बयां करती है।

जब हम अस्तित्व की जटिलता और समृद्धि पर विचार करते हैं, तो हमें याद दिलाया जाता है कि जीवन के सबसे अनमोल रत्न अक्सर उन रिश्तों में पाए जाते हैं जो जीवन भर चलते हैं। ये संबंध अंतर्दृष्टि और ज्ञान का एक स्तर प्रदान करते हैं जो मात्र अस्थायी अस्तित्व से परे है, और समझ की ऐसी गहराई को प्रकट करता है जिसे केवल समय बीतने के माध्यम से प्राप्त किया जा सकता है। यह स्पष्ट है कि समय की कसौटी पर खरे उतरने वाले रिश्तों में निवेश करना न केवल अर्थ और उद्देश्य की हमारी खोज को दर्शाता है, बल्कि दुनिया पर स्थायी प्रभाव डालने की हमारी सहज इच्छा को भी दर्शाता है। ऐसे समाज में जहाँ क्षणिक संतुष्टि और तत्काल परिणामों को महत्व दिया जाता है, जीवन भर के रिश्तों को विकसित करने का ज्ञान एक शक्तिशाली प्रतिवाद के रूप में कार्य करता है, जो हमें याद दिलाता है कि सच्चा मूल्य धैर्यवान और स्थायी संबंधों में प्रतिबद्ध निवेश में निहित है। जीवन भर का रिश्ते बनाना एक कला है जिसमें कौशल, धैर्य और प्रयास की आवश्यकता होती है। कुशल कारीगरों की तरह, हम साझा अनुभवों, सहानुभूति और आपसी विकास के धागों को इन रिश्तों के ताने-बाने में बुनते हैं, जिससे एक उत्कृष्ट कृति बनती है जो समय की

मार झेलती है। इस प्रक्रिया की सुंदरता यह पहचानने में निहित है कि जीवन की समृद्धि क्षणभंगुर परस्पर संबंध में नहीं बल्कि उन संबंधों में पाई जाती है जो मानवता की स्थिरता और अमर भावना को दर्शाते हैं। जीवन भर के रिश्तों का निर्माण एक ऐसी प्रक्रिया है जिसमें ऐसे बीज बोना शामिल है जो विशाल ओक के वृक्षों में विकसित होते हैं। इन संबंधों में निवेश करके, हम विश्वास, वफादारी और समझ के बीज बोते हैं। समय के साथ, ये बीज अंकुरित और फलते-फूलते हैं, उनकी जड़ें हमारे सामूहिक अनुभव की मिट्टी में गहराई से जुड़ी होती हैं। हालाँकि, इन बीजों को काफी मात्रा में देखभाल और पोषण की आवश्यकता होती है। यदि हम जीवन भर चलने वाले रिश्ते विकसित करना चाहते हैं तो उन्हें अनदेखा नहीं

आजीवन संबंध बनाने का ज्ञान बीज बोने के कार्य से भी आगे किया जा सकता है।

तक फैला हुआ है। यह इन रिश्तों के विकसित और परिपक्व होने के दौरान उन्हें पोषित करने और संभालने के लिए आवश्यक धैर्य में निहित है। इस प्रक्रिया से जो संबंध उभरते हैं, वे दीर्घायु की सुंदरता और उन लोगों की बुद्धिमत्ता का प्रमाण बन जाते हैं, जो मानते हैं कि जीवन की सच्ची ख़ुशियां स्थायी निवेश से उत्पन्न होती हैं। किसी पुरानी किताब की तरह, ये रिश्ते ज्ञान के भंडार बन जाते हैं, जो जीत और कष्टों की कहानियों को संजोते हैं, और भावी पीढ़ियों के लिए मार्गदर्शन का संग्रह प्रदान करते हैं। जीवन भर के रिश्तों में निहित ज्ञान बोले गए शब्दों तक ही सीमित नहीं है; यह वर्षों की साझा हँसी, आँसुओं और विकास से उत्पन्न होता है। इन

संबंधों के माध्यम से, हम समझौते का नृत्य, क्षमा की कला और बेशर्त प्यार की बढ़ती गहराई सीखते हैं।

आजीवन संबंधों को विकसित करने से जो ज्ञान उभरता है वह व्यक्तिगत संतुष्टि से परे जाता है। ये संबंध उस आधारशिला का निर्माण करते हैं जिस पर समुदायों का निर्माण होता है, जो अपनेपन और निरंतरता की भावना को बढ़ावा देता है जो पीढ़ियों को साझा अनुभवों और मूल्यों के जाल में जोड़ता है। इन रिश्तों में निहित ज्ञान युवाओं का मार्गदर्शन करता है, बूढ़ों को सहारा देता है, और मानवता के विविध धागों को एक सुसंगत कहानी में पिरोता है, जो समस्त और अनंत तक फैलना है। ऐसी दुनिया में जहाँ क्षणभंगुरता सामान्य है, जीवन भर चलने वाले रिश्तों को अपनाने का ज्ञान हमें दृढ़ता में निवेश करने, साझा अनुभवों के स्वाद का आनंद लेने और यह पहचानने के लिए कहता है कि सच्ची संतुष्टि क्षणभंगुर में नहीं बल्कि शाश्वत में निहित है। जब हम अतीत, वर्तमान और भविष्य के चौराहे पर खड़े होते हैं, जीवन भर के रिश्तों का ज्ञान हमें कम चले गए मार्ग पर कदम रखने के लिए प्रेरित करता है—एक ऐसा मार्ग जो उन बंधनों से भरा हुआ है जो हमारे जीवन की दिशा को आकार देते हैं और समय के इतिहास पर अपनी छाप छोड़ते हैं।

स्थायी संबंध:

आजीवन दोस्ती और संबंध बनाना एक बगीचे की देखभाल करने जैसा है; इसके लिए धैर्य, समझ और एक निश्चित मात्रा में ध्यान की आवश्यकता होती है। यह सब तब शुरू होता है जब

हम वास्तव में किसी और की ख़ुशी की उतनी ही सराहना करते हैं जितनी अपनी ख़ुशी की करते हैं। हमें उनके लिए मौजूद रहना पड़ता है, जब वे बात करते हैं तो हमें सुनना पड़ता है, और अच्छे व बुरे समय में मौजूद रहना पड़ता है।

जब हम अपने संबंधों को ईमानदारी, अच्छे संचार और जीवन में एक-दूसरे के दृष्टिकोण और स्थिति के प्रति सम्मान पर आधारित करते हैं, तो हम ऐसी जड़ें बिछा रहे होते हैं जो किसी भी तूफान का सामना कर सकती हैं। जब हम एक साथ सुखद यादें बनाते हैं तो ये जड़ें मजबूत हो जाती हैं। उन अचानक होने वाली रोड ट्रिप, नई जगहों पर घूमने, या बस आराम करने और उन लोगों के साथ अच्छा समय बिताने के बारे में सोचें जिनके साथ हमारा संबंध है। ये पल मौज-मस्ती से कहीं बढ़कर हैं; ये वे धागे हैं जो हमारे जीवन को एक साथ जोड़ते हैं। जैसे ही हम इन यादों को इकट्ठा करते हैं, हम एक ऐसी कहानी बनाते हैं जो हमें बांधती है, एक ऐसी कहानी जो समय के साथ फीकी नहीं पड़ेगी। एक-दूसरे से खुलकर बात करना इस बगीचे में पानी देने जैसा है क्योंकि इससे रिश्ते स्वस्थ रहते हैं। कभी-कभी यह महत्वपूर्ण है कि हम जो सोच रहे हैं और महसूस कर रहे हैं उसे साझा करें और जब दूसरे भी ऐसा ही करें तो सुनें। विश्वास तब बनता है जब हम जानते हैं कि हम किसी भी चीज़ के बारे में बात कर सकते हैं, यहाँ तक कि अंधेरे रहस्यों और अजीब सपनों के बारे में भी, वो भी आलोचना किए जाने के डर के बिना।

किसी भी रिश्ते को बनाने और बनाए रखने में सक्रिय रूप से सुनना एक महत्वपूर्ण घटक है। इसका मतलब यह है कि हम

वास्तव में कोई जो कह रहा है उसे समझने और उससे जुड़ने का प्रयास कर रहे हैं और साथ ही बातचीत के विषय के फोकस के साथ संबंध बनाने का प्रयास कर रहे हैं। इस तरह का ध्यान आपसी सम्मान और प्रशंसा पैदा करता है, जिससे यह सुनिश्चित होता है कि बिताए गए समय की गुणवत्ता बढ़े और हम उस पर ध्यान केंद्रित करें जो महत्वपूर्ण है। छोटी-बड़ी जीत का जश्न मनाना और परंपराओं को कायम रखना हमारी साझा यात्रा का मुख्य आकर्षण है। ये समय दर्शाते हैं कि हमारा जीवन कैसे जुड़ा हुआ है, जिससे हमें अपनेपन और ख़ुशी का एहसास होता है जो एक साथ जीवन की यात्रा का अनुभव करने से आता है।

प्रत्येक व्यक्ति के अनोखे गुणों और लक्ष्यों का समर्थन करना भी महत्वपूर्ण है। जब हम एक-दूसरे की व्यक्तिगत यात्राओं का समर्थन करते हैं, तो हम एक संतुलन बनाते हैं जो किसी भी रिश्ते को अप्रतिबंधित आयाम में पनपने और ख़ुद को अभिव्यक्त करने का अवसर दे सकता है। जब हम कोई गड़बड़ी करते हैं तो क्षमा और समझ उपचारात्मक स्पर्श का काम करते हैं। "मुझे दुःख है" कहने और तर्क-वितर्क से आगे बढ़ने से हमारे रिश्ते आहत भावनाओं के चक्र में फंसने के बजाय आगे बढ़ते हैं। प्रत्येक व्यक्ति में समय निवेश करना केवल घूमने-फिरने से कहीं ज़्यादा है। यह उन चीज़ों को करने के बारे में है जो हममें से प्रत्येक के लिए मायने रखती हैं, ऐसे गुणवत्तापूर्ण क्षण बनाती हैं जो हमारी दोस्ती के प्रति देखभाल और प्रतिबद्धता का स्तर दिखाते हैं। समान मूल्यों और मान्यताओं का होना एक समान भाषा होने जैसा है। यह हमें

संबंधों को मजबूत करते हुए जीवन की यात्रा का एक साथ सामना करने का एक तरीका देता है। दयालुता के रैंडम कार्य वो अप्रत्याशित ख़ुशियां हैं जो रिश्तों को बढ़ाते हैं। ये विचारशील क्षण दिखाते हैं कि हम एक-दूसरे को कितना महत्व देते हैं, जो कभी-कभी शब्द नहीं कर पाते।

लचीला होना और यह समझना कि रिश्ते उन गुणों से बने होते हैं जो उन्हें विकसित होने के साथ-साथ परिवर्तनकारी बनने की प्रवृत्ति देते हैं, उन्हें समय के साथ टिके रहने में मदद कर सकते हैं। यह तब और अधिक वास्तविक हो जाता है जब आप अपने दायरे में प्रत्येक व्यक्ति को अपने साथ बढ़ते हुए देखते हैं, जब आप एक साथ लक्ष्यों को पूरा करते हैं और जीवन के उतार-चढ़ाव से गुज़रते हैं।

ऐसे लोगों के साथ जुड़ने से जो आपकी आत्मा के लिए अच्छे हैं, आपके जीवन की गुणवत्ता में सुधार हो सकता है। इस बात का ध्यान रखें कि आप ज़रूरत पड़ने पर उपलब्ध हों और आप उन क्षणों के लिए उपस्थित हों जो सबसे महत्वपूर्ण हैं। यह भी समझना ज़रूरी है कि बिताए गए समय की गुणवत्ता मात्रा से अधिक मायने रखती है। परिवर्तन किसी भी रिश्ते का एक मूलभूत हिस्सा है, लेकिन जैसे-जैसे हम एक साथ बढ़ते हैं, यह अक्सर हमारे अनुभवों को दिलचस्प बनाए रखता है।

जीवन भर रिश्तों को निभाना एक भव्य तस्वीर को चित्रित करने जैसा है। इसके लिए एक स्थिर हाथ, विभिन्न प्रकार के रंग और बड़ी तस्वीर के लिए एक दृष्टिकोण की आवश्यकता होती है। हर दयालु भाव, साझा हंसी और दिल से की गई बातचीत इस उत्कृष्ट

कृति को जोड़ती है, एक बंधन बनाती है जो हमें एक साथ जीवन जीने में आराम और ख़ुशी देती है।

रिश्तों की इन जटिल संगीत रचनाओं में सहानुभूति कंडक्टर की भूमिका निभाती है। केवल कानों से नहीं, बल्कि दिल से सुनने की कला का अभ्यास करें। भावनाओं के अनकहे स्वरों को सुनें, उन अंतर्निहित धुनों को समझें जो आपके प्रियजनों के अनुभवों का मार्गदर्शन करती हैं। जिस प्रकार एक संगीत सामंजस्य में सुनाई देता है, उसी प्रकार एक रिश्ता तब फलता-फूलता है जब सहानुभूति मार्गदर्शक स्वर होती है।

उथल-पुथल के समय में, करुणा की किरण बनें जो आपके प्रियजनों को उनके तूफानों में मार्गदर्शन करती है। एक सुरक्षित बंदरगाह प्रदान करें, जहाँ असुरक्षा को समझ और समर्थन के साथ संभाला जाए, उन्हें याद दिलाया जाए कि वे जीवन के सागर में कभी नहीं भटकेंगे। ख़ुद को एक विशाल और भयानक समुद्र में यात्रा करते हुए सोचें, जहाँ आप करुणा के प्रकाशस्तंभ की तलाश में हैं। इस रूपक को जीवन भर रिश्तों को बनाए रखने तक विस्तारित करें। जब कोई कठिन समय का सामना कर रहा हो तो उसके लिए मौजूद रहना तूफान में आश्रय बनने जैसा है। कभी-कभी, हमें कुछ कहने की ज़रूरत भी नहीं पड़ती; बस वहाँ होना भर ही काफी होता है। ये वे क्षण हैं जो हमें एक साथ जोड़ते हैं, दिखाते हैं कि हमारा बंधन सिर्फ मनोरंजन से कहीं अधिक है—यह एक टीम होने के बारे में है, चाहे कुछ भी हो जाए।

इन रिश्तों को ऐसे दर्पण के रूप में सोचें जो न केवल वर्तमान

बल्कि अतीत की यात्रा को भी दर्शाते हैं। साझा यादों के दर्पण को नियमित रूप से चमकाएं, जिससे उसकी सतह यादों की चमक से जगमगा उठे। पुरानी तस्वीरें दोबारा देखें, पसंदीदा कहानियां सुनाएं और आप दोनों के विकास को स्वीकार करें। चिंतन करने का कार्य निरंतरता की भावना को मजबूत करता है और उन बंधनों को गहरा करता है जो समय की कसौटी पर खरे उतरे हैं। इन रिश्तों को जीवन के अनुभवों के संगमरमर से गढ़ी गई मूर्तियों के रूप में कल्पना करें। जिस प्रकार एक कलाकार गलतियों को सुधारता है और अपने काम को निखारता है, उसी प्रकार क्षमा की कला का अभ्यास करें। गलतफहमी और असहमति के खुरदुरे किनारों को उकेरकर, समझ और विकास की एक कहानी गढ़ें। क्षमा का कार्य आपके रिश्ते की मूर्ति को लचीलेपन और एकता की उत्कृष्ट कृति में बदल देता है। इन रिश्तों को दुर्लभ और अनमोल अमृत के रूप में देखें, जो आत्मा को फिर से जीवंत करने में सक्षम हैं। साझा किये गए क्षणों के स्वाद और साथ बिताये गए पलों का आनंद लेते हुए, उन्हें कृतज्ञता की बूंदों से पोषित करें। अपने जीवन की दिशा को आकार देने में इन संबंधों की भूमिका को स्वीकार करते हुए, बड़ी हावभाव और सरल कीयो दोनों के माध्यम से अपनी जीवन में रिश्ते बनाए रखें। इस तथ्य को पहचानें कि परिवर्तन विकास का एक आंतरिक हिस्सा है और अपने संबंधों में विकास के धागे बुनें। सभी व्यक्तियों को एक-दूसरे के परिवर्तनों का जश्न मनाना, सपनों की खोज को प्रोत्साहित करना और नए क्षितिज तलाशना सीखना चाहिए।

पारस्परिकता के संतुलन को संजोएं, जहाँ देना और प्राप्त करना सामंजस्यपूर्ण रूप से प्रवाहित होता है। अपनी देखभाल, सहायता और उपस्थिति देकर संबंध को मजबूत बनाएं। इसी प्रकार, प्राप्त करने के उपहार को अपनाएं, जिससे आपके प्रियजनों को रिश्ते को बनाए रखने में अपनी भूमिका निभाने का मौका मिले। पारस्परिकता का संतुलन यह सुनिश्चित करता है कि संबंध एक साझा यात्रा बना रहे।

दूसरों के साथ संबंध बनाना एक ऐसी चीज़ है जो गहरी मानवीय लालसा को संतुष्ट करती है। बिना एहसास हुए भी हम किसी पर गहरा प्रभाव डाल सकते हैं। हैरानी की बात यह है कि अन्य लोग भी हमारे जीवन पर महत्वपूर्ण प्रभाव डाल सकते हैं, ऐसे मूल्य जोड़ सकते हैं जो तुरंत स्पष्ट नहीं हो सकते हैं और केवल वर्षों या दशकों बाद ही स्पष्ट हो सकते हैं। आइए अब हम मानव अनुबंध के एक बुनियादी पहलू पर गौर करें: समाजीकरण की शाश्वत लालसा जो हम सभी में निहित है। सामाजिक संपर्क से रहित जीवन की कल्पना करें। यह मान लेना उचित है कि यदि आपके पास दूसरों के साथ सार्थक संपर्क का अभाव है तो आपकी वृद्धि, विकास और परिप्रेक्ष्य अवरुद्ध हो जाएगा। जीवन शायद नीरस और प्रेरणाहीन हो जाएगा।

मानव यात्रा के मूल में समाजीकरण की एक सहज आवश्यकता निहित है जो महज बातचीत से परे तक फैली हुई है। यह हमारे अस्तित्व के जटिल ताने-बाने में ख़ुद को उन धागों की तरह बुनता है, जो एक जाल बनाते हैं। मानवीय संबंध परस्पर निर्भरता का एक आवर्ती पैटर्न बनाते हैं, जो हमारी साझा कमज़ोरी और हमारे जीवन

के विशाल विस्तार में अर्थ की हमारी खोज को दर्शाते हैं।

समाजीकरण की यह आवश्यकता जीवित रहने से कहीं आगे तक फैली हुई है; यह समय, संस्कृति और परिस्थिति से परे है। यह साथी प्राणियों की संगति में अस्तित्व की भूलभुलैया को नेविगेट करने की हमारी मौलिक इच्छा को दर्शाती है। समाजीकरण में हमें दूसरों की आँखों से अपना सार देखने की अनुमति देकर ख़ुद को खोजने में मदद करने की शक्ति है। यह आत्मनिरीक्षण के लिए एक थिएटर के रूप में कार्य करता है, जहाँ हमारी यात्रा में हमारे साथ जाने वाले लोगों के साझा अनुभव और प्रतिक्रिया हमें अपनी पहचान की बारीकियों को समझने में सक्षम बनाते हैं। समाजीकरण की आवश्यकता कहानियों के लिए हमारी सामूहिक चाहत में भी शामिल होती है। पूरे इतिहास में, मनुष्यों को विजय और त्रासदी, नायकों और खलनायकों की कहानियां साझा करने के लिए आग के आसपास इकट्ठा होने के लिए लाया गया है। आज की डिजिटल रूप से जुड़ी दुनिया में, आग का रूपक एक आभासी स्थान में बदल गया है जहाँ कहानियों और अनुभवों को विशाल दूरी में साझा किया जाता है। ये विवरण महज कहानियों से कहीं अधिक हैं; ये ऐसे धागे हैं जो हमें एक साथ बांधते हैं, हमें हमारी सामान्य मानवता, हमारे साझा संघर्षों और अच्छी तरह से जीवन जीने की हमारी सामूहिक खोज की याद दिलाते हैं। समाजीकरण की आवश्यकता अस्तित्ववादी विचार और दर्शन के क्षेत्र में गूंजती है। अस्तित्ववादी दार्शनिक जीवन के अर्थ और प्रामाणिकता की मानवीय खोज पर विचार करते हैं। मानवीय संबंध

के दायरे में, हम प्रामाणिकता को उजागर करते हैं–जो हमारी भावनाओं, आकांक्षाओं और कमज़ोरियों का वास्तविक प्रतिबिंब है। अपने आंतरिक रूप को साझा करके, हम उन दिखावों को उतार देते हैं जो हम अक्सर बाहरी दुनिया में पहनते हैं और अपने अस्तित्व की प्रामाणिकता को अपनाते हैं।

मूल रूप से, सामाजिक मेलजोल की मानवीय आवश्यकता जीवन की यात्रा में किसी के साथ के लिए हमारी लालसा को दर्शाती है। जैसे-जैसे हम ख़ुशी के शिखर और दुःख की घाटियों में यात्रा करते हैं, हम उन साथी यात्रियों की संगति में सांत्वना तलाशते हैं, जो हमारे दिल की भावना को समझते हैं।

दार्शनिक मार्टिन बुबेर ने "मैं-तू" संबंधों की अवधारणा पेश की, जिसमें उस गहरे संबंध पर ज़ोर दिया गया जो तब उत्पन्न होता है जब व्यक्ति एक-दूसरे के साथ अद्वितीय प्राणी के रूप में जुड़ते हैं। इन संबंधों में, हमें न केवल दूसरे व्यक्ति का साथ मिलता है, बल्कि हमारे व्यक्तित्व की पुष्टि भी होती है।

लोगों में सामाजिक मेलजोल की तीव्र इच्छा होती है जो सतही बातचीत से परे होती है। ये संबंध हमारे साझा अनुभवों, लक्ष्यों और प्रगति का एक सामूहिक चित्र प्रकट करते हैं। जब हम प्रामाणिकता, एकता और उद्देश्य की तलाश करते हैं, तो समाजीकरण उस गहन अंतर्संबंध को प्रदर्शित करता है जो हमारे अस्तित्व को परिभाषित करता है। मानवीय रिश्तों के माध्यम से, हम अपने भीतर की गूंज, अपनी व्यक्तिगत यात्राओं की गूंज और इस निरंतर अनुस्मारक की खोज करते हैं कि दूसरों के साथ बांटने पर जीवन ज़्यादा

संतुष्टिदायक होता है।

यादें और प्रभाव:

अस्तित्व के विशाल समुद्र में, गुज़रती हवा की तरह क्षणभंगुर, हमारा जीवन क्षणों, अनुभवों और संबंधों की एक नाज़ुक संरचना बुनता है। जैसे ही हम अपने पीछे छोड़ी गई विरासत पर विचार करते हैं, भौतिक संपत्ति और सांसारिक उपलब्धियों की अल्पकालिक प्रकृति स्पष्ट हो जाती है। इस आत्मनिरीक्षण यात्रा में, यह स्पष्ट हो जाता है कि यादें और प्रभाव, आकाशीय फुसफुसाहट की तरह, समय के गलियारों में गूंजने वाली निरंतर गूंज हैं, जो मानव अनुभव के मूल ताने-बाने को आकार देती हैं।

जीवन की एक जटिल मोज़ेक के रूप में कल्पना करें, जहाँ प्रत्येक गतिविधि, प्रत्येक शब्द, प्रत्येक साझा भावना पहेली का एक टुकड़ा है, जो हमारे अस्तित्व को बनाता है। इस मोज़ेक में, यादें ज्वलंत रंग हैं जो हमारे अस्तित्व के कैनवास में जीवन का संचार करती हैं। ये यादें हमारी बातचीत के धागों से बुना हुआ पर्दा है, जो उन हंसी, आंसुओं और साझा क्षणों से बना है, जो हमारी यात्रा को परिभाषित करती हैं। जिस तरह एक चित्रकार कैनवास पर भावनाओं को व्यक्त करने के लिए पेंट स्ट्रोक्स का इस्तेमाल करता है, उसी तरह हमारी यादें उन भावनाओं और एहसासों को जगाती हैं जो सालों के बाद भी बनी रहती हैं। दार्शनिक रूप से, यादों और प्रभाव को पीछे छोड़ने की अवधारणा अस्तित्ववादी विचार से मेल खाती है। अस्तित्ववादी विचारक जीवन की क्षणभंगुरता के

सामने उसके अर्थ पर विचार करते हैं। इस संदर्भ में, हम जो प्रभाव छोड़ते हैं वह हमारे अस्तित्व के महत्व का एक प्रमाण है– जो याद दिलाता है कि भले ही जीवन क्षणभंगुर हो सकता है, लेकिन इसकी गूंज हमारे जाने के बाद भी लंबे समय तक गूंजती रह सकती है। जिस तरह एक कंकड़ तालाब की सतह पर लहरें पैदा करता है, उसी तरह हमारे कार्य लहरें पैदा करते हैं, जो उन लोगों के जीवन में गूंजती हैं जिन्हें हम छूते हैं।

यादों को लालटेन की तरह समझें, जो अज्ञात के अंधेरे को रोशन करती हैं। जैसे-जैसे समय आगे बढ़ता है, ये लालटेन आने वाली पीढ़ियों के मार्ग पर अपनी रोशनी बिखेरते हैं। हम जो प्रभाव डालते हैं–जो प्रकाश हम उत्सर्जित करते हैं–वह दूसरों को उनकी अपनी यात्राओं में मार्गदर्शन करता है। इस विचार के दार्शनिक आधार "कैरोस" की प्राचीन ग्रीक अवधारणा की याद दिलाते हैं, यह धारणा कि क्षणों की अपनी महत्ता होती है और ये नियति को आकार देने की क्षमता रखते हैं। हमारा प्रभाव उन क्षणों की एक श्रृंखला बन जाता है, जो हमारे मद्देनज़र आने वाले लोगों की पसंद, विश्वास और आकांक्षाओं को आकार देते हैं। मानव सभ्यता के व्यापक दायरे में, यादें और प्रभाव ऐसे धागे बनाते हैं जो संस्कृति और प्रगति के संश्लेषण को बुनते हैं। जिस तरह एक लेखक के शब्द पीढ़ियों को प्रेरित कर सकते हैं, उसी तरह ज्ञान, कला और बुद्धिमत्ता में हमारा योगदान ऐसे प्रकाशस्तंभ बन जाते हैं जो विकास और ज्ञानोदय की दिशा में मार्ग को रोशन करते हैं। यह अवधारणा "फ्रोनेसिस" या व्यावहारिक ज्ञान की दार्शनिक धारणा के अनुरूप है, जो समाज की भलाई के लिए ज्ञान और अंतर्दृष्टि को प्रसारित

करने के महत्व पर ज़ोर देती है।

जैसे ही हम अपने अस्तित्व की क्षणभंगुर प्रकृति पर विचार करते हैं, यादें और प्रभाव उस आकाशीय विरासत के रूप में उभरते हैं, जो हम दुनिया को प्रदान करते हैं। ये वे गूंज हैं जो समय और स्थान की सीमाओं को लांघकर गूंजती रहती हैं। यादें हमारे जीवन के कैनवास को जीवंत रंगों से रंगती हैं, जबकि प्रभाव अभी तक सामने आने वाले भविष्य के पथ को आकार देता है। हमारी विरासत संपत्ति के संचय या क्षणभंगुर प्रसिद्धि की खोज में नहीं है, बल्कि दूसरों के जीवन पर हमारे द्वारा डाले गए अमिट प्रभाव में है। यादें और प्रभाव, एक कालातीत सिम्फनी के सामंजस्यपूर्ण नोट्स की तरह, हमारे दिल में रहते हैं और कल के अज्ञात विस्तार में हमारी यात्रा को आकार देते हैं। आइए हम दो व्यक्तियों पर नज़र डालें जो यादों और प्रभाव को पीछे छोड़ने के सिद्धांत को अपनाते हैं। हम ऐसे दो व्यक्तियों पर एक नज़र डालने वाले हैं, जिन्होंने, मेरे लिए, असल में इतिहास पर एक अमिट छाप छोड़ी है।

कैथरीन जॉनसन (1918-2020):

कैथरीन जॉनसन, जिनका जन्म 1918 में हुआ था, एक अग्रणी अमेरिकी गणितज्ञ थीं, जिनके त्रुटिहीन कौशल और सटीक गणनाओं ने अंतरिक्ष अन्वेषण पर एक अमिट छाप छोड़ी। संख्याओं के प्रति उनकी स्वाभाविक योग्यता और अपनी कला के प्रति उनके अटूट समर्पण ने उन्हें ऐसी महान उपलब्धियों तक पहुंचाया, जिन्होंने अंतरिक्ष इतिहास में कुछ सबसे महत्वपूर्ण लक्ष्यों को पूरा करने में महत्वपूर्ण भूमिका निभाई।

छोटी उम्र से ही कैथरीन की प्रतिभा स्पष्ट दिखाई देने लगी थी। ऐसे समय में जब STEM में अफ्रीकी अमेरिकी महिलाओं के लिए अवसर सीमित थे, उन्होंने ग्रेड स्तरों को पार करते हुए और बेहद आसानी से गणितीय अवधारणाओं को आत्मसात करते हुए असाधारण प्रतिभा का प्रदर्शन किया। इस विलक्षण प्रतिभा ने उन्हें 15 साल की उम्र में कॉलेज में दाखिला लेने की अनुमति दी, जिससे गणित और एयरोस्पेस में अद्वितीय योगदान की विरासत के लिए मंच तैयार हुआ। 1950 के दशक में, कैथरीन की विशेषज्ञता को NACA में अपना सही स्थान मिला, जो बाद में NASA में

विकसित हुआ। यहाँ, जटिल गणनाओं में उनकी निपुणता शीघ्र ही संस्थान की प्रगति का एक अभिन्न अंग बन गई। वह सिर्फ टीम की सदस्य नहीं थीं; वह अक्सर अभिकलन की सटीकता सुनिश्चित करने वाली धुरी थीं, जो अंतरिक्ष अभियानों की सफलता या विफलता का निर्धारण करती थी।

1960 के दशक की अंतरिक्ष की दौड़ के दौरान कैथरीन का कौशल सचमुच चमक उठा। जब अंतरिक्ष यात्री जॉन ग्लेन पृथ्वी के चारों ओर अपनी कक्षीय उड़ान की तैयारी कर रहे थे, तो यह कैथरीन की सूक्ष्म गणना थी जिस पर उन्हें भरोसा था। उनके काम ने न केवल मिशन की सफलता सुनिश्चित की बल्कि ग्लेन की पृथ्वी पर सुरक्षित वापसी भी सुनिश्चित की।

यह नासा में उनके कई निर्णायक क्षणों में से बस एक था। कैथरीन की गणितीय विशेषज्ञता ने अपोलो मिशन को आगे बढ़ाया, ऐतिहासिक चाँद पर लैंडिंग में भूमिका निभाई, जिससे अंतरिक्ष अन्वेषण के इतिहास में उसका नाम हमेशा के लिए दर्ज हो गया।

अपने शानदार करियर के दौरान, कैथरीन के असाधारण योगदान को अच्छी-खासी पहचान मिली। NASA ने अपने मिशनों में उनकी महत्वपूर्ण भूमिका का जश्न मनाया और उन्हें प्रतिष्ठित प्रेसिडेंशियल मेडल ऑफ़ फ़्रीडम सहित कई पुरस्कारों से नवाज़ा गया। कैथरीन जॉनसन की जीवन की कहानी पीढ़ियों के लिए प्रेरणा का काम करती है, जो किसी के क्षेत्र में समर्पण, सटीकता और उत्कृष्टता के मूल्य को दर्शाती है। उनकी यात्रा इस बात का उदाहरण है कि कैसे अटूट प्रतिबद्धता के साथ मिलकर प्रतिभा बाधाओं को तोड़ सकती है और इतिहास को नया आकार दे सकती

है।[5]

लिसा गेलोबटर (1971-वर्तमान):

लिसा गेलोबटर अमेरिकी प्रौद्योगिकी के परिदृश्य में एक अग्रणी शक्ति और एक पूर्ण टाइटन के रूप में सामने आती है। 1971 में जन्मी, प्रौद्योगिकी के प्रति उनकी रुचि कम उम्र से ही स्पष्ट हो गई थी, और उन्होंने इस जुनून को एक शानदार शैक्षणिक यात्रा में बदल दिया। ब्राउन यूनिवर्सिटी से कंप्यूटर साइंस में डिग्री और MIT से मास्टर डिग्री हासिल करने वाली लिसा की मूलभूत विशेषज्ञता ने डिजिटल दुनिया में अभिनव योगदान की एक श्रृंखला के लिए मंच तैयार किया।

1990 के दशक के दौरान, लिसा उन प्रगतियों में सबसे आगे थीं जिन्होंने इंटरनेट को फिर से परिभाषित किया। वेब एनीमेशन के विकास में उनके शानदार काम ने गतिशील, इंटरैक्टिव

---

[5] लेखक। पूरा नाम। (n.d.). *कैथरीन जॉनसन। नई वैज्ञानिक।* https://www.newscientist.com/people/katherine-johnson/

ऑनलाइन अनुभवों के लिए आधार तैयार किया, जिसे हम आज स्वीकार करते हैं। लिसा की अंतर्दृष्टि और तकनीकी कौशल ने ऑनलाइन वीडियो और इमर्सिव वेबसाइटों के विकास में महत्वपूर्ण योगदान दिया। Shockwave, General Magic और Apple जैसी प्रमुख कंपनियों के साथ उनके जुड़ाव ने तकनीकी क्षेत्र पर उनके प्रभाव को और बढ़ा दिया।

अपने तकनीकी योगदान से परे, लिसा की उद्यमशीलता की भावना तब चमक उठी जब उन्होंने डिजिटल एंटरटेनमेंट नेटवर्क की सह-स्थापना की। यह अग्रणी प्लेटफ़ॉर्म दूरदर्शी था, जिसने वेब वीडियो प्लेटफ़ॉर्म के एक नए युग की शुरुआत की जो अंत में आदर्श बन गया। लिसा की प्रतिबद्धता सिर्फ प्रौद्योगिकी से आगे तक फैली हुई है। तकनीकी उद्योग में विविधता और समावेशिता के महत्व को पहचानते हुए, वह इन मूल्यों की कट्टर समर्थक बन गईं। उनके समर्पण की वजह से Google की पहली विविधता रिपोर्ट की शुरुआत हुई, जो अधिक समावेशी तकनीकी क्षेत्र के लिए उनके प्रभाव और दृष्टिकोण का एक प्रमाण है। लचीलेपन, नवीनता और दृढ़ संकल्प की प्रतीक, लिसा गेलोबटर की विरासत केवल चुनौतियों पर काबू पाने के बारे में नहीं है, बल्कि अपने क्षेत्र में सार्थक बदलाव और प्रगति लाने के बारे में है। चूँकि, वह उभरते तकनीकी उत्साही लोगों को प्रेरित करती रहती हैं, उसकी कहानी विशेषज्ञता के साथ जुनून की परिवर्तनकारी शक्ति की याद दिलाती है।

कई लोगों के लिए, लिसा न केवल एक पथप्रदर्शक, बल्कि इस

बात का प्रतीक भी हैं कि जब प्रतिभा प्रौद्योगिकी की दुनिया में अटूट प्रतिबद्धता से मिलती है तो क्या संभव होता है।[6] अपने सतर्क लेंस के माध्यम से, हम देख सकते हैं कि इन प्रेरणादायक महिलाओं ने अपने क्षेत्र में वास्तविक शिखर बनने के लिए उथल-पुथल के समुद्र और पूर्वाग्रह की बाधाओं को पार कर लिया है। फिर भी, समय के माध्यम से हमारी खोज और यात्रा अभी ख़त्म नहीं हुई है, क्योंकि हमें अभी भी बहुत कुछ देखना बाकी है।

---

[6] कोएन, आर. (2021, 10 फरवरी)। *लिसा गेलोबटर (1971-)* •
https://www.blackpast.org/african-american-history/lisa-gelobter-1971/

अध्याय 7: परमेश्वर में आस्था

मनुष्य के रूप में, हम सभी के अलग-अलग लक्ष्य होते हैं जिन्हें हम जीवन में हासिल करना चाहते हैं। हममें से कुछ लोग धन, प्रसिद्धि, शक्ति या प्रभाव पाने का प्रयास कर सकते हैं। हालाँकि, जब हम इस मामले में दार्शनिक और अकादमिक जांच शुरू करते हैं, तो हम समझ सकते हैं कि प्रत्येक व्यक्ति का अंतिम लक्ष्य पूर्ण जीवन जीना है। जीवन एक अप्रत्याशित घटना है, और एक पूर्ण जीवन जीने की हमारी तलाश में, हम कभी-कभी यह भूल सकते हैं कि इस भौतिकवादी दुनिया में सब कुछ हमारे नियंत्रण में नहीं है। फिर भी, अंतिम लक्ष्य हम सभी के लिए एक ही है: एक ऐसा जीवन जीना जो सार्थक और संतोषजनक हो।

इस प्रश्न का उत्तर कि "एक पूर्ण जीवन क्या है?" हर व्यक्ति के लिए अलग-अलग होता है। जहाँ कुछ लोग इसे धन या शक्ति के रूप में देख सकते हैं, अन्य लोग इसे एक पुरानी कार को ठीक करने जैसा सरल मान सकते हैं जो एक शौक बन गया है। हालाँकि, यह समझना महत्वपूर्ण है कि पूर्ण जीवन जीना कहीं अधिक जटिल है और इसमें शारीरिक, भावनात्मक, बौद्धिक और आध्यात्मिक कल्याण का संयोजन शामिल है। इसमें ख़ुशी, संतुष्टि और उद्देश्य की खोज शामिल है जो जीवन को गहराई और अर्थ प्रदान करती है। इस दार्शनिक और अकादमिक जांच का उद्देश्य अधिक मुखर

तरीके से पूर्ण जीवन जीने के विभिन्न पहलुओं का पता लगाना है, जिसमें सार्थक रिश्ते विकसित करना, व्यक्तिगत जुनून का पीछा करना, स्वस्थ जीवनशैली बनाए रखना और भलाई में योगदान देना शामिल है।

एक पूर्ण जीवन के मूल में दूसरों के साथ सार्थक संबंध स्थापित करना निहित है। परिवार, दोस्तों और व्यापक समुदाय के साथ संबंध बनाना और पोषित करना अपनेपन की भावना और भावनात्मक समर्थन प्रदान करता है। ये संबंध साझा अनुभव, सहानुभूति और पारस्परिक विकास के अवसर प्रदान करते हैं। खुले संचार, सक्रिय रूप से सुनने और सहानुभूतिपूर्ण समझ में संलग्न होने से ये रिश्ते गहरे होते हैं, जिससे अंतर्संबंध और संतुष्टि की भावना को बढ़ावा मिलता है। व्यक्तिगत जुनून और रुचियों की खोज भी उतनी ही महत्वपूर्ण है। किसी के मूल्यों और रुचियों से मेल खाने वाली गतिविधियों में संलग्न होने से उपलब्धि और ख़ुशी की भावना आती है। जुनून का पीछा करने से न केवल जीवन के अनुभव समृद्ध होते हैं, बल्कि व्यक्तिगत विकास और आत्म-खोज को भी बढ़ावा मिलता है। चाहे वह पेंटिंग हो, संगीत वाद्ययंत्र बजाना हो, किसी खेल का अभ्यास करना हो, या रचनात्मक लेखन में संलग्न होना हो, इन गतिविधियों में समय देने से उद्देश्य और संतुष्टि की भावना पैदा होती है।

यह कहना सुरक्षित है कि एक पूर्ण जीवन में व्यक्ति के शारीरिक कल्याण का ध्यान रखना शामिल है। नियमित व्यायाम, संतुलित आहार, पर्याप्त नींद और तनाव प्रबंधन के माध्यम से स्वस्थ जीवन

शैली अपनाने से समग्र कल्याण में योगदान मिलता है, जो एक पूर्ण जीवन का विषय है जिसे आप अनदेखा नहीं कर सकते हैं। शारीरिक स्वास्थ्य न केवल ऊर्जा स्तर और संज्ञानात्मक कार्य को बढ़ाता है, बल्कि भावनात्मक दृढ़ता को भी बढ़ाता है।

सचेतनता अभ्यासों, ध्यान या योग में संलग्न होने से मानसिक स्पष्टता और भावनात्मक स्थिरता को बढ़ावा मिल सकता है, जिससे व्यक्ति सकारात्मक दृष्टिकोण के साथ जीवन की चुनौतियों का सामना कर सकते हैं। हालाँकि, सावधान रहें, क्योंकि एक पूर्ण जीवन जीने में बौद्धिक विकास और निरंतर सीखना भी शामिल है। आपको अपने जीवन के उन क्षेत्रों को बेहतर बनाने के लिए सक्रिय प्रयास करना चाहिए जिनमें आप पीछे हो सकते हैं। जिज्ञासा का स्वागत करना और विभिन्न क्षेत्रों में ज्ञान प्राप्त करना संज्ञानात्मक क्षमताओं को समृद्ध करता है और अनुकूलन क्षमता को बढ़ावा देता है। औपचारिक शिक्षा, पढ़ना, लेक्चर में भाग लेना, या नए कौशल की खोज के माध्यम से आजीवन सीखने में लगे रहना आपकी संभावना को व्यापक बनाता है और व्यक्तिगत विकास को प्रोत्साहित करता है। बौद्धिक उत्तेजना उपलब्धि और उद्देश्य की भाव [illegible] [illegible] सामाजिक कार्यों में भाग लेने से व्यक्तिगत आकांक्षाओं से परे उद्देश्य की भावना पैदा होती है। परोपकारी प्रयास दूसरों के जीवन पर सार्थक प्रभाव डालते हैं, जो बड़े पैमाने पर दुनिया के साथ

पूर्णता और अंतर्संबंध की गहरी भावना पैदा करते हैं।

एक पूर्ण जीवन जीना एक व्यापक प्रयास है जिसमें विभिन्न कल्याण के आयाम शामिल हैं। सार्थक रिश्तों का पोषण करना, व्यक्तिगत जुनून का पीछा करना, शारीरिक और मानसिक स्वास्थ्य बनाए रखना, निरंतर सीखने में संलग्न रहना और समाज की बेहतरी में योगदान देना, ये सभी उद्देश्य और संतुष्टि से समृद्ध जीवन में योगदान करते हैं। इन पहलुओं के बीच संतुलन पाने का प्रयास करके, व्यक्ति आत्म-खोज, विकास और पूर्णता की यात्रा शुरू कर सकते हैं जो मात्र अस्तित्व से परे है और जीवन के वास्तविक सार को अपनाता है।

आस्था के माध्यम से पूर्ति:

परमेश्वर में आस्था पूरे इतिहास में व्यक्तियों के लिए प्रेरणा, मार्गदर्शन और सांत्वना का स्रोत रही है। इसमें जीवन को गहराई से समृद्ध करने और बदलने की क्षमता है, जिससे उद्देश्य, संतुष्टि और पूर्ति की भावना पैदा होती है। आइए उन असंख्य तरीकों का पता लगाएं जिनसे परमेश्वर में आस्था आंतरिक शांति, नैतिक दिशा, समुदाय, व्यक्तिगत विकास और दृढ़ता को छूकर एक पूर्ण जीवन में योगदान दे सकती है। आस्था में निहित एक पूर्ण जीवन के केंद्र में आंतरिक शांति का अनुभव है। किसी उच्च शक्ति में विश्वास अनिश्चितता और प्रतिकूलता के समय में आराम प्रदान करता है। यह आश्वासन कि एक दिव्य योजना और उद्देश्य है, शांति की भावना प्रदान करता है, जिससे व्यक्तियों को शांत हृदय के साथ

जीवन की चुनौतियों का सामना करने की अनुमति मिलती है। यह आंतरिक शांति इस समझ से उत्पन्न होती है कि मुश्किलें किसी परोपकारी शक्ति द्वारा रचित एक बड़ी कहानी का हिस्सा हैं, जो एक दृढ़ मानसिकता को बढ़ावा देती है जो भावनात्मक कल्याण को बढ़ावा देती है।

परमेश्वर में आस्था एक नैतिक दिशासूचक के रूप में भी कार्य करती है, जो व्यक्तियों को नैतिक चुनावों और सदाचारी जीवन जीने के लिए मार्गदर्शन करती है। धार्मिक शिक्षाएं अक्सर करुणा, ईमानदारी, विनम्रता और क्षमा जैसे मूल्यों पर ज़ोर देती हैं। इन मूल्यों को अपनाने से न केवल स्वस्थ रिश्ते विकसित होते हैं, बल्कि आत्म-सम्मान और अखंडता की मजबूत भावना भी विकसित होती है। जब हम किसी के आस्था के सिद्धांतों के अनुरूप निर्णय लेते हैं, तो यह एक स्पष्ट विवेक और नैतिक संतुष्टि की भावना वाले जीवन में योगदान देता है। परमेश्वर में आस्था अक्सर एक सहायक समुदाय से जुड़े होने की भावना पैदा करती है। धार्मिक सभाएँ एकता और साझा उद्देश्य की भावना प्रदान करती हैं, जो सामाजिक संपर्क, मित्रता और पारस्परिक समर्थन के लिए स्थान बनाती हैं। ये समुदाय समागम के अवसर प्रदान करते हैं, जहाँ व्यक्ति समझ, प्रोत्साहन और सौहार्द पा सकते हैं। इस तरह के संबंध परस्पर जुड़ाव की भावनाओं को बढ़ाते हैं, अकेलेपन की भावनाओं से लड़ते हैं। [illegible] पूर्ण जीवन की एक और पहचान है। कई धार्मिक परंपराएँ आत्मनिरीक्षण,

आत्म-अनुशासन और आत्म-जागरूकता के माध्यम से आत्म-सुधार को प्रोत्साहित करती हैं। प्रार्थना, ध्यान और आत्म-चिंतन जैसे अभ्यासों में संलग्न होने से आध्यात्मिक विकास और आत्म-खोज को बढ़ावा मिलता है। आस्था से संचालित व्यक्ति अक्सर सद्गुणों को विकसित करने, व्यक्तिगत चुनौतियों पर काबू पाने और अपने उद्देश्य की गहरी समझ विकसित करने का प्रयास करते हैं, जिससे निरंतर व्यक्तिगत विकास द्वारा चिह्नित जीवन में योगदान मिलता है। मैं अपनी बात में यह शामिल करना चाहता हूँ कि परमेश्वर में आस्था प्रतिकूल परिस्थितियों में दृढ़ता का एक स्रोत प्रदान करती है। विश्वासी अक्सर कठिन परिस्थितियों को सहने के लिए अपनी आस्था से शक्ति प्राप्त करते हैं, जो कष्ट के समय में भी आशा और अर्थ ढूंढते हैं। यह विश्वास कि चुनौतियाँ विकास के अवसर हैं और एक दिव्य उपस्थिति कठिनाइयों के माध्यम से उनका मार्गदर्शन कर रही है, भावनात्मक और मानसिक दृढ़ता को बढ़ाती है। यह मजबूती व्यक्तियों को दृढ़ रहने और बाधाओं पर काबू पाने की शक्ति देता है, जिससे उपलब्धि और पूर्णता की भावना पैदा होती है।

परमेश्वर में आस्था किसी व्यक्ति के जीवन को आकार दे सकती है और बेहतर बना सकती है, जिससे वह आंतरिक शांति, नैतिक अखंडता, अपनेपन की भावना, व्यक्तिगत विकास और लचीलेपन से युक्त एक पूर्ण अस्तित्व की ओर अग्रसर हो सकता है। आस्था द्वारा प्रदान की गई आध्यात्मिक नींव जीवन की जटिलताओं से निपटने, उद्देश्य की गहरी भावना को बढ़ावा देने और व्यक्तियों को अर्थ और संतुष्टि के जीवन की ओर मार्गदर्शन करने के लिए एक

रोडमैप प्रदान करती है। आस्था के लेंस के माध्यम से, जीवन के अनुभव नए आयाम लेते हैं, जिससे व्यक्ति चुनौतियों को स्वीकार कर सकते हैं, ख़ुशियां मना सकते हैं और अपने मार्ग में पूर्णता पा सकते हैं।

परमेश्वर के वचन का ज्ञान:

परमेश्वर के वचन पर विश्वास स्वाभाविक रूप से ज्ञान के विषयों से जुड़ा हुआ है, क्योंकि यह मानव अस्तित्व को रोशन करने वाली अंतर्दृष्टि और मार्गदर्शन का भंडार प्रदान करता है। नैतिक ज्ञानोदय, उत्कृष्ट परिप्रेक्ष्य, सांप्रदायिक ज्ञान, व्यक्तिगत विकास और अंतिम सत्य की खोज जैसे विषयों के बारे में जानते हुए, यह खंड इस बात पर चर्चा करता है कि परमेश्वर के वचन को अपनाने से ज्ञान क्यों प्रकट होता है। मूल रूप से, परमेश्वर के वचन पर विश्वास करना नैतिक ज्ञान का एक रूप है। विभिन्न धार्मिक परंपराओं के पवित्र ग्रंथ नैतिक सिद्धांतों और मूल्यों को प्रस्तुत करते हैं जिन्हें मानव अनुभव की पीढ़ियों के माध्यम से परिष्कृत किया गया है। ज्ञान में हमारे कार्यों के परिणामों को समझना और ऐसे विकल्प चुनना शामिल है जो भलाई में योगदान करते हैं। परमेश्वर के वचनों में पाई गई शिक्षाओं को अपनाकर, व्यक्ति अपने निर्णयों को समय के साथ परखे गए ज्ञान के स्रोत के साथ जोड़ते हैं, जो सहानुभूति, करुणा और नैतिक अखंडता को बढ़ावा देता है। इसके अतिरिक्त, परमेश्वर का वचन एक उत्कृष्ट परिप्रेक्ष्य प्रदान

करता है जो मानवीय समझ की सीमाओं से परे है। ज्ञान में तात्कालिक परिस्थितियों से परे देखने और जीवन के व्यापक संदर्भ को समझने की क्षमता शामिल है। धार्मिक ग्रंथों में पाई जाने वाली शिक्षाएं अक्सर अस्तित्व संबंधी प्रश्नों पर विचार करती हैं, जो सृष्टि के रहस्यों, पीड़ा की प्रकृति और अस्तित्व के उद्देश्य को संबोधित करती हैं। परमेश्वर के वचनों पर अपने विश्वास को आधारित करके, व्यक्तियों को एक ऐसा दृष्टिकोण प्राप्त होता है जो जीवन की जटिलता को स्वीकार करता है और साथ ही ऐसी अंतर्दृष्टि प्रदान करता [illegible — यह पंक्ति ओवरप्रिंट है] सामूहिक ज्ञान का भी लाभ मिलता है। धार्मिक आस्था अक्सर उन लोगों को एक साथ लाती है जो समान मूल्यों और विश्वासों को साझा करते हैं। इन समुदायों के भीतर, ज्ञान को साझा किया जाता है, पोषित किया जाता है और पीढ़ियों तक आगे बढ़ाया जाता है। विचारों, अनुभवों और व्याख्याओं का आदान-प्रदान परमेश्वर की शिक्षाओं की समृद्ध समझ में योगदान देता है। यह सांप्रदायिक ज्ञान व्यक्तिगत विकास का समर्थन करता है और वास्तविक दुनिया की चुनौतियों के लिए आध्यात्मिक अंतर्दृष्टि के अनुप्रयोग को प्रोत्साहित करता है। व्यक्तिगत विकास की यात्रा ज्ञान का एक और आयाम है जो परमेश्वर के वचन पर विश्वास के अनुरूप होती है। ज्ञान में आत्म-सुधार, आत्मनिरीक्षण और विनम्रता के प्रति प्रतिबद्धता शामिल है। जब व्यक्ति धार्मिक शिक्षाओं को अपनाते हैं, तो वे निरंतर सीखने और परिवर्तन के मार्ग पर चलते हैं। ये शिक्षाएं आत्म-जागरूकता, क्षमा और सद्गुणों के विकास को प्रोत्साहित करती हैं। इस प्रक्रिया

के माध्यम से, व्यक्ति अपने चरित्र और कार्यों में ज्ञान के सार को समाहित करते हुए अधिक बुद्धिमान, अधिक दयालु और अधिक दृढ़ बन जाते हैं।

परम सत्य की खोज ज्ञान का एक केंद्रीय सिद्धांत है जो परमेश्वर के वचन पर विश्वास के साथ गूंजता है। ज्ञान में वास्तविकता, अस्तित्व और उद्देश्य की मौलिक प्रकृति को समझने की खोज शामिल है। धार्मिक ग्रंथ अक्सर देवत्व की प्रकृति, सृष्टि के रहस्यों और सभी जीवन की परस्पर संबद्धता के बारे में अंतर्दृष्टि प्रदान करते हैं। परमेश्वर के वचन के साथ तालमेल बिठाकर, व्यक्ति एक ऐसी खोज में लग जाते हैं, जो सांसारिकता से परे जाकर ज्ञान के सार को समाहित करते हुए, मानव अस्तित्व की नींव रखने वाले अंतिम सत्य को उजागर करने की कोशिश करती है।

परमेश्वर के वचन को अपनाना ज्ञान का एक प्रमाण है, क्योंकि इसमें नैतिक ज्ञान, उत्कृष्ट परिप्रेक्ष्य, सामुदायिक ज्ञान, व्यक्तिगत विकास और अंतिम सत्य की खोज शामिल है। व्यक्ति ज्ञान के स्रोत का लाभ उठाते हैं जो उनके कार्यों का मार्गदर्शन करता है, उनके चरित्र को आकार देता है, और पवित्र शिक्षाओं में उनके विश्वास को आधार बनाकर जीवन की जटिलताओं के बारे में उनकी समझ को बढ़ाता है। इस संदर्भ में, ज्ञान एक गतिशील और परिवर्तनकारी शक्ति बन जाता है जो अस्तित्व को उद्देश्य, गहराई और परमात्मा के साथ एक परिवर्तनकारी संबंध से भर देता है।

परमेश्वर की सेवा में संबंध:

आजीवन संबंध बनाना एक सुखद प्रयास है जो साहचर्य, समर्थन और साझा अनुभव प्रदान करके मानव अस्तित्व को समृद्ध करता है, जो आत्म-खोज के लिए हमारे मार्ग को आकार देता है। इन संबंधों में, परमेश्वर के साथ हम जो संबंध बनाते हैं, वह सबसे विचारशील और महत्वपूर्ण है, जो आध्यात्मिक संबंध, मार्गदर्शन और अंतहीन प्रेम के आधार के रूप में कार्य करता है।

इस खंड में, हम इस बात पर प्रकाश डालते हुए आजीवन संबंध बनाने की कला में गहराई से उतरेंगे कि परमेश्वर के साथ संबंध को इसकी स्थायी प्रकृति, प्रभाव, अडिग समर्थन और आध्यात्मिक अनुनाद के कारण प्राथमिकता क्यों दी जाती है।

आजीवन संबंधों की खोज आपसी समझ, साझा क्षणों और भावनात्मक गहराई का एक जटिल नृत्य है। इन संबंधों को बनाने के लिए वास्तविक प्रयास, सक्रिय संचार और जीवन के तूफानों का सामना करने की प्रतिबद्धता की आवश्यकता होती है। ये संबंध उतार-चढ़ाव में साथ देते हैं और हमें प्यार, विश्वास और सहानुभूति के नेटवर्क में बांधते हैं। फिर भी, ऐसे सभी संबंधों के बीच, परमेश्वर के साथ संबंध सांसारिक सीमाओं से परे है, और एक ऐसा शाश्वत संबंध प्रदान करता है, जो समय और स्थान की सीमाओं को चुनौती देता है।

व्यक्ति पर अपने गहरे प्रभाव के कारण परमेश्वर के साथ संबंध सर्वोपरि है। जहाँ मानवीय संबंध अक्सर व्यक्तिगत विकास में योगदान करते हैं, परमात्मा के साथ संबंध एक चिंतनशील आंतरिक परिवर्तन को उत्प्रेरित करता है। आध्यात्मिकता अपनाने से विनम्रता,

करुणा, क्षमा और कृतज्ञता जैसे गुणों को बढ़ावा मिलता है। यह आत्म-चिंतन और आत्मनिरीक्षण को प्रोत्साहित करता है, जिससे किसी के उद्देश्य और ब्रह्मांड से संबंध की गहरी समझ पैदा होती है।

यह गहरी यात्रा लोगों को उनकी आस्था द्वारा सिखाए गए मूल्यों और गुणों के साथ तालमेल बिठाते हुए, स्वयं के सर्वोत्तम संस्करणों में विकसित होने की शक्ति देती है। अंतहीन समर्थन परमेश्वर के साथ रिश्ते की पहचान है। परिस्थितियों, गलतफहमियों या समय बीतने के कारण मानवीय संबंध लड़खड़ा सकते हैं। लेकिन, परमात्मा के साथ संबंध स्थिर और अपरिवर्तनीय रहता है। विश्वासियों को यह जानकर सांत्वना मिलती है कि परमेश्वर का प्यार और मार्गदर्शन हमेशा मौजूद रहता है, जो जीवन की चुनौतियों के दौरान आराम का स्रोत प्रदान करता है। यह समर्थन दृढ़ता का स्रोत बन जाता है और व्यक्तियों को साहस और अनुग्रह के साथ कठिनाइयों से निपटने के लिए सशक्त बनाता है। परमेश्वर के साथ संबंध की आध्यात्मिक गूंज इसे एक अद्वितीय स्थिति तक बढ़ा देती है। जहाँ मानवीय रिश्ते संतुष्टिदायक हो सकते हैं, लेकिन वे अक्सर मानवीय खामियों और सीमाओं से बाधित होते हैं। इसके विपरीत, परमात्मा के साथ संबंध असीमित प्रेम, ज्ञान और समझ के दायरे में बदल जाता है।

यह आध्यात्मिक संबंध आत्मा की गहराई के साथ गूंजता है, जो अर्थ, उद्देश्य और उत्कृष्टता के लिए एक सहज इच्छा को संतुष्ट करता है। यह व्यक्तियों को अपने से बड़ी किसी चीज़ से संबंधित

होने की भावना से जोड़ता है, जिससे तृप्ति और आंतरिक शांति की गहरी भावना का पोषण होता है।

आजीवन संबंध बनाने का प्रयास संबंध और सहानुभूति की मानवीय क्षमता का एक प्रमाण है। ये संबंध साहचर्य, साझा अनुभव और पारस्परिक विकास प्रदान करके हमारे जीवन को समृद्ध बनाते हैं।

हालाँकि, अपनी स्थायी प्रकृति, प्रभाव, अटूट समर्थन और आध्यात्मिक अनुनाद के कारण इन संबंधों में परमेश्वर के साथ संबंध को प्राथमिकता दी जाती है।

जब व्यक्ति परमात्मा के साथ संबंध विकसित करने में समय देता है तो वो एक ऐसी साहसिक यात्रा पर निकल जाता है जो सांसारिक सीमाओं को पार करती है, और उन्हें एक ऐसे आजीवन संबंध की ओर ले जाती है, जो उद्देश्य, गहराई और पूर्णता की स्थायी भावना लाता है।

संसार में परमेश्वर की उपस्थिति का पता लगाना

परमेश्वर और उसकी सर्वोच्च शक्ति में हमारा विश्वास बेहद आकर्षक है और इसने संस्कृतियों, सभ्यताओं और सदियों को पार कर मानव इतिहास पर एक स्थायी छाप छोड़ी है। दुनिया की अधिकांश आबादी विश्वास करती है, और उनका तर्क अक्सर बहुआयामी होता है और अक्सर मनोवैज्ञानिक, सांस्कृतिक, दार्शनिक और आध्यात्मिक आयामों सहित विभिन्न कारकों से प्रभावित होता है।

उदाहरण के लिए, कुछ व्यक्तियों को केवल उच्च शक्ति में

विश्वास से आराम मिल सकता है, जबकि अन्य को धार्मिक प्रथाओं के माध्यम से अपने जीवन में उद्देश्य की भावना मिल सकती है।

इसके अतिरिक्त, सांस्कृतिक और दार्शनिक प्रभाव भी किसी के विश्वास को आकार दे सकते हैं, जहाँ कुछ समाज सामूहिक पूजा पर ज़ोर देते हैं और अन्य व्यक्तिगत आध्यात्मिक यात्राओं पर ध्यान केंद्रित करते हैं।

यह खंड इस बात का विस्तृत अन्वेषण प्रदान करके इन विभिन्न कारकों पर प्रकाश डालता है कि ऐसी मान्यताएँ विभिन्न समाजों और पूरे इतिहास में क्यों बनी हुई हैं, साथ ही इस जटिल विषय को और अधिक स्पष्ट करने के लिए व्यापक उदाहरण प्रदान करता है।

मनोवैज्ञानिक आराम और अर्थ:

परमेश्वर में विश्वास अक्सर व्यक्तियों को मनोवैज्ञानिक आराम की भावना प्रदान करता है, ख़ासकर अनिश्चितता, भय या संकट के समय में। ब्रह्मांड की देखरेख करने वाले परमेश्वर की सर्वशक्तिमानता सांत्वना प्रदान करती है, आशा और आश्वासन का स्रोत प्रदान करती है। उदाहरण के लिए, व्यक्तिगत प्रतिकूलता या वैश्विक संकट के समय, बहुत से लोग प्रार्थना की ओर रुख करते हैं और अपनी चुनौतियों का सामना करने और अर्थ खोजने के लिए दिव्य मार्गदर्शन की तलाश करते हैं।

अस्पष्ट को समझाना:

दुनिया और उसके रहस्यों के बारे में मानवता की सहज जिज्ञासा ने प्राकृतिक घटनाओं को समझाने के एक तरीके के रूप में एक उच्च शक्ति में हमारे विश्वास को बढ़ाया है जो एक समय वैज्ञानिक समझ से परे थ।

उदाहरण के लिए, प्राचीन सभ्यताएँ, तूफान या भूकंप के कारणों को समझने में असमर्थ थीं, इसलिए उन्होंने इन घटनाओं के लिए देवताओं या देवी-देवताओं के कार्यों को ज़िम्मेदार ठहराया। दैवीय हस्तक्षेप के इस श्रेय ने दुनिया की पेचीदगियों को समझने के लिए एक रूपरेखा प्रदान की।

सांस्कृतिक और सामाजिक प्रभाव:

सांस्कृतिक और सामाजिक कारक मान्यताओं को आकार देने में महत्वपूर्ण भूमिका निभाते हैं। धर्म कई संस्कृतियों की परंपराओं, पारिवारिक मूल्यों और सामाजिक मानदंडों के साथ गहराई से जुड़ा हुआ है। उदाहरण के लिए, धार्मिक प्रथाओं को अक्सर जन्म, विवाह और अंत्येष्टि जैसे संस्कारों में शामिल किया जाता है।

धार्मिक मान्यताओं के साथ ये सांस्कृतिक संबंध पीढ़ियों तक उनकी दृढ़ता में योगदान करते हैं। धार्मिक शिक्षाएं अक्सर एक नैतिक संरचना प्रदान करती हैं, जो नैतिक व्यवहार का मार्गदर्शन करती है और करुणा, ईमानदारी और परोपकारिता जैसे गुणों को बढ़ावा देती है।

कई लोगों को धार्मिक आचार संहिता का पालन करने में आराम मिलता है जो उन्हें जटिल नैतिक दुविधाओं से निपटने में मदद करता है। उदाहरण के लिए, ईसाई धर्म में दस आज्ञाएँ और इस्लाम

के पाँच स्तंभ एक सदाचारी जीवन जीने के लिए स्पष्ट दिशानिर्देश प्रदान करते हैं।

परमेश्वर में मानवता का विश्वास श्रेष्ठता और किसी बड़ी चीज़ से जुड़ाव की मौलिक मानवीय इच्छा को दर्शाता है। हमारे दिव्य निर्माता की उपस्थिति जीवन में गहरे अर्थ खोजने के लिए उद्देश्य की भावना और एक रास्ता प्रदान करती है। उत्कृष्टता की अवधारणा को विभिन्न धर्मों के अनुष्ठानों, प्रार्थनाओं और ध्यान के अभ्यासों में देखा जा सकता है, जो व्यक्तियों को परमात्मा से जुड़ने और आध्यात्मिक उत्थान के क्षणों का अनुभव करने की अनुमति देता है।

दार्शनिक चिंतन:

परमेश्वर का अस्तित्व सदियों से दार्शनिक मार्ग में एक केंद्रीय विषय रहा है। थॉमस एक्विनास और रेने डेसकारटेस जैसे दार्शनिकों ने कारण और तर्क के आधार पर परमेश्वर के अस्तित्व के लिए तर्क प्रस्तुत किए। इन दार्शनिक चर्चाओं ने व्यक्तियों को बौद्धिक अन्वेषण में संलग्न करके और उनके विश्वास के लिए तर्कसंगत आधार प्रदान करके परमेश्वर में विश्वास की व्यापकता में योगदान दिया है।

व्यक्तिगत अनुभव:

कई विश्वासी व्यक्तिगत अनुभवों की सूचना देते हैं, जिन्हें अक्सर आध्यात्मिक या दैवीय घटनाओं के रूप में वर्णित किया जाता है, जो परमेश्वर में उनके विश्वास को मजबूत करते हैं।

ये अनुभव दार्शनिक अंतर्दृष्टि के क्षणों से लेकर भौतिक क्षेत्र से परे किसी चीज़ से जुड़ाव महसूस करने तक हो सकते हैं। हालाँकि, ये अनुभव वैयक्तिकृत हैं, फिर भी ये हर किसी के लिए अत्यधिक महत्व रखते हैं और परमेश्वर में उनके विश्वास को मजबूत करते हैं।

परमेश्वर में विश्वास एक जटिल और जीवन बदलने वाली घटना है, जो मनोवैज्ञानिक, सांस्कृतिक, दार्शनिक और आध्यात्मिक कारकों के संयोजन से बनी है।

इतिहास, संस्कृति, दर्शन और व्यक्तिगत अनुभवों के उदाहरण बताते हैं कि दुनिया की अधिकांश आबादी परमेश्वर में विश्वास क्यों करती है। चाहे मनोवैज्ञानिक आराम की तलाश हो, अज्ञात के लिए स्पष्टीकरण ढूंढना हो, नैतिक संरचना का पालन करना हो, या उत्कृष्टता के क्षणों का अनुभव करना हो, ये कारण सामूहिक रूप से विविध समाजों में हमारे गहराई से निहित विश्वास की स्थायी प्रकृति में योगदान करते हैं।

परमेश्वर अच्छा है:

परमेश्वर की अच्छाई की समझ कई धार्मिक आस्थाओं की आधारशिला है, जो करुणा, दया और परोपकार की विशेषता वाले दिव्य स्वभाव पर ज़ोर देती है। इस यात्रा के माध्यम से हम देख सकते हैं कि कैसे परमेश्वर अच्छा और दयालु है, साथ ही उसकी दया के उदाहरण प्रदान करके हमें पता चलता है कि कैसे परमेश्वर के प्रेम, अनुग्रह और समर्थन के साथ परमेश्वर में आस्था संतोष

प्रदान करती है।

परमेश्वर की दया विभिन्न धार्मिक परंपराओं में स्पष्ट है, जो क्षमा और करुणा की उनकी क्षमता को प्रदर्शित करती है। धर्मशास्त्र अक्सर मानवीय गलतियों को क्षमा करने और व्यक्तियों को धार्मिकता की ओर मार्गदर्शन करने की परमेश्वर की इच्छा को दर्शाते हैं। उदाहरण के लिए, ईसाई धर्म में, भटके पुत्र का दृष्टांत एक ऐसे भटके हुए बच्चे को गले लगाने और माफ़ करने के लिए परमेश्वर की तत्परता को दर्शाता है जो दुखी हृदय के साथ लौटता है। इसी तरह, इस्लाम में, "अर-रहमान" (सबसे दयालु) और "अर-रहीम" (सबसे करुणामयी) के गुण ईश्वर की असीम दया को उजागर करते हैं।

दैवीय कृपा के उदाहरण:

परमेश्वर की दया के उदाहरण धार्मिक ग्रंथों और परंपराओं में प्रचुर मात्रा में उपलब्ध हैं। बाइबिल से योना की कहानी में, परमेश्वर नीनवे शहर को विनाश से बचाते हैं, जब उसके लोग पश्चाताप करते हैं। इस्लामी परंपरा में, पैगंबर मुहम्मद की कहानी उनकी रचना के लिए अल्लाह की करुणा पर ज़ोर देती है, जैसा कि इस आयत में देखा गया है: "मेरी दया सभी चीज़ों को शामिल करती है।" दूसरी ओर, हिंदू धर्म भगवान कृष्ण की दया को चित्रित करता है, जब वह अपने भक्तों को खतरनाक परिस्थितियों से बचाते हैं। ये कथाएं परमेश्वर की परोपकारिता और क्षमा प्रदान करने की उनकी इच्छा में विश्वास को दर्शाती हैं।

परमेश्वर में आस्था विश्वासियों को उसके बेशर्त प्यार का आश्वासन देती है। कई धार्मिक शिक्षाएं इस बात पर ज़ोर देती हैं कि परमेश्वर का प्रेम मानवीय सीमाओं से परे है, जो व्यक्तियों को उनके स्वरूप, खामियों और सभी को स्वीकार करता है। यह आश्वासन अपनेपन और आत्म-मूल्य की गहरी भावना को बढ़ावा देता है क्योंकि विश्वासी समझते हैं कि एक उदार रचनाकार उनकी सराहना करता है।

परमेश्वर की अच्छाई उस मार्गदर्शन में भी दिखाई देती है जो वह विश्वासियों को प्रदान करता है। धार्मिक ग्रंथ अक्सर सदाचारी और नैतिक सिद्धांत पेश करते हैं, जो एक पवित्र जीवन जीने के लिए मार्गदर्शक के रूप में काम करते हैं। उदाहरण के लिए, यहूदी धर्म और ईसाई धर्म में दस आज्ञाएँ एक नैतिक रूपरेखा प्रदान करती हैं, जबकि बौद्ध धर्म में महान अष्टांगिक पथ आत्मज्ञान का मार्ग प्रदान करता है। यह मार्गदर्शन उद्देश्य की भावना पैदा करता है, जो विश्वासियों को ईमानदारी और ज्ञान के साथ जीवन की चुनौतियों से निपटने में मदद करता है।

परिवर्तनकारी प्रभाव:

परमेश्वर में विश्वास का व्यक्तियों के जीवन पर परिवर्तनकारी प्रभाव पड़ता है। परमेश्वर की अच्छाई और दया की अवधारणा विश्वासियों को अपने कार्यों में इन गुणों का अनुकरण करने के लिए प्रोत्साहित करती है। दया, करुणा और क्षमा के कार्य उनके विश्वास की अभिव्यक्ति बन जाते हैं। यह परिवर्तन व्यक्तिगत विकास तक फैला हुआ है, क्योंकि आस्था विश्वासियों को नैतिक और आध्यात्मिक

सुधार के लिए लगातार प्रयास करने के लिए प्रोत्साहित करती है। परमेश्वर में आस्था विश्वासियों को एक गहरा आध्यात्मिक संबंध प्रदान करती है, जिससे संतुष्टि की गहरी भावना को बढ़ावा मिलता है। यह संबंध सांसारिक चिंताओं से परे, सांत्वना, उद्देश्य और परमात्मा के साथ एक अटूट बंधन प्रदान करता है। विश्वासियों को प्रार्थना, ध्यान और पूजा के कृत्यों के माध्यम से परमेश्वर के साथ अपने रिश्ते को पोषित करने में संतुष्टि मिलती है।

बुरी परिस्थितियों में आशा:

परमेश्वर की अच्छाई और दया विश्वासियों को आशा प्रदान करती है, ख़ासकर विपत्ति के समय में।

यह विश्वास आराम और शक्ति प्रदान करता है कि आपके सबसे बुरे समय में भी परमेश्वर आपके लिए मौजूद है। उदाहरण के लिए, बाइबिल से अय्यूब की कहानी अपार पीड़ा के बावजूद आस्था का उदाहरण देती है, जो इस आशा को दर्शाती है कि परमेश्वर की अच्छाई कायम रहेगी। परमेश्वर की अच्छाई और दया असाधारण है, जो क्षमा, करुणा, मार्गदर्शन और आत्मनिरीक्षण के प्रभाव के माध्यम से प्रकट होती है।

विभिन्न धार्मिक परंपराओं के उदाहरण उन दैवीय गुणों पर ज़ोर देते हुए इन विशेषताओं को दर्शाते हैं, जो विश्वासियों को उनकी आस्था के करीब लाते हैं। विश्वासियों द्वारा अनुभव की जाने वाली संतुष्टि परमेश्वर के बेशर्त प्यार, उनके मार्गदर्शन, आस्था की अथाह शक्ति और इसके द्वारा बढ़ावा देने वाले महत्वपूर्ण संबंध के आश्वासन से उत्पन्न होती है।

अंत में, परमेश्वर में आस्था उद्देश्य, आशा और उसकी शाश्वत अच्छाई और दया में दृढ़ विश्वास की चिंतनशील भावना प्रदान करता है।

परमेश्वर के साथ अपने रिश्ते को मजबूत करना एक गहरी व्यक्तिगत यात्रा है जिसमें जुड़ाव, भक्ति और आध्यात्मिकता की भावना पैदा करना शामिल है। आइए उन सामान्य अभ्यासों पर एक नज़र डालें जिन्हें व्यक्ति परमेश्वर के साथ अपने संबंध को बेहतर बनाने के लिए अपना सकते हैं।

आस्था विकसित करना:

परमेश्वर के साथ किसी के रिश्ते को मजबूत करने के मूल में आस्था का विकास निहित है। परमेश्वर के अस्तित्व और परोपकार में विश्वास संबंध बनाने के लिए मौलिक है। जब व्यक्ति आत्म-चिंतन में संलग्न होते हैं और जीवन की जटिलताओं पर विचार करते हैं, तो वे आस्था की गहरी भावना का पोषण कर सकते हैं। विश्वासियों को अक्सर पता चलता है कि आस्था के पोषण के लिए खुलेपन, विनम्रता और अज्ञात को अपनाने की उत्सुकता की आवश्यकता होती है।

प्रार्थना और ध्यान:

प्रार्थना एक आधारशिला अभ्यास है जो परमेश्वर के साथ सीधे संवाद को सक्षम बनाती है। प्रार्थना के लिए नियमित रूप से समय निर्धारित करने से व्यक्तियों को अपने विचारों, आशाओं और चिंताओं

को व्यक्त करने की अनुमति मिलती है, जिससे परमेश्वर के साथ घनिष्ठता की भावना को बढ़ावा मिलता है। ध्यान मौन, चिंतन और परमेश्वर की उपस्थिति के बारे में जागरूकता बढ़ाने के लिए जगह बनाकर प्रार्थना में सहायता करता है। दोनों अभ्यास आध्यात्मिक क्षेत्र से संबंध को गहरा करते हैं।

पवित्र ग्रंथों का अध्ययन:

किसी की आस्था से संबंधित पवित्र ग्रंथों की खोज से परमेश्वर की शिक्षाओं और ज्ञान की समझ मिल सकती है। चाहे कोई व्यक्ति बाइबिल, कुरान, तोराह, भगवद गीता, या कोई भी अन्य धार्मिक ग्रंथ पढ़ता, विश्वासी को नैतिक जीवन जीने, करुणा पैदा करने और आध्यात्मिक विकास प्राप्त करने के लिए दिव्य मार्गदर्शन में मूल्यवान अंतर्दृष्टि प्राप्त हो सकती है। ये ग्रंथ दिव्य सत्य और सिद्धांतों की गहरी समझ प्रदान करके विश्वासियों के लिए ज्ञान के कुएं के रूप में काम करते हैं, जो उनकी आस्था को मजबूत करते हैं और [illegible] ज्ञान के लिए सराहना पैदा करते हैं।

परमेश्वर के साथ एक मजबूत संबंध विकसित करने के लिए उसके प्रेम, करुणा और निःस्वार्थता जैसे गुणों का अनुकरण करने के लिए सचेत प्रयास की आवश्यकता होती है। मूल रूप से, विश्वासियों को अपने दैनिक जीवन में परमेश्वर के दिव्य गुणों का चिंतन करके उनके समान बनने का प्रयास करना चाहिए। इसे प्राप्त करने का एक तरीका दूसरों के प्रति दयालुता और सेवा के

कार्यों में संलग्न होना है, जो न केवल फायदेमंद हैं बल्कि मानवता के लिए परमेश्वर के इरादों को भी दर्शाते हैं। निःस्वार्थता के माध्यम से, व्यक्ति अपने कार्यों में उनकी शिक्षाओं को अपनाकर परमेश्वर के साथ गहरा संबंध विकसित कर सकते हैं। इसमें धैर्य रखना, क्षमा करना और दूसरों के प्रति सहानुभूति दिखाना शामिल है, जैसे परमेश्वर मानवता के लिए करते हैं। ऐसा करके, विश्वासी न केवल परमेश्वर के साथ अपने संबंध को मजबूत करते हैं, बल्कि एक बेहतर और समृद्ध दुनिया के निर्माण में भी योगदान देते हैं।

समुदाय की तलाश:

किसी धार्मिक समुदाय या मंडली का हिस्सा बनना आध्यात्मिक विकास चाहने वालों के लिए बेहद फायदेमंद हो सकता है। यह एक सहायक और स्नेहपूर्ण वातावरण प्रदान करता है, जहाँ व्यक्ति साथी विश्वासियों के साथ बातचीत कर सकते हैं और साझा अनुभव, सीखने और प्रोत्साहन में संलग्न हो सकते हैं। सामूहिक प्रार्थनाएं, धार्मिक सभाएँ और सांप्रदायिक गतिविधियां कुछ ऐसे तरीके हैं जिनसे इन समुदायों के सदस्य एक समान आस्था से एकजुट आध्यात्मिक परिवार से संबंधित होने की भावना को मजबूत करने के लिए एक साथ आते हैं। इन समुदायों द्वारा प्रदान किया गया समर्थन कठिनाई या संकट के समय विशेष रूप से सहायक हो सकता है, क्योंकि सदस्य एक-दूसरे को भावनात्मक और व्यावहारिक समर्थन प्रदान कर सकते हैं। इसके अतिरिक्त, धार्मिक समुदाय अक्सर धर्मार्थ कार्य और जनसंपर्क के अवसर प्रदान करते हैं,

जिससे सदस्यों को अपने स्थानीय समुदाय और व्यापक दुनिया पर सकारात्मक प्रभाव डालने की अनुमति मिलती है। कुल मिलाकर, किसी धार्मिक समुदाय या मंडली में शामिल होना एक समृद्ध अनुभव है, जो व्यक्तियों को उनके आध्यात्मिक संबंध को गहरा करने और उनके व्यक्तिगत विकास को बढ़ाने में मदद कर सकता है।

कृतज्ञता और सचेतनता:

कृतज्ञता और सचेतनता को बढ़ावा देना हमारे दैनिक जीवन में परमेश्वर की उपस्थिति के बारे में जागरूकता बढ़ाने का एक शक्तिशाली तरीका हो सकता है। अपने आस-पास मौजूद आशीर्वाद और सुंदरता को पहचानने के लिए समय निकालकर, हम अपने आस-पास मौजूद दिव्य रचना के प्रति गहरी विस्मय और प्रशंसा की भावना पैदा कर सकते हैं। चाहे प्रार्थना के अभ्यास के माध्यम से या कृतज्ञता जर्नल रखने के माध्यम से, हमारे जीवन में अच्छाई और ख़ुशी के लिए अपना धन्यवाद व्यक्त करने से परमेश्वर की व्यवस्था के साथ हमारा संबंध गहरा हो सकता है और हमें दुनिया को अधिक स्पष्टता और करुणा के साथ देखने में मदद मिल सकती है। अपनी दैनिक दिनचर्या में सचेतनता और कृतज्ञता लाकर, हम परमात्मा के साथ अधिक सार्थक और पूर्ण संबंध बना सकते हैं और अपने जीवन में अधिक शांति और उद्देश्य पा सकते हैं।

चिंतन करना:

आध्यात्मिक यात्रा पर चलने वाले व्यक्तियों के लिए नियमित आत्म-चिंतन में संलग्न होना एक आवश्यक अभ्यास है। यह किसी

के कार्यों, इरादों और आध्यात्मिक विकास की दिशा में प्रगति का गहराई से आकलन करने का अवसर प्रदान करता है। किसी के व्यवहार और विश्वासों के बीच संरेखण पर विचार करने से विश्वासियों को उन क्षेत्रों की पहचान करने में मदद मिलती है जिनमें सुधार की आवश्यकता है और यह उन्हें सचेत रूप से कमियों को दूर करने के तरीकों की तलाश करने के लिए प्रेरित करता है। आत्मनिरीक्षण और आत्म-सुधार की यह प्रक्रिया विश्वासियों को परमेश्वर की समझ के करीब ला सकती है और उनके आध्यात्मिक संबंध को बढ़ा सकती है। नियमित आत्म-चिंतन के माध्यम से, व्यक्ति आत्म-जागरूकता और सचेतनता की ज़्यादा भावना विकसित कर सकते हैं, जिससे ज़्यादा पूर्ण और सार्थक आध्यात्मिक यात्रा शुरू हो सकती है।

चुनौतियों को स्वीकार करना और परमेश्वर पर भरोसा करना:

जीवन चुनौतियों और असफलताओं से भरा है, और कभी-कभी, उनका सामना करना कठिन हो सकता है। हालाँकि, विश्वासियों के लिए, ये चुनौतियां परमेश्वर के साथ अपने रिश्ते को मजबूत करने के लिए मूल्यवान अवसरों के रूप में काम कर सकती हैं। बुरी परिस्थितियों का सामना करने पर, व्यक्ति अपने विश्वास की ओर मुड़ सकते हैं और कठिन समय से निपटने में मदद के लिए परमेश्वर के मार्गदर्शन और समर्थन पर भरोसा कर सकते हैं।

चुनौतियों को विकास के अवसर के रूप में देखकर, विश्वासी अपने दृष्टिकोण को बदल सकते हैं और कठिन परिस्थितियों के बीच अर्थ ढूंढ सकते हैं। यहाँ तक कि जब चीज़ें योजना के अनुसार

नहीं होती हैं, तब भी वे भरोसा कर सकते हैं कि परमेश्वर की योजना सामने आ रही है और सब कुछ एक कारण से होता है। यह शुरू में पहले स्पष्ट नहीं हो सकता है, लेकिन विश्वास और दृढ़ता के साथ, विश्वासी किसी भी बाधा को पार कर सकते हैं और पहले से अधिक मजबूत होकर उभर सकते हैं।

सचेतन जीवन:

जैसे-जैसे हम अपना दैनिक जीवन सचेतनता के साथ जीते हैं, हमारे आस-पास की हर चीज़ में परमात्मा की उपस्थिति को पहचानना आसान हो जाता है। सांसारिक से लेकर महत्वपूर्ण तक, हर सामान्य गतिविधि को भक्ति के पवित्र कार्य में बदला जा सकता है, जब हम इसे इरादे और उद्देश्य के साथ करते हैं। चाहे वह हमारी ज़िम्मेदारियों को पूरा करना हो, काम में संलग्न होना हो, या रिश्तों का पोषण करना हो, प्रत्येक क्रिया परमात्मा के साथ हमारे संबंध को गहरा कर सकती है और हमारे उद्देश्य और अखंडता की भावना को मजबूत कर सकती है।

परमेश्वर के साथ अपने रिश्ते को मजबूत करना एक बहुआयामी प्रयास है जिसमें आस्था पैदा करना, प्रार्थना और ध्यान में संलग्न होना, पवित्र ग्रंथों का अध्ययन करना, निःस्वार्थता का अभ्यास करना, समुदाय की तलाश करना, कृतज्ञता को अपनाना, चिंतन करना और परमेश्वर की योजना पर भरोसा करना शामिल है। इन अभ्यासों को दैनिक जीवन में शामिल करके, व्यक्ति ऐसे मार्ग पर चलते हैं जो परमात्मा के साथ उनके संबंध को गहरा करता है, आध्यात्मिक

विकास को बढ़ावा देता है, और उन्हें उद्देश्य, अर्थ और पूर्ति की भावना के करीब लाता है।

जैसा कि हमने पहले चर्चा की है, आस्था ज्ञान के साथ गहराई से जुड़ा हुआ है, इसकी ध्वनि दर्शन के साथ जुड़ी हुई है, और दुनिया की सच्चाई पूरे समय और स्थान में गूंजती है।

थॉमस मर्टन (1915-1968):

थॉमस मर्टन एक अमेरिकी ट्रैपिस्ट पादरी, विद्वान और निबंधकार थे। उनका बचपन बहुत उथल-पुथल भरा रहा, जिसमें उनके भीतर संघर्ष और अर्थ की खोज शामिल थी। दूसरी ओर, मर्टन ने आस्था के साथ जीवन बदलने वाली एक घटना के बाद कैथोलिक धर्म अपना लिया और मठ में प्रवेश किया।[7] मर्टन एक प्रभावशाली आध्यात्मिक लेखक बन गए जिन्होंने बंद दीवारों के भीतर आस्था, एकांत और सामाजिक न्याय के परस्पर संबंधों की जांच की। मर्टन का मठवासी जीवन ज्ञान प्राप्त करने के साधन के रूप में चिंतन और आध्यात्मिक आत्मनिरीक्षण के लिए समर्पित था। ईसाई धर्म को स्वीकार करने और मठ में प्रवेश ने उन्हें अधिक अंतर्दृष्टि और सच्चाई का पीछा करने के लिए एक रूपरेखा प्रदान

[7] एनसाइक्लोपीडिया ब्रिटानिका के संपादक। (2023, 22 सितंबर)। *थॉमस मर्टन| जीवनी, लेख, विरासत, और तथ्य*/EncyclopediaBritannica. https://www.britannica.com/biography/Thomas-Merton

की।

मर्टन का लेखन ज्ञान और जीवन के रहस्यमय पहलुओं पर उनके शोध को दर्शाता है। आध्यात्मिक परिवर्तन और आस्था की गहरी समझ की तलाश कर रहे लोग उनकी आत्मनिरीक्षण यात्रा और उनके लेखन, जैसे "The Seven Storey Mountain" से प्रेरित होते रहते हैं। उनकी यात्रा दर्शाती है कि मौन, चिंतन और परमात्मा से जुड़ाव ज्ञान विकसित कर सकता है।[7]

सी.एस. लुईस की कहानी:

क्लाइव स्टेपल्स लुईस, जिन्हें आमतौर पर सी.एस. लुईस के नाम से जाना जाता है, का जीवन आस्था पर आधारित ज्ञान की परिवर्तनकारी शक्ति का एक प्रमाण है। एक प्रसिद्ध ब्रिटिश लेखक और विद्वान, लुईस, "The Chronicles of Narnia" सीरीज़ और अपने क्षमाप्रार्थी लेखन, विशेष रूप से "Mere Christianity" सहित कथा साहित्य के अपने कार्यों के लिए प्रसिद्ध हैं। मैंने यह समझाने के लिए इस दिलचस्प व्यक्ति को शामिल किया है कि कैसे आस्था को अपनाने से किसी व्यक्ति पर सकारात्मक प्रभाव पड़ सकता है। सी.एस. लुईस की नास्तिक से एक धर्मनिष्ठ ईसाई बनने तक की यात्रा उन महत्वपूर्ण क्षणों और बौद्धिक विकास की खोज करती है, जिसने उनके उल्लेखनीय परिवर्तन को आकार दिया।[8] सी.एस. लुईस का जन्म 29 नवंबर, 1898 को बेलफ़ास्ट, आयरलैंड में हुआ

[8] 8 सी.एस. लुईस।(2023, 7 मार्च)। *जीवनी*/ https://www.biography.com/authors-writers/cs-lewis

था। लुईस का पालन-पोषण एक गरीब ईसाई घराने में हुआ था, और उनका प्रारंभिक जीवन बहुत कष्टदायक रहा। जब वह केवल नौ वर्ष के थे, तभी उनकी माँ की मृत्यु हो गई, जिससे उन पर गहरा प्रभाव पड़ा और उन्होंने एक दयालु परमेश्वर के अस्तित्व पर सवाल उठाया। आस्था के बारे में इन शुरुआती संदेहों ने उनके बाद के नास्तिक विश्वासों की नींव रखी।

लुईस बचपन से ही एक असाधारण विद्वान थे। उन्होंने ऑक्सफोर्ड विश्वविद्यालय में दाखिला लिया, जहाँ उनकी शैक्षणिक गतिविधियों ने उन्हें बौद्धिक चुनौतियों और विविध दृष्टिकोणों की दुनिया से अवगत कराया।

ऑक्सफोर्ड में अपने समय के दौरान, लुईस अपने युग के बौद्धिक माहौल से प्रभावित थे, जिसकी विशेषता नास्तिकता और संशयवाद का उदय था। अपने घनिष्ठ मित्र जे.आर.आर. टॉल्किन के प्रभाव में लुईस ने मिथक, साहित्य और दर्शन को जानना शुरू किया, जिनमें से सभी उनकी आध्यात्मिक यात्रा में महत्वपूर्ण भूमिका निभाने वाली थीं।

प्रथम विश्व युद्ध की शुरुआत का लुईस और उनकी पीढ़ी पर गहरा प्रभाव पड़ा। फ्रांस में अग्रिम पंक्ति में एक सैनिक के रूप में काम करते हुए, लुईस ने युद्ध की भयावहता का प्रत्यक्ष अनुभव किया। इस अनुभव ने एक न्यायप्रिय और दयालु परमेश्वर के अस्तित्व के बारे में उनके संदेह को और गहरा कर दिया, और वह युद्ध से एक पक्के नास्तिक के रूप में लौट आए। हालाँकि, लुईस नास्तिक थे, लेकिन उनके जिज्ञासु दिमाग ने उन्हें धार्मिक अवधारणाओं और

साहित्य के बारे में जानने के लिए प्रेरित किया। उन्होंने "इंक्लिंग्स" नामक साहित्यिक मंडली की सभाओं में भाग लेना शुरू किया, जहाँ उनकी मुलाकात टॉल्किन जैसे अन्य लेखकों से हुई। समय के साथ, व्यक्तिगत अन्वेषण और दूसरों के साथ बातचीत के माध्यम से, लुईस नास्तिकता से आस्तिकता में परिवर्तित हो गए। उन्होंने परमेश्वर के अस्तित्व को एक तर्कसंगत संभावना के रूप में पहचानते हुए सर्वोच्च सत्ता की धारणा को स्वीकार किया। लुईस की यह यात्रा चलती रही, जब उन्होंने ख़ुद को जी.के. चेस्टरटन, जॉर्ज मैकडोनाल्ड, और जॉन बुनियन जैसे, ईसाई लेखकों के लेखन में डुबाया। इन लेखकों ने उनके उभरते विश्वास को आकार देने में महत्वपूर्ण भूमिका निभाई। लुईस विशेष रूप से ईसाई साहित्य के रूपक और कल्पनाशील पहलुओं की ओर आकर्षित थे, जो पौराणिक कथाओं और कहानी कहने की उनकी पृष्ठभूमि से मेल खाते थे।

सी.एस. लुईस की आध्यात्मिक यात्रा में 1931 में सितंबर की शाम को एक निर्णायक मोड़ आया। अपने करीबी दोस्त, जे.आर.आर. टॉल्किन और एक अन्य मित्र, ह्यूगो डायसन, के साथ बातचीत करते समय लुईस के पास वो था जिसे उन्होंने "लंबे चाकूओं की रात" के रूप में वर्णित किया था। पौराणिक कथाओं और ईसा मसीह के महत्व के बारे में इस गहन चर्चा के दौरान, लुईस को आध्यात्मिक जागृति का अनुभव हुआ। बाद में उन्होंने इस क्षण के बारे में अपनी आत्मकथा, "Surprised by Joy" में लिखा, जिसमें उन्होंने बताया कि उन्होंने परमेश्वर की उपस्थिति में

"समर्पण" कर दिया और उन्हें एहसास हुआ कि वह एक ईसाई बन गए हैं। रूपांतरण का यह अनुभव उनके जीवन में एक महत्वपूर्ण क्षण था।

ईसाई धर्म में अपने रूपांतरण के बाद, सी.एस. लुईस ने ख़ुद को धर्मशास्त्र का अध्ययन करने और विश्वास की रक्षा करने के लिए समर्पित कर दिया। उन्होंने ऐसी कई किताबें और निबंध लिखे जिन्होंने उन्हें 20वीं सदी के सबसे प्रभावशाली ईसाई धर्मशास्त्रियों में से एक के रूप में स्थापित किया। "Mere Christianity," शायद उनका सबसे प्रसिद्ध काम है, जो जटिल धार्मिक अवधारणाओं को सुलभ भाषा में पेश करता है, जिससे ईसाई मान्यताओं को व्यापक दर्शकों के लिए समझने योग्य बनाया गया है। सी.एस. लुईस की नास्तिकता से ईसाई धर्म तक की यात्रा आस्था के मामलों में तर्क, कल्पना और व्यक्तिगत अनुभव की शक्ति का एक प्रमाण है। उनकी रचनाएँ अनगिनत लोगों की उनकी आध्यात्मिक यात्राओं में प्रेरित और मार्गदर्शन करती रहती हैं। बौद्धिक संदेह और दिल से विश्वास के बीच की खाई को पाटने की लुईस की क्षमता ने एक स्थायी विरासत छोड़ी है, जो विश्वास और आध्यात्मिकता पर चर्चा को आकार देना जारी रखती है।

सी.एस. लुईस की नास्तिकता से एक समर्पित ईसाई बनने तक की यात्रा उस परिवर्तन को दर्शाती है जो तब हो सकता है जब कोई व्यक्ति खुले दिमाग से आस्था के सवालों पर विचार करता है और उन विचारों और अनुभवों से जुड़ने की इच्छा रखता है जो उसकी पूर्व धारणाओं को चुनौती देते हैं। लुईस के जीवन की कहानी अर्थ की स्थायी खोज और किसी व्यक्ति के जीवन में

दृष्टिकोण और उद्देश्य पर आस्था के प्रभाव का एक सम्मोहक उदाहरण है। आइए हम समय और ज्ञान के निहितार्थों की ओर आगे बढ़ें।

अध्याय 8: वित्तीय भविष्य सुरक्षित करना

अध्याय पाँच में, वित्तीय ज्ञान का व्यापक अन्वेषण पेश किया गया था। इसके संभावित दीर्घकालिक निहितार्थों और एक स्थिर और सुरक्षित भविष्य को बढ़ावा देने के लिए इसके आंतरिक संबंध की जांच करते हुए, अब हम इस चर्चा को आगे बढ़ा रहे हैं। हम यह पता लगाएंगे कि कैसे, वित्तीय इतिहास के संपूर्ण वृतांतों में, कई तकनीकें और रणनीतियां सामने आई हैं, जिनका कुशलता से उपयोग करने पर, एक उज्जवल भविष्य का मार्ग प्रशस्त होता है। यह चर्चा व्यापक शोध पर आधारित है, जो किसी के वित्तीय भविष्य को मजबूत बनाने के मार्ग प्रस्तुत करता है।

वित्तीय ज्ञान को तर्कसंगत बनाना:

वित्तीय ज्ञान केवल यह जानने में नहीं है कि पैसा कहाँ लगाना है। यह बड़े परिपेक्ष्य को समझने, आगे आने वाली संभावित चुनौतियों को पहचानने, और सूचित निर्णय लेने पर आधारित है, जो लंबे समय में आपको लाभ पहुंचाएंगी। इस खंड में, हम पहले से योजना बनाने की महत्ता पर करीब से नज़र डालेंगे। इसे जीवन की वित्तीय यात्रा को अधिक प्रभावी ढंग से चलाने के लिए अपने आप को उपकरणों और ज्ञान से लैस करने के रूप में समझें।

भविष्य की योजना बनाना मानव जीवन का एक महत्वपूर्ण

हिस्सा है। यह एक मार्गदर्शक के रूप में कार्य करता है जो व्यक्तियों को उनके लक्ष्यों और आकांक्षाओं तक पहुंचने में मदद करता है, जैसे एक कंपास लोगों को उनके मनचाहे गंतव्यों की ओर पहुंचने में मदद करता है। यह खंड भविष्य की योजना के महत्व पर चर्चा करेगा, और पता लगाएगा कि यह किसी व्यक्ति के व्यक्तिगत, व्यावसायिक और सामाजिक आयामों को कैसे प्रभावित करता है। मूल रूप से, भविष्य की योजना लक्ष्य निर्धारित करने और उन्हें प्राप्त करने के लिए एक मार्ग तैयार करने के बारे में है। यह एक ऐसी प्रक्रिया है जिसमें मनचाहे भविष्य की स्थिति की कल्पना करना और उस दृष्टिकोण को साकार करने के लिए रणनीतिक रूप से अपने कार्यों, संसाधनों और समय को व्यवस्थित करना शामिल है। यह दूरदर्शिता मनुष्य को अन्य प्रजातियों से अलग करती है, जिससे हम सोच-समझकर अपने भाग्य को आकार दे सकते हैं।

व्यक्तिगत विकास के लिए भविष्य की योजना विशेष रूप से महत्वपूर्ण है। यह व्यक्तियों को उनकी ताकत, कमज़ोरियों, जुनून और मूल्यों की पहचान करने की शक्ति देती है, जिससे वे अपनी शिक्षा, करियर और जीवन के विकल्पों के बारे में सूचित निर्णय लेने में सक्षम होते हैं। बिना किसी योजना के, व्यक्ति जीवन में भटक सकता है, अवसर गँवा सकता है और अपनी पूरी क्षमता तक पहुंचने में असफल हो सकता है। इसके विपरीत, एक सुविचारित योजना के साथ, व्यक्ति विशिष्ट लक्ष्य निर्धारित कर सकते हैं और आत्म-सुधार की दिशा में काम कर सकते हैं, जिससे अधिक

पूर्ण और उद्देश्यपूर्ण जीवन प्राप्त हो सकता है।

भविष्य की प्रभावी योजना किसी भी पेशे में सफलता का एक प्रमुख तत्व है। उद्यमी, संगठन और व्यवसाय बदलते बाज़ारों के अनुकूल ढलने, नवाचार का उपयोग करने और प्रतिस्पर्धात्मकता बने रहने के लिए सावधानीपूर्वक रणनीतियां बनाते हैं। यह रणनीतिक सोच न केवल उन्हें आगे बढ़ने में मदद करती है, बल्कि आर्थिक विकास और रोजगार सृजन को भी बढ़ावा देती है, जिससे अंत में पूरे समाज को लाभ होता है।

बड़े पैमाने पर, भविष्य की योजना वैश्विक चुनौतियों से निपटने में महत्वपूर्ण भूमिका निभाती है। सरकारों को अपने नागरिकों और भावी पीढ़ियों के कल्याण का ध्यान रखने के लिए बुनियादी ढांचे के विकास, स्वास्थ्य देखभाल, शिक्षा और पर्यावरणीय स्थिरता की योजना बनानी चाहिए। अंतर्राष्ट्रीय सहयोग और कूटनीति भी शांति, स्थिरता और वैश्विक प्रगति को बढ़ावा देने की योजना पर बहुत अधिक निर्भर करती है।

भविष्य की योजना अनिश्चितता की स्थिति में दृढ़ता को बढ़ावा देती है। यह व्यक्तियों और संगठनों को वित्तीय निवेश, आपदा की तैयारी, या स्वास्थ्य देखभाल रणनीतियों में जोखिमों का अनुमान लगाने और कम करने के लिए तैयार करती है। आकस्मिकताओं के लिए योजना बनाना यह सुनिश्चित करता है कि असफलताएँ दुर्गम बाधाएँ न बनें। संक्षेप में, भविष्य की योजना सपनों और वास्तविकता के बीच का बाँध है। यह व्यक्तियों को आकांक्षाओं को ठोस कार्यों में बदलने के लिए सशक्त बनाता है, जिससे वे उद्देश्यपूर्ण

जीवन जीने और समाज में सकारात्मक योगदान देने में सक्षम होते हैं। यह अनुकूलनशीलता और लचीलेपन को बढ़ावा देता है, जो तेज़ी से बदलने वाली और अनिश्चितता से भरी दुनिया में आवश्यक गुण हैं।

जैसा कि मैंने पहले भी कई बार उल्लेख किया है, भविष्य की योजना के महत्व को बढ़ा-चढ़ाकर नहीं बताया जा सकता। यह व्यक्तिगत विकास, व्यावसायिक सफलता और सामाजिक प्रगति का खाका है। इसके बिना, व्यक्ति और समाज भटक जाते हैं, उनमें दिशा और उद्देश्य का अभाव होता है। इसके साथ, हमारे पास अपने और आने वाली पीढ़ियों के लिए एक उज्जवल, अधिक आशाजनक भविष्य को आकार देने के उपकरण होते हैं।

पीढ़ीगत सुरक्षा:

पीढ़ीगत धन की अवधारणा आजकल महत्वपूर्ण होती जा रही है। यह सिर्फ पैसा जमा करने के बारे में नहीं है, बल्कि आने वाली पीढ़ियों के लिए अपने और अपने परिवार के लिए आर्थिक रूप से सुरक्षित भविष्य बनाने के बारे में भी है। इस लक्ष्य को प्राप्त करने के लिए सावधानीपूर्वक योजना बनाने, ज़िम्मेदार निर्णय लेने और अपने परिवार और वंशजों की भलाई सुनिश्चित करने के लिए गहरी प्रतिबद्धता की आवश्यकता होती है। इस खंड में, हम इस महत्वपूर्ण प्रयास के विभिन्न पहलुओं के बारे में जानेंगे।

आर्थिक रूप से सुशिक्षित भविष्य के निर्माण के लिए वित्तीय साक्षरता की मजबूत नींव का होना आवश्यक है। दीर्घकालिक धन

के सृजन के लिए बजट, बचत, निवेश और ऋण प्रबंधन के बुनियादी सिद्धांतों को समझना महत्वपूर्ण है। वित्तीय शिक्षा व्यक्तियों को अपने पैसे के बारे में जानकारीपूर्ण विकल्प चुनने के ज्ञान से सुसज्जित करती है, जिससे वित्तीय स्थिरता और विकास होता है। जैसा कि मैंने पहले बताया है, किसी चीज़ के बारे में जानकारी रखने से आपको कभी नुकसान नहीं होगा। विवेकपूर्ण वित्तीय नियोजन का विस्तार स्पष्ट वित्तीय लक्ष्य निर्धारित करने तक होता है। ये उद्देश्य प्रकाशस्तंभ के रूप में कार्य करते हैं, जो किसी के प्रयासों को सही दिशा में निर्देशित करते हैं। चाहे वह बच्चे की शिक्षा के लिए बचत हो, घर खरीदना हो, या आराम से सेवानिवृत्त होना हो, अच्छी तरह से परिभाषित लक्ष्य वित्तीय योजना को प्रेरणा और संरचना प्रदान करते हैं। निवेश रणनीतियां धन संचय करने में महत्वपूर्ण भूमिका निभाती हैं। स्टॉक, बॉन्ड, रियल एस्टेट और म्यूचुअल फंड जैसे परिसंपत्ति वर्गों में निवेश में विविधता लाने से जोखिमों को कम करने और रिटर्न को अनुकूलित करने में मदद मिल सकती है। निवेश में धैर्य भी एक गुण है; समय के साथ चक्रवृद्धि ब्याज से पर्याप्त लाभ मिल सकता है, जो एक ठोस वित्तीय आधार प्रदान करता है।

किसी के वित्तीय भविष्य को सुरक्षित करने का एक अन्य महत्वपूर्ण पहलू जोखिम प्रबंधन है। इसमें बीमारी, दुर्घटना या प्राकृतिक आपदाओं जैसी अप्रत्याशित घटनाओं से सुरक्षा के लिए पर्याप्त बीमा कवरेज शामिल है। जोखिम प्रबंधन यह सुनिश्चित करता है कि अप्रत्याशित झटके दीर्घकालिक वित्तीय लक्ष्यों को पटरी से न उतारें।

पीढ़ीगत संपत्ति को हस्तांतरित करने के लिए संपदा योजना एक बुनियादी कदम है। इसमें उत्तराधिकारियों को धन का सुचारू और न्यायसंगत हस्तांतरण सुनिश्चित करने के लिए वसीयत, ट्रस्ट और लाभार्थी पदनाम जैसी संपत्तियों की सावधानीपूर्वक संरचना करना शामिल है। संपत्ति नियोजन न केवल करों को कम करने में मदद करता है, बल्कि भावी पीढ़ियों के लिए पारिवारिक संपत्ति को भी सुरक्षित रखता है।

वित्तीय नियोजन की शब्दावली से परे, परिवार में वित्तीय मूल्यों को स्थापित करना सर्वोपरि है। बच्चों को धन प्रबंधन, बचत और ज़िम्मेदारी से खर्च करने की आदतों के बारे में सिखाने से यह सुनिश्चित होता है कि वे अपने पास आए धन को संभालने के लिए अच्छी तरह से तैयार हैं। यह ज्ञान उन्हें अच्छे वित्तीय निर्णय लेने और वित्तीय सुरक्षा की विरासत को जारी रखने में सक्षम बनाता है। पीढ़ीगत संपत्ति की अवधारणा केवल पैसे के बारे में नहीं है, बल्कि इससे जुड़े मूल्यों और सिद्धांतों के बारे में भी है। जो परिवार अपनी वित्तीय संपत्तियों के साथ-साथ ज्ञान, कार्य नीति और ज़िम्मेदारी की भावना को आगे बढ़ाते हैं, वे एक ऐसी विरासत बनाते हैं जो डॉलर और सेंट से कहीं आगे तक फैली होती है।

आर्थिक रूप से सुरक्षित भविष्य बनाना और पीढ़ीगत धन को हस्तांतरित करना एक बहुआयामी प्रयास है जिसके लिए सावधानीपूर्वक योजना, शिक्षा और मूल्यों पर आधारित मार्गदर्शन की आवश्यकता होती है। इसमें वित्तीय साक्षरता, लक्ष्य निर्धारण, विवेकपूर्ण निवेश, जोखिम प्रबंधन और संपत्ति योजना शामिल है।

अंत में, यह केवल धन संचय करने के बारे में नहीं है, बल्कि भावी पीढ़ियों के लिए वित्तीय स्थिरता, ज़िम्मेदारी और समृद्धि की विरासत को पोषित करने के बारे में भी है।

सेवानिवृत्ति योजना:

प्रत्येक व्यक्ति को अपने जीवन में कभी न कभी सेवानिवृत्त होना पड़ता है। सेवानिवृत्ति का मतलब है कि आप अपने जीवन में एक ऐसे बिंदु पर पहुंच गए हैं, जहाँ समय की मार के कारण होने वाली परेशानियों के कारण काम करना संभव नहीं है। लेकिन आप अचानक यह निर्णय नहीं ले सकते कि आप सेवानिवृत्त होना चाहते हैं या आप अब और काम नहीं कर सकते। इसीलिए सेवानिवृत्त होने के बारे में सोचते समय सावधानीपूर्वक योजना बनानी चाहिए। मेरे अनुभव में, जितनी जल्दी आप इसके लिए योजना बनाएंगे, चीज़ें उतनी ही बेहतर तरीके से काम करेंगी। समय से पहले सेवानिवृत्ति की योजना बनाना एक विवेकपूर्ण और ज़िम्मेदार दृष्टिकोण है, जो जीवन के अंतिम वर्षों के दौरान किसी के जीवन की गुणवत्ता पर महत्वपूर्ण प्रभाव डाल सकता है। मैंने एक सूची तैयार की है जो जल्दी सेवानिवृत्ति योजना बनाने से जुड़े लाभों के बारे में बताती है, जो जीवन के इस आवश्यक चरण के महत्व पर ज़ोर देती है। हालाँकि, मुझे एक बार फिर इस बात पर ज़ोर देना चाहिए कि मैं वित्तीय पेशेवर नहीं हूँ, लेकिन ये ऐसी रणनीतियां हैं जो लगभग सभी के लिए व्यावहारिक लगती हैं। अब मैं यह सूची आपके साथ साझा करूंगा:

जल्दी सेवानिवृत्ति के लाभ:

शायद जल्दी सेवानिवृत्ति योजना का सबसे स्पष्ट लाभ वित्तीय सुरक्षा है।

अपने कामकाजी वर्षों के दौरान समझदारी से बचत और निवेश करके, सेवानिवृत्त लोग बड़ी मात्रा में धन सुरक्षित कर सकते हैं, जो सेवानिवृत्ति के दौरान एक आरामदायक आय प्रदान करता है। यह वित्तीय सहायता सेवानिवृत्त लोगों को वित्तीय अनिश्चितता के तनाव के बिना अपनी मनचाही जीवनशैली बनाए रखने की अनुमति देती है।

चक्रवृद्धि ब्याज:

प्रभावी सेवानिवृत्ति योजना में जल्दी बचत शुरू करना और चक्रवृद्धि ब्याज की शक्ति का लाभ उठाना शामिल है। चक्रवृद्धि ब्याज बचाए गए धन की प्रारंभिक राशि पर अर्जित ब्याज है, साथ ही पहले से जमा हुए ब्याज पर अर्जित ब्याज है। जल्दी बचत शुरू करने से, व्यक्तियों के पास मामूली योगदान के साथ भी, चक्रवृद्धि रिटर्न के माध्यम से अपनी संपत्ति बनाने के लिए अधिक समय होता है। समय के साथ, ये रिटर्न काफी बढ़ सकते हैं, जिससे पर्याप्त धन संचय हो सकता है। इसलिए, चक्रवृद्धि ब्याज का पूरा लाभ उठाने के लिए जितनी जल्दी हो सके सेवानिवृत्ति के लिए बचत शुरू करना महत्वपूर्ण है।

लचीली सेवानिवृत्ति आयु:

हर किसी के पास यह चुनने की सुविधा नहीं होती कि वे कब सेवानिवृत्त हों। यही दुनिया की क्रूर सच्चाई है।

सेवानिवृत्ति का कारण हर मामले में अलग-अलग हो सकता है, लेकिन यह ज़रूरी है कि व्यक्ति ऐसी संभावना के लिए तैयार रहे। शीघ्र सेवानिवृत्ति योजना यह चुनने की सुविधा प्रदान करती है कि कब सेवानिवृत्त होना है। चाहे कोई 50, 60 या उससे भी पहले सेवानिवृत्त होना चाहता हो, सावधानीपूर्वक योजना इन विकल्पों को व्यवहार्य बना सकती है, जिससे व्यक्ति को अपनी शर्तों पर जीवन का आनंद लेने की स्वतंत्रता मिलती है।

कर लाभ:

विभिन्न सेवानिवृत्ति खाते, जैसे 401(k)s और IRAs, कर लाभ प्रदान करते हैं जो किसी के कामकाजी वर्षों के दौरान और सेवानिवृत्ति में समग्र कर बोझ को कम कर सकते हैं। ये प्रोत्साहन बचत को बढ़ावा दे सकते हैं और धन को संरक्षित कर सकते हैं। अगर आपको याद हो तो मैंने अध्याय 5 में Roth IRA की संभावना के बारे में बताया था। आइये इसपर एक बार फिर से संक्षेप में चर्चा करते हैं:

Roth IRA एक सेवानिवृत्ति खाता है जो सेवानिवृत्ति में कर-मुक्त वृद्धि और निकासी प्रदान करता है। जब आपकी उम्र 59½ या उससे अधिक हो और आपके पास पांच साल से खाता हो, तो

आप अपना पैसा कर-मुक्त निकाल सकते हैं।

मन की शांति:

एक बार फिर पूर्ण जीवन जीने के विषय पर वापस आते हैं। मुझे ख़ुद ऐसा लगता है कि मन की शांति के बिना एक पूर्ण जीवन प्राप्त नहीं किया जा सकता है, और मेरे अनुभव में, यह जानना कि सेवानिवृत्ति आर्थिक रूप से सुरक्षित है, मन की शांति लाती है। सेवानिवृत्त लोग पैसे ख़त्म होने की निरंतर चिंता के बिना अपने अवकाश के वर्षों का आनंद ले सकते हैं, जिससे उन्हें अधिक खुशहाल और स्वस्थ सेवानिवृत्ति मिलती है। अब, यह बताने की ज़रूरत नहीं है लेकिन: शीघ्र सेवानिवृत्ति की योजना बनाते समय कुछ ऐसी कमियां हैं जिन्हें आपको ध्यान में रखना होगा। जीवन में सभी चीज़ों की एक कीमत होती है, और यह निश्चित रूप से कोई अपवाद नहीं है:

शीघ्र सेवानिवृत्ति के बलिदान:
देर से संतुष्टि:

हम सभी अपने जीवन के सुनहरे वर्षों का भरपूर आनंद लेना चाहते हैं। मैं निश्चित रूप से इस मामले में अलग नहीं हूँ, लेकिन मैंने देखा है कि आपको इस आनंद को बहुत समान रूप से फैलाना होगा। प्रारंभिक सेवानिवृत्ति योजना के लिए अक्सर व्यक्तियों को तत्काल संतुष्टि में देरी करने की आवश्यकता होती है। भविष्य के लिए बचत करते समय, कुछ लोगों को वर्तमान में कुछ सुखों

या अनुभवों को त्यागने की आवश्यकता हो सकती है, जो उन लोगों के लिए चुनौतीपूर्ण हो सकता है जो तत्काल संतुष्टि को प्राथमिकता देते हैं।

आर्थिक अनिश्चितता:

अर्थव्यवस्था अत्यधिक अप्रत्याशित हो सकती है, बाज़ार में गिरावट या अप्रत्याशित वित्तीय आपात स्थिति संभावित रूप से सेवानिवृत्ति योजनाओं को पटरी से उतार सकती है। इससे जोखिमों को कम करने और बदलती परिस्थितियों के अनुकूल ढलने के लिए वित्तीय सुरक्षा का होना आवश्यक हो जाता है। नियमित रूप से बचत करना, समझदारी से निवेश करना और वित्तीय सलाहकार के साथ काम करना यह सुनिश्चित करने में मदद कर सकता है कि आप आने वाली किसी भी आर्थिक चुनौती के लिए तैयार हैं और प्रतिकूल परिस्थितियों में भी अपनी सेवानिवृत्ति योजनाओं को बनाए रख सकते हैं।

स्वास्थ्य सेवाओं की लागत:

यह ध्यान रखना महत्वपूर्ण है कि जैसे-जैसे लोगों की उम्र बढ़ती है, स्वास्थ्य देखभाल का खर्च बढ़ता जाता है, ख़ासकर सेवानिवृत्त लोगों के लिए। चूँकि, सेवानिवृत्ति संभावित रूप से कई दशकों तक चल सकती है, इसलिए दीर्घकालिक देखभाल की आवश्यकता की संभावना के लिए योजना बनाना महत्वपूर्ण है। इसमें न केवल पर्याप्त स्वास्थ्य बीमा कवरेज सुनिश्चित करना शामिल है, बल्कि दीर्घकालिक देखभाल बीमा या संभावित स्वास्थ्य देखभाल लागतों के लिए अलग

से धनराशि निर्धारित करने जैसे विकल्पों पर भी विचार करना शामिल है। इन कदमों को उठाने से सेवानिवृत्त लोगों को वित्तीय तनाव से बचने में मदद मिल सकती है और यह सुनिश्चित हो सकता है कि वे उम्र बढ़ने के साथ-साथ आवश्यक देखभाल प्राप्त करने में सक्षम हों।

मुद्रास्फीति:

मुद्रास्फीति के कारण सेवानिवृत्ति की बचत समय के साथ अपना मूल्य खो सकती है, जो सेवानिवृत्त लोगों की क्रय शक्ति पर महत्वपूर्ण प्रभाव डाल सकती है। इस प्रभाव को कम करने के लिए, जल्दी सेवानिवृत्त होने वाले लोगों को ऐसी परिसंपत्तियों में निवेश करने की ज़रूरत है जो मुद्रास्फीति से अधिक रिटर्न उत्पन्न करती हैं। ऐसी परिसंपत्तियों में स्टॉक, रियल एस्टेट और कमोडिटी शामिल हो सकते हैं। इन परिसंपत्तियों में निवेश करके, सेवानिवृत्त लोग यह सुनिश्चित कर सकते हैं कि उनकी बचत मुद्रास्फीति की दर से मेल खाने वाली या उससे अधिक दर पर बढ़े, जिससे उन्हें अपने जीवन स्तर और वित्तीय स्वतंत्रता को बनाए रखने में मदद मिलती है। इसलिए, सेवानिवृत्त लोगों के लिए यह महत्वपूर्ण है कि वे अपनी निवेश रणनीति पर सावधानीपूर्वक विचार करें और सूचित निर्णय लेने में मदद के लिए पेशेवर सलाह लें।

दीर्घायु जोखिम:

जैसे-जैसे स्वास्थ्य देखभाल और प्रौद्योगिकी में प्रगति हो रही है, लोग पहले से कहीं अधिक लंबे समय तक जीवित रह रहे हैं।

हालाँकि, यह दीर्घायु और जीवन की गुणवत्ता के लिए बहुत अच्छी ख़बर है, लेकिन जब सेवानिवृत्ति योजना की बात आती है तो यह नई चुनौतियां भी पेश करता है। सेवानिवृत्ति निधि को लंबे समय तक बनाए रखने की आवश्यकता के साथ, जल्दी सेवानिवृत होने वालों के लिए विशेष रूप से सतर्क रहना महत्वपूर्ण है ताकि उनकी बचत समाप्त न हो जाए। इसके लिए संभावित स्वास्थ्य देखभाल लागत, मुद्रास्फीति और अन्य कारकों को ध्यान में रखते हुए सावधानीपूर्वक योजना और बजट बनाने की आवश्यकता होती है जो सेवानिवृत्ति में किसी की वित्तीय स्थिरता को प्रभावित कर सकते हैं। व्यक्ति अपनी सेवानिवृत्ति योजना में मेहनती और सक्रिय रहकर अपने और अपने प्रियजनों के लिए एक आरामदायक और सुरक्षित भविष्य सुनिश्चित कर सकते हैं।

समय से पहले सेवानिवृत्ति की योजना बनाने से वित्तीय सुरक्षा, लचीलापन और मन की शांति जैसे कई लाभ मिलते हैं। हालाँकि, इसमें समझौते और संभावित असफलताएँ भी शामिल हैं। फिर भी, सावधानीपूर्वक विचार, विवेकपूर्ण वित्तीय प्रबंधन और वित्तीय पेशेवरों के मार्गदर्शन से, व्यक्ति इन चुनौतियों से निपट सकते हैं और एक पूर्ण सेवानिवृत्ति का आनंद ले सकते हैं। शीघ्र सेवानिवृत्ति योजना किसी के भविष्य की भलाई में एक निवेश है, जो एक आरामदायक और सुखद सेवानिवृत्ति यात्रा की अनुमति देती है।

वित्तीय योजना का मूल्य:

किसी के वित्त का प्रबंधन पूर्ण जीवन जीने का एक अनिवार्य घटक है। वित्तीय योजना लोगों को अपने संसाधनों पर नियंत्रण

रखने, भविष्य के लिए योजना बनाने और अपनी आकांक्षाओं को पूरा करने की अनुमति देती है। जब किसी व्यक्ति के सामाजिक और पारिवारिक दायरे के लोग वित्तीय योजना में भाग लेते हैं, तो यह साझा वित्तीय स्थिरता और कल्याण की भावना को बढ़ावा देता है।

वित्तीय योजना में कई तत्व शामिल होते हैं: बजट बनाना, बचत करना, निवेश करना और वित्तीय लक्ष्य निर्धारित करना। यह किसी की आशाओं और सपनों को पूरा करने के लिए एक मार्गदर्शक के रूप में कार्य करता है, चाहे उनमें घर खरीदना, उच्च शिक्षा प्राप्त करना, आराम से सेवानिवृत्त होना, या वित्तीय रूप से स्वतंत्र होना शामिल हो। प्रभावी वित्तीय योजना व्यक्तियों को आपात स्थिति या आर्थिक मंदी जैसी अप्रत्याशित परिस्थितियों का प्रबंधन करने के लिए तैयार करती है। इसके अतिरिक्त, यह ज़िम्मेदार वित्तीय आदतों को बढ़ावा देती है, जो व्यक्तिगत और पारिवारिक समृद्धि में योगदान करती हैं।

अब मैं एक महत्वपूर्ण विषय पर बात करना चाहूंगा जो है अपने परिवेश में रहने वाले लोगों के लिए वित्तीय ज्ञान का प्रसार करना। ज़ाहिर तौर पर, कोई भी व्यक्ति चाहेगा कि उनके प्रियजन भी उनकी तरह ही समृद्ध हों, इसलिए यदि आप दूसरों की मदद करना चाहते हैं तो मैंने आपके लिए अपने जीवन में उपयोग करने के लिए एक चेकलिस्ट तैयार की है:

वित्तीय योजना को प्रोत्साहित करें:

मिसाल बनें: जब दूसरों को वित्तीय योजना में संलग्न होने के लिए प्रेरित करने की बात आती है, तो उनके लिए मिसाल बनना सबसे प्रभावी तरीका हो सकता है। बजट बनाने, बचत करने और निवेश करने जैसी ज़िम्मेदार वित्तीय आदतें प्रदर्शित करना आपके दोस्तों और परिवार के सदस्यों के लिए एक शक्तिशाली प्रेरक के रूप में काम कर सकती हैं। उदाहरण के लिए, आप अपने वित्त को प्रबंधित करने का अपना व्यक्तिगत अनुभव, आपके सामने आने वाली चुनौतियां और आपने उनसे कैसे पार पाने के तरीके, साझा कर सकते हैं। आप व्यावहारिक युक्तियाँ और तरकीबें भी प्रदान कर सकते हैं जो आपके लिए काम आई हैं, जैसे बचत योजना बनाना या अपने ऋणों का प्रबंधन करना। ऐसा करके, आप दूसरों को अपने वित्त का नियंत्रण अपने हाथ में लेने के लिए प्रोत्साहित कर सकते हैं और उन्हें अपने वित्तीय लक्ष्य हासिल करने में मदद कर

प्रौद्योगिकी का उपयोग करें: आज की तेज़-तर्रार दुनिया में, वित्त प्रबंधन एक चुनौतीपूर्ण कार्य हो सकता है, ख़ासकर व्यस्त जीवनशैली वाले लोगों के लिए। हालाँकि, वित्तीय योजना वाले ऐप्स और टूल के आगमन के साथ, बजट बनाना, व्यय ट्रैकिंग और वित्तीय लक्ष्यों की दिशा में प्रगति की निगरानी पहले से कहीं अधिक आसान हो गई है। ये प्रयोगकर्ता-अनुकूल उपकरण वित्तीय प्रबंधन को सरल बनाने और इसे सभी के लिए अधिक सुलभ और आकर्षक बनाने के लिए डिज़ाइन किए गए हैं। मेरे व्यक्तिगत अनुभव में, वित्तीय योजना बनाने वाले ऐप्स का उपयोग गेम-चेंजर रहा है। ये

ऐप्स आपके दैनिक कार्यों को विभाजित करने में मदद करते हैं और आपका कीमती समय बचाते हैं। आप आसानी से एक बजट निर्धारित कर सकते हैं, अपने खर्चों पर नज़र रख सकते हैं और वित्तीय लक्ष्यों की दिशा में अपनी प्रगति की निगरानी कर सकते हैं। ऐप्स आपको बेहतर वित्तीय निर्णय लेने में मदद करने के लिए मूल्यवान अंतर्दृष्टि और सुझाव भी प्रदान करते हैं।

वित्तीय योजना ऐप्स और टूल के उपयोग को प्रोत्साहित करके, हम लोगों को उनके वित्त पर नियंत्रण रखने और उनके वित्तीय लक्ष्यों को अधिक प्रभावी ढंग से प्राप्त करने में मदद कर सकते हैं। ये उपकरण उन लोगों के लिए आवश्यक हैं जो अपने वित्त को कुशलतापूर्वक और सहजता से प्रबंधित करना चाहते हैं।

दीर्घकालिक लाभों पर ज़ोर दें: वित्तीय योजना के क्षेत्र में उतरना एक ऐसा प्रयास है जो पर्याप्त पुरस्कार प्रदान करता है जो भविष्य तक फैला हुआ है। यह सूक्ष्म प्रक्रिया साधारण बजट निर्धारण से भी आगे जाती है; यह एक व्यापक रणनीति बनाने के बारे में है जो वित्तीय कल्याण और व्यक्तिगत संतुष्टि के लिए कदम उठाती है। इस दृष्टिकोण के मूल में तनाव का काफी हद तक निवारण निहित है। यह जानकर कि प्रत्येक डॉलर का हिसाब लगाया जाता है और ऋण, बचत और निवेश सभी को एक उद्देश्य से प्रबंधित किया जा रहा है, शांति की गहरी भावना लाता है। यह अव्यवस्था को दूर करने के वित्तीय समकक्ष है – एक सुव्यवस्थित, सुनियोजित वित्तीय योजना उसी तरह मन की शांति ला सकती है जैसे कि एक स्वच्छ और व्यवस्थित घर मन को शांत करता है। एक अच्छी तरह से संरचित वित्तीय योजना किसी की आर्थिक सुरक्षा को मजबूत करती है। यह अप्रत्याशित खर्चों के खिलाफ एक बफर बनाती है,

जो इस बात का ध्यान रखती है कि किसी की वित्तीय स्थिरता को पटरी से उतारे बिना आपात स्थिति का सामना किया जा सकता है। एक ठोस योजना के साथ, सेवानिवृत्ति चिंता के बजाय आराम की अवधि बन सकती है, और वित्तीय आपात स्थिति संभावित आपदाओं से प्रबंधनीय असुविधाओं में बदल जाती है। शायद सबसे दिलचस्प बात यह है कि वित्तीय योजना किसी व्यक्ति के लिए आकांक्षाओं के द्वार खोलती है। चाहे यह घर खरीदना हो, दुनिया घूमना हो, पढ़ाई के लिए पैसों का इंतज़ाम करना हो, या बिज़नेस शुरू करना हो, एक रणनीतिक वित्तीय योजना खाके की तरह काम करती है, जो बताती है कि इन सपनों को कैसे पूरा किया जा सकता है। यह लक्ष्यों को प्राथमिकता देती है, उन्हें प्राप्त करने के लिए आवश्यक कदमों की रूपरेखा तैयार करती है और सफलता के लिए एक समयरेखा निर्धारित करती है, जिससे अस्पष्ट सपने पाने योग्य लक्ष्यों में बदल जाते हैं। वित्तीय योजना में सक्रिय रूप से संलग्न होकर, व्यक्ति अपने वित्तीय विवरण पर नियंत्रण रखते हैं और इसे अपने मनचाहे भविष्य की ओर ले जाते हैं। यह एक ऐसी प्रक्रिया है जो अनुशासन और दूरदर्शिता की मांग करती है, लेकिन सशक्तिकरण की भावना का वादा करती है। प्रत्येक वित्तीय निर्णय को किसी के जीवन के व्यापक लक्ष्यों के साथ जोड़कर, उन आकांक्षाओं की ओर यात्रा स्पष्ट और ज़्यादा प्रत्यक्ष हो जाती है।

एक ठोस वित्तीय योजना का प्रभाव व्यक्ति के बैंक खाते से परे भी महसूस किया जाता है। इसका मतलब किसी के बच्चों के लिए बेहतर शिक्षा, अवकाश और व्यक्तिगत विकास के लिए अधिक अवसर और यहाँ तक कि एक विरासत भी हो सकता है जो

परोपकारी क्षेत्र तक फैलता है। संक्षेप में, वित्तीय योजना का परिश्रमी अभ्यास किसी के जीवन के मार्ग को फिर से परिभाषित कर सकता है, जो एक ऐसा ढाँचा प्रदान कर सकता है जिसके भीतर किसी के सबसे पसंदीदा जीवन लक्ष्य फल-फूल सकते हैं और अंत में हासिल किए जा सकते हैं।

वित्तीय चिंतन: बजट-केंद्रित मानसिकता को अपनाना वित्तीय स्थिरता की दिशा में एक शक्तिशाली कदम है। अपने वित्तीय परिदृश्य का खुले तौर पर मूल्यांकन करने के लिए ख़ुद को जगह देकर शुरुआत करें। बिना किसी निर्णय के अपने खर्च करने की आदतों, खर्चों और आय पर विचार करें– यह आत्म-संवाद आपके वित्तीय स्वास्थ्य को समझने के लिए महत्वपूर्ण है।

अपने आप को विभिन्न रणनीतियों का पता लगाने के लिए प्रोत्साहित करें जो आपके बजट को अनुकूलित कर सकें। इसमें बचत और व्यय दक्षता बढ़ाने के लिए डिज़ाइन किए गए वित्तीय प्रबंधन संसाधनों या उपकरणों पर शोध करना शामिल हो सकता है। विशिष्ट, यथार्थवादी वित्तीय लक्ष्य निर्धारित करने पर विचार करें जो आपकी व्यक्तिगत आकांक्षाओं और जीवनशैली के अनुरूप हों।

वित्तीय मामलों में आत्मनिर्भरता के मूल्य की स्वीकृति करके, आप अपने आर्थिक कल्याण की बागडोर संभालने के लिए ख़ुद को सशक्त बनाते हैं। अपने आप को आश्वस्त करें कि ज्ञान प्राप्त करना पूरी तरह से स्वीकार्य है और आर्थिक साक्षरता की दिशा में हर कदम प्रगति है। धैर्य और समर्पण के साथ, आप अपनी वित्तीय यात्रा को एजेंसी और आत्मविश्वास की भावना के साथ आगे बढ़ाएंगे।

वित्तीय योजना व्यक्तिगत और पारिवारिक कल्याण की

आधारशिला है। वित्तीय योजना में भाग लेने के लिए अपने परिवेश के अन्य लोगों को प्रोत्साहित करने से साझा वित्तीय लक्ष्य, वित्तीय साक्षरता में वृद्धि और वित्तीय सुरक्षा की सामूहिक भावना पैदा हो सकती है। उदाहरण के तौर पर मिसाल बनकर, खुले संवाद को बढ़ावा देकर, और संसाधन और सहायता प्रदान करके, आप अपने आस-पास के लोगों को उनकी वित्तीय योजना की यात्रा के लिए प्रेरित कर सकते हैं, जिससे अंत में सबको मन की ज़्यादा वित्तीय शांति प्राप्त हो सकती है। वित्तीय योजना की यात्रा शुरू करते समय, बिना किसी देरी के शुरुआत करना महत्वपूर्ण है। पहला, और शायद सबसे महत्वपूर्ण कदम, किसी की वर्तमान वित्तीय स्थिति का आकलन करना है।

इसमें आय, ऋण, व्यय और बचत पर कड़ी नज़र रखना शामिल है - जिसमें ईमानदारी और स्पष्टता के साथ संख्याएं बताना शामिल है। कोई व्यक्ति आर्थिक रूप से कहाँ खड़ा है, इसकी स्वीकृति वह नींव है जिस पर एक मजबूत योजना बनाई जाती है। एक बार समझ का आधार स्थापित हो जाने के बाद, अगला चरण स्पष्ट, प्राप्त करने योग्य लक्ष्य निर्धारित करना है। ये छुट्टियों के लिए बचत जैसे अल्पकालिक उद्देश्यों से लेकर सेवानिवृत्ति जैसे दीर्घकालिक लक्ष्यों तक हो सकते हैं। लक्ष्य-निर्धारण का कार्य नेविगेशनल ऐप में गंतव्य निर्धारित करने के समान है; यह आगे की यात्रा को दिशा और उद्देश्य प्रदान करता है। लक्ष्य निर्धारित करने के साथ, बजट बनाना उन तक पहुंचने का माध्यम बन जाता है। बजट एक गतिशील उपकरण है जो केवल खर्च पर नज़र रखने के अलावा

और भी बहुत कुछ करता है। यह विभिन्न प्राथमिकताओं के लिए संसाधनों का आवंटन करता है, यह सुनिश्चित करता है कि लंबी अवधि की महत्वाकांक्षाओं को लगातार पूरा करते हुए आवश्यक चीज़ों को कवर किया जाए। इसमें बेकार के खर्चों में कटौती करना या आय बढ़ाने के तरीके ढूंढना शामिल हो सकता है, जिसका उद्देश्य बचत और निवेश के लिए अधिशेष बनाना है।

निवेश से ही योजना को गति मिलती है। चाहे वह नियोक्ता-प्रायोजित सेवानिवृत्ति योजनाओं, शेयर बाज़ार निवेश, या अन्य माध्यमों से हो, इसमें विचार यह है कि पैसे को काम पर लगाया जाए। समय के साथ चक्रवृद्धि ब्याज की शक्ति को बढ़ा-चढ़ाकर नहीं बताया जा सकता है, यहाँ तक कि नियमित रूप से निवेश की गई छोटी राशि भी काफी बढ़ सकती है, जिसका श्रेय आय के स्नोबॉल प्रभाव को जाता है जिससे अधिक कमाई होती है।

जैसे-जैसे योजना आगे बढ़ती है, नियमित रूप से जांच करना और समायोजन करना महत्वपूर्ण है। जीवन स्थिर नहीं है, और न ही कोई वित्तीय योजना स्थिर होनी चाहिए। आय में परिवर्तन, अप्रत्याशित व्यय, या वित्तीय लक्ष्यों में बदलाव, सभी के लिए योजना की समीक्षा और संभावित पुनर्गणना की आवश्यकता होती है। ये आवधिक चेक-इन ट्यून-अप हैं जो यह सुनिश्चित करते हैं कि वित्तीय योजना व्यक्ति की बढ़ती ज़रूरतों के अनुसार बनी रहे।

योजना की निगरानी और समायोजन सहित, वित्तीय स्वास्थ्य के बारे में ख़ुद को शिक्षित करना भी महत्वपूर्ण है। वित्तीय मामलों के

बारे में ज्ञान, कर कानूनों को समझने से लेकर निवेश रणनीतियों को जानने तक, एक शक्तिशाली संपत्ति है। यह एक व्यक्ति को सूचित निर्णय लेने की क्षमता से लैस करता है और उनके वित्तीय लक्ष्यों के अनुरूप अवसरों का लाभ उठाने का आत्मविश्वास प्रदान कर सकता है। इस पूरी यात्रा के दौरान धैर्य एक गुण है। धन का निर्माण या वित्तीय स्थिरता हासिल करना कोई रातो-रात होने वाली घटना नहीं है; यह समय के साथ लगातार, जानबूझकर की गई कार्रवाइयों का परिणाम है। रास्ते पर बने रहने से, भले ही तत्काल परिणाम मायावी लगते हों, अक्सर सबसे संतुष्टिदायक परिणाम प्राप्त होते हैं। वित्तीय योजना शुरू करने का मतलब अपने वित्तीय भविष्य की बागडोर मजबूती से हाथ में लेना है। यह कल के लाभों को ध्यान में रखते हुए आज का चुनाव करने के बारे में है। कोई व्यक्ति चाहे कितने भी छोटे कदम क्यों न उठाता हो, वह एक परिवर्तनकारी प्रक्रिया शुरू करता है। नियमित जुड़ाव और किसी के वित्तीय स्वास्थ्य के प्रति प्रतिबद्धता के माध्यम से, वित्तीय योजना की यात्रा एक लाभदायक उद्यम हो सकती है, जो अंत में एक ऐसे भविष्य की ओर ले जाती है जहाँ वित्तीय सुरक्षा और व्यक्तिगत सपनों की पूर्ति साथ-साथ चलती है।

समय से गुज़रना और इसका कम होना:

जीवन एक बहुमूल्य और सीमित उपहार है, और फिर भी, शायद ही हमें कभी यह समझ आता है कि धरती पर हमारे पास कितना समय बचा है। हमारे बचे हुए दिनों की अनिश्चितता को एक शक्तिशाली रिमाइंडर के रूप में काम करना चाहिए कि हर क्षण

अनमोल है, जो हमें हमारे समय का ज्यादा से ज्यादा लाभ उठाने और ख़ुद के लिए एक सुरक्षित भविष्य बनाने के लिए प्रेरित करता है। मैं हमारे अनिश्चित जीवन काल की परवाह किए बिना, उद्देश्य के साथ जीने और भविष्य के लिए योजना बनाने के महत्व पर गहराई से विचार करना चाहता हूँ।

मैं आपको बिल्कुल ईमानदारी से बताऊंगा। सच तो यह है कि हममें से कोई भी यह अनुमान नहीं लगा सकता कि इस दुनिया में हमारे कितने दिन, महीने या साल बचे हैं। हालाँकि, यह अनिश्चितता भय या चिंता पैदा कर सकती है, लेकिन इसके बजाय इसे हमें तात्कालिकता की भावना के साथ जीने के लिए प्रेरित करना चाहिए। जीवन की नश्वरता को पहचानना हमें वास्तव में जो मायने रखता है उसे प्राथमिकता देने, अपने जुनून का पीछा करने और दूसरों के साथ सार्थक संबंध बनाने के लिए प्रेरित करता है। जीवन की क्षणभंगुरता के बारे में यह जागरूकता हमें सुरक्षित भविष्य की योजना बनाने के लिए मजबूर करती है। हम समझते हैं कि समय एक सीमित संसाधन है, और देरी करने से अवसर चूक सकते हैं और पछतावा हो सकता है। वित्तीय सुरक्षा, विशेष रूप से, सर्वोपरि हो जाती है क्योंकि यह अप्रत्याशित चीज़ों के लिए सुरक्षा और हमारे सपनों को साकार करने की नींव प्रदान करती है।

वित्तीय योजना में स्पष्ट लक्ष्य निर्धारित करना, बुद्धिमानी से बजट बनाना और लगन से बचत करना शामिल है। इसके लिए हमें न केवल अपनी तात्कालिक ज़रूरतों, बल्कि सेवानिवृत्ति, शिक्षा, या घर खरीदने जैसी दीर्घकालिक आकांक्षाओं पर भी विचार करने की आवश्यकता होती है। आगे की योजना बनाकर, हम यह सुनिश्चित

करते हैं कि हम दृढ़ता और आत्मविश्वास के साथ जीवन की अनिश्चितताओं का सामना करने के लिए तैयार रहें।

सुरक्षित भविष्य का निर्माण वित्त से भी आगे तक फैला हुआ है। इसमें हमारा शारीरिक और मानसिक कल्याण शामिल है, साथ ही एक ऐसा विषय शामिल है जिसपर मैं बाद में चर्चा करूंगा, जो कि हमारे संबंध, और हमारा व्यक्तिगत विकास है। यह हमें स्वास्थ्य को प्राथमिकता देने, प्रियजनों के साथ सार्थक संबंध विकसित करने और लगातार आत्म-सुधार में निवेश करने के लिए प्रेरित करता है।

उद्देश्य के साथ जीना और भविष्य के लिए योजना बनाना नश्वरता पर ध्यान केंद्रित करने के बारे में नहीं है, बल्कि जीवन की सुंदरता और अनंत संभावनाओं को अपनाने के बारे में है। यह एक उज्जवल कल सुनिश्चित करने के लिए सक्रिय कदम उठाते हुए वर्तमान क्षण को संजोने के बारे में है। यह हमारे सपनों को वास्तविकता में बदलने के बारे में है, न कि अधिक उपयुक्त समय की प्रतीक्षा करने के बारे में जो कभी नहीं आएगा। धरती पर हमारे शेष समय की अनिश्चितता की उद्देश्य के साथ जीने और सुरक्षित भविष्य बनाने के लिए एक शक्तिशाली उत्प्रेरक के रूप में काम करना चाहिए। जीवन की नश्वरता को स्वीकार करना हमें हर पल का अधिकतम लाभ उठाने, अपने सपनों को पूरा करने और वित्तीय व व्यक्तिगत भलाई को प्राथमिकता देने के लिए मजबूर करता है। ऐसा करके, हम जीवन के उपहार का सम्मान करते हैं और इस बात का ध्यान रखते हैं कि इस ग्रह पर हमारा समय सार्थक और उद्देश्यपूर्ण ढंग से व्यतीत हो, और हम एक ऐसी विरासत छोड़कर जाएं जो हमारे जाने के बाद भी लंबे

समय तक बनी रहे।

आत्म-मूल्यांकन:

यह सुधार का एक ऐसा बिंदु था जिसकी मुझे सख्त ज़रूरत थी। इसे एक निरंतर संतुलन के कार्य के रूप में सोचें, जहाँ आपको लगातार अपने जीवन की बदलती परिस्थितियों के साथ ख़ुद को समान रखना पड़ता है।

ज़िम्मेदार वित्तीय योजना की बात आने पर, अपनी जीवनशैली और वित्तीय ज़रूरतों का आकलन करना महत्वपूर्ण है। इसमें अपनी वर्तमान स्थिति की बारीकी से जांच करना और अपने भविष्य के बारे में सूचित निर्णय लेना शामिल है। अपनी परिस्थितियों की जांच करके, आपको यह एहसास हो सकता है कि आर्थिक रूप से सुरक्षित भविष्य बनाने के लिए आपको अतिरिक्त समय की आवश्यकता है। जैसे-जैसे हम जीवन की यात्रा करते हैं, हमारी परिस्थितियाँ, लक्ष्य और प्राथमिकताएँ बदलती हैं। समय-समय पर यह मूल्यांकन करना महत्वपूर्ण है कि क्या हमारी वर्तमान जीवनशैली और वित्तीय विकल्प हमारी दीर्घकालिक आवश्यकताओं और उद्देश्यों के अनुरूप हैं। यह प्रक्रिया विनम्र और सशक्त दोनों हो सकती है, क्योंकि इससे हमें यह समझने में मदद मिलती है कि हमारे पास वित्तीय रूप से स्थिर भविष्य पाने के लिए पर्याप्त समय है या नहीं। व्यापक जीवनशैली मूल्यांकन के लिए, आपको स्पष्ट वित्तीय लक्ष्य स्थापित करने होंगे। आप छोटी और लंबी अवधि में क्या हासिल करने की उम्मीद करते हैं? इन लक्ष्यों में घर खरीदना,

अपनी शिक्षा के लिए भुगतान करना, सेवानिवृत्ति की योजना बनाना या वित्तीय स्वतंत्रता प्राप्त करना शामिल हो सकता है। विशिष्ट उद्देश्य निर्धारित करके, आप इस बारे में स्पष्टता प्राप्त कर सकते हैं कि आप क्या हासिल करना चाहते हैं। एक और महत्वपूर्ण विचार आपकी वर्तमान खर्च करने की आदत है। क्या आप अपनी क्षमता के भीतर जी रहे हैं, या आप ज़रूरत से ज्यादा खर्च कर रहे हैं? आपके खर्चों की जांच से उन क्षेत्रों का पता चल सकता है जहाँ आपको अपने वित्तीय लक्ष्यों के अनुरूप अपनी जीवनशैली को समायोजित करने की आवश्यकता हो सकती है। ऐसे परिवर्तन कठिन हो सकते हैं, क्योंकि भविष्य की सुरक्षा के लिए आपको तत्काल संतुष्टि का त्याग करना पड़ सकता है। अपनी जीवनशैली का मूल्यांकन करने से पता चल सकता है कि आर्थिक रूप से सुरक्षित भविष्य बनाने की बात आने पर समय आपके पक्ष में नहीं है। उदाहरण के लिए, यदि आप सेवानिवृत्ति की आयु के करीब पहुंच रहे हैं और आपने पर्याप्त बचत नहीं की है, तो इसे पूरा करना बहुत चुनौतीपूर्ण हो सकता है। ऐसे मामलों में, वैकल्पिक रणनीतियों का पता लगाना महत्वपूर्ण है, जैसे कि लंबे समय तक काम करना, खर्च कम करना, अपने बचे हुए समय का अधिकतम लाभ उठाने के लिए पेशेवर निवेश। हालांकि, यह याद रखना महत्वपूर्ण है कि वित्तीय सुरक्षा की दिशा में उठाया गया कदम हमेशा सार्थक होता है, भले ही आपके पास कितना अधिक या कितना अल्प समय नहीं है। वित्तीय सुरक्षा की दिशा में हर कदम मायने रखता है, चाहे आप कभी भी शुरुआत करें।

आज के छोटे-छोटे बदलाव आपके भविष्य पर महत्वपूर्ण प्रभाव डाल सकते हैं। वित्तीय सुरक्षा का अर्थ केवल धन संचय करना नहीं है; यह आपके संसाधनों को बुद्धिमानी से प्रबंधित करने और अपनी क्षमता के भीतर रहने के बारे में भी है।

अपनी जीवनशैली और वित्तीय ज़रूरतों का मूल्यांकन करना ज़िम्मेदार वित्तीय योजना में एक महत्वपूर्ण कदम है। यह आपको अपने उद्देश्यों को अपनी वर्तमान परिस्थितियों के अनुरूप बनाने और अपने भविष्य के बारे में सूचित निर्णय लेने में सक्षम बनाता है। भले ही आपको समय की कमी या चुनौतियों का सामना करना पड़े, वित्तीय सुरक्षा की दिशा में कदम उठाने में कभी देर नहीं होती। वित्तीय कल्याण की यात्रा आत्म-जागरूकता और आपके पास उपलब्ध संसाधनों और समय का अधिकतम लाभ उठाने की प्रतिबद्धता से शुरू होती है।

अब तक हमने जिन भी विषयों पर चर्चा की उनका एक ही निष्कर्ष निकलता है: *व्यक्ति को आर्थिक रूप से सुरक्षित भविष्य प्राप्त करना चाहिए।* आर्थिक रूप से मजबूत भविष्य पाना एक बहुआयामी प्रयास है जो सिर्फ पैसे बचाने और बुद्धिमानीपूर्ण निवेश करने से कहीं आगे तक फैला हुआ है। इसमें विभिन्न अभ्यासों को शामिल करने वाला एक दृष्टिकोण शामिल है, जिसमें सबसे महत्वपूर्ण अच्छा स्वास्थ्य पाना है। यह कुछ ऐसा है जिसे मैंने हाल ही में स्वयं खोजा है। आपके स्वास्थ्य और वित्तीय सुरक्षा के बीच का संबंध आपके अनुमान से कहीं अधिक मजबूत है। अब हम संतुलित और सचेत जीवनशैली के महत्व पर प्रकाश डालते हुए स्वास्थ्य और वित्तीय सुरक्षा के बीच के सहज संबंध का पता लगाएंगे।

वित्तीय सुरक्षा कई लोगों द्वारा साझा किया जाने वाला लक्ष्य है, लेकिन यह पहचानना महत्वपूर्ण है कि कोई भी व्यक्ति ख़राब स्वास्थ्य के साथ अपने श्रम के फल का पूरी तरह से आनंद नहीं ले सकता है। स्वास्थ्य अक्सर वह आधार होता है जिस पर वित्तीय कल्याण सहित जीवन के अन्य सभी पहलू निर्मित होते हैं। यहाँ कुछ प्रमुख अभ्यास दिए गए हैं जो आर्थिक रूप से मजबूत भविष्य पाने में योगदान करते हैं:

स्वास्थ्य और कल्याण को प्राथमिकता दें:

अच्छा स्वास्थ्य बनाए रखना केवल एक बार का काम नहीं है, बल्कि एक सतत प्रक्रिया है जिसे प्राथमिकता दी जानी चाहिए। इसमें कई कारकों का संयोजन शामिल है, जैसे नियमित व्यायाम, संतुलित आहार का सेवन, पर्याप्त नींद लेना और तनाव को प्रभावी ढंग से प्रबंधित करना। जॉगिंग, तैराकी या साइकिल चलाने जैसी शारीरिक गतिविधियों में संलग्न होने से शारीरिक फिटनेस को बढ़ावा मिलता है और एंडोर्फिन रिलीज़ होता है, जो आपके मूड को अच्छा बनाने और चिंता के स्तर को कम करने में मदद करता है। फलों, सब्जियों, साबुत अनाज, लीन प्रोटीन और स्वस्थ वसा जैसे पौष्टिक खाद्य पदार्थों से युक्त संतुलित आहार आपके शरीर को बेहतर ढंग से कार्य करने के लिए आवश्यक पोषक तत्व प्रदान करता है। आपके दिमाग और शरीर को तरोताजा और ऊर्जावान बनाए रखने के लिए पर्याप्त नींद महत्वपूर्ण है। तनाव एक सामान्य कारक है जो आपके मानसिक और शारीरिक स्वास्थ्य को प्रभावित करता है। ध्यान, योग या गहरी साँस लेने के व्यायाम जैसी तनाव प्रबंधन

तकनीकें तनाव के स्तर को कम करने, आराम को बढ़ावा देने और समग्र कल्याण में सुधार करने में मदद कर सकती हैं। इन जीवनशैली विकल्पों के माध्यम से अपने स्वास्थ्य में निवेश करके, आप भविष्य में महंगे चिकित्सा खर्चों के जोखिम को कम कर सकते हैं, जो आपके वित्तीय संसाधनों पर काफी दबाव डाल सकता है।

स्वास्थ्य बीमा:

जब हम अपने वित्त की योजना बनाते हैं, तो पर्याप्त स्वास्थ्य बीमा कवरेज के महत्व पर विचार करना महत्वपूर्ण है। यह न केवल वित्तीय सुरक्षा प्रदान करता है, बल्कि चिकित्सा आपातकाल या दीर्घकालिक बीमारी की स्थिति में आवश्यक स्वास्थ्य सेवाओं तक पहुंच भी सुनिश्चित करता है।

यह हमें भारी चिकित्सा खर्चों से बचा सकता है और अप्रत्याशित स्वास्थ्य देखभाल लागतों के कारण हमारी मेहनत से कमाई गई वित्तीय संपत्तियों को बर्बाद होने से बचा सकता है।

निवारक देखभाल:

अपने स्वास्थ्य को बनाए रखने के लिए सक्रिय कदम उठाना संभावित स्वास्थ्य समस्याओं को अधिक गंभीर होने और इलाज के लिए महंगा होने से रोकने के लिए महत्वपूर्ण है। इसमें नियमित रूप से निर्धारित जांच, स्क्रीनिंग और आवश्यक टीकाकरण प्राप्त करना शामिल है। निवारक देखभाल को प्राथमिकता देकर, आप अपनी शारीरिक और मानसिक भलाई सुनिश्चित करते हैं और लंबे

समय में स्वास्थ्य देखभाल खर्चों को नियंत्रित करने में योगदान देते हैं।

कार्य-जीवन संतुलन बनाए रखें:

आज की तेज़-तर्रार दुनिया में, काम की भागदौड़ में फंसना आसान है, जिसके परिणामस्वरूप अक्सर लंबे समय तक काम करना पड़ता है, जिससे दीर्घकालिक तनाव होता है। दुर्भाग्य से, इसका आपके स्वास्थ्य पर शारीरिक और मानसिक दोनों तरह से हानिकारक प्रभाव पड़ सकता है।

इसलिए, तनाव के स्तर को कम करने, थकान को रोकने और अपने समग्र कल्याण को सुनिश्चित करने के लिए स्वस्थ कार्य-जीवन संतुलन के लिए प्रयास करना महत्वपूर्ण है। संतुलित जीवन बनाए रखने का अर्थ है अपने व्यक्तिगत और व्यावसायिक जीवन दोनों पर समान रूप से ध्यान देना। अवकाश गतिविधियों, शौक और दोस्तों और परिवार के साथ मेलजोल के लिए समय निकालना महत्वपूर्ण है।

इसके अलावा, यह सुनिश्चित करना कि आप पर्याप्त नींद लें, नियमित रूप से व्यायाम करें और स्वस्थ आहार लें, एक स्वस्थ जीवन शैली को बनाए रखने में काफी मदद कर सकता है। स्वस्थ कार्य-जीवन संतुलन का प्रयास करके, आप अपने स्वास्थ्य से समझौता किए बिना वित्तीय सफलता का लाभ उठा सकते हैं। याद रखें, अपना ख्याल रखना हमेशा प्राथमिकता होनी चाहिए!

आपातकालीन निधि:

आपातकालीन निधि रखना एक महत्वपूर्ण वित्तीय आदत है जिसे हर किसी को अपनाना चाहिए। चिकित्सा आपात स्थिति जैसे अप्रत्याशित खर्चों के लिए बचत को अलग रखने के महत्व को कम करके नहीं आंका जा सकता। वास्तव में, एक आपातकालीन निधि होना ऋण से बचने और उसमें फंसने या अपने वित्तीय लक्ष्यों पर टिके रहने और उन्हें पटरी से उतरने के बीच का अंतर हो सकता है। आपात स्थिति के लिए नियमित रूप से पैसा अलग रखकर, आप अपनी वित्तीय स्थिरता या दीर्घकालिक आकांक्षाओं से समझौता किए बिना अप्रत्याशित परिस्थितियों को संभालने के लिए बेहतर ढंग से तैयार हो सकते हैं। इसलिए, अपनी आय स्तर या वित्तीय स्थिति की परवाह किए बिना, अपनी समग्र वित्तीय योजना के अनिवार्य हिस्से के रूप में एक आपातकालीन निधि के निर्माण को प्राथमिकता देना न भूलें।

दीर्घकालिक देखभाल योजना:

जैसे-जैसे हमारी उम्र बढ़ती है, दीर्घकालिक देखभाल की आवश्यकता की संभावना बढ़ जाती है। ऐसे परिदृश्य में, दीर्घकालिक देखभाल बीमा या अन्य व्यवस्थाओं के माध्यम से आगे की योजना बनाना सुरक्षा की भावना प्रदान कर सकता है और यह सुनिश्चित कर सकता है कि हमारे पास अपनी बचत को ख़त्म किए बिना जीवन की गुणवत्ता बनाए रखने के लिए आवश्यक संसाधन मौजूद हों। दीर्घकालिक देखभाल बीमा पॉलिसियां आम तौर पर कई प्रकार की सेवाओं को कवर करती हैं, जिनमें स्नान, कपड़े पहनना और

खाने जैसी दैनिक गतिविधियों में सहायता शामिल है, और घरेलू स्वास्थ्य देखभाल या नर्सिंग होम में देखभाल भी शामिल हो सकती है।

विकल्पों पर सावधानीपूर्वक विचार करना और ऐसी पॉलिसी चुनना महत्वपूर्ण है जो हमारी विशिष्ट आवश्यकताओं और बजट के अनुसार हो। दीर्घकालिक देखभाल की योजना बनाने के लिए सक्रिय कदम उठाकर, हम यह सुनिश्चित करने में मदद कर सकते हैं कि हम भविष्य में उत्पन्न होने वाली किसी भी संभावित चुनौती के लिए अच्छी तरह से तैयार रहें।

विकलांगता बीमा:

विकलांगता बीमा एक प्रकार का कवरेज है जो किसी गंभीर बीमारी या चोट के कारण काम करने में असमर्थ होने पर वित्तीय सहायता प्रदान करता है। इस प्रकार का बीमा अविश्वसनीय रूप से मूल्यवान हो सकता है, क्योंकि यह आपकी वित्तीय स्थिरता बनाए रखने और चुनौतीपूर्ण समय के दौरान आपके जीवन-यापन के खर्चों को कवर करने में आपकी मदद कर सकता है। विकलांगता बीमा पॉलिसियां कवरेज के मामले में अलग-अलग हो सकती हैं, इसलिए अपने विकल्पों की सावधानीपूर्वक समीक्षा करना और ऐसी पॉलिसी चुनना महत्वपूर्ण है जो आपकी आवश्यकताओं और बजट के अनुरूप हो। कुछ पॉलिसियां अल्पकालिक विकलांगताओं को कवर कर सकती हैं, जबकि अन्य दीर्घकालिक कवरेज प्रदान कर सकती हैं। इसके अतिरिक्त, आपको मिलने वाली कवरेज की मात्रा कई कारकों पर निर्भर करेगी, जैसे आपका व्यवसाय, आय और स्वास्थ्य

स्थिति। कुल मिलाकर, विकलांगता बीमा विचार करने के लिए एक महत्वपूर्ण निवेश है, क्योंकि यदि आप विकलांगता के कारण काम नहीं कर सकते हैं तो यह मानसिक शांति और वित्तीय सुरक्षा प्रदान कर सकता है।

सोच-समझकर खर्च करना:

सोच-समझकर खर्च करना एक वित्तीय अभ्यास है जिसके लिए आपको अपनी खर्च करने की आदतों पर सावधानीपूर्वक विचार करने की आवश्यकता होती है। इसमें जानबूझकर यह चुनाव करना शामिल है कि आपका पैसा कहाँ जाता है और अपनी ज़रूरतों और चाहतों के बीच अंतर करने के लिए समय निकालना शामिल है। सोच-समझकर खर्च करने का मतलब अपने खर्च को अपने वित्तीय लक्ष्यों और मूल्यों के अनुरूप बनाना भी है, जिसके लिए उन लक्ष्यों और मूल्यों की स्पष्ट समझ की आवश्यकता होती है।

यह अभ्यास आपको पैसे की कीमत की सराहना करने में मदद कर सकता है और इसका उपयोग करने के बारे में बेहतर निर्णय लेने में सक्षम बना सकता है। अपने खर्च के प्रति सचेत रहकर, आप अपने वित्त के प्रबंधन के लिए अधिक टिकाऊ और ज़िम्मेदार दृष्टिकोण बना सकते हैं और अंत में अधिक वित्तीय स्थिरता और सुरक्षा प्राप्त कर सकते हैं।

इस चर्चा की समाप्ति करते हुए, इस बात पर ज़ोर देना ज़रूरी है कि सुरक्षित वित्तीय भविष्य के निर्माण के लिए केवल धन का संचय ज़रूरी नहीं है। बल्कि, यह अच्छे स्वास्थ्य को बनाए रखने के लिए कदम उठाने के बारे में भी है।

जीवन के ये दो पहलू जटिल रूप से जुड़े हुए हैं, जहाँ प्रत्येक एक दूसरे को पूरक और मजबूत करता है। इसलिए, स्वास्थ्य अभ्यासों में संलग्न होकर, पर्याप्त बीमा कवरेज हासिल करके और निवारक देखभाल प्राप्त करके अपने स्वास्थ्य को प्राथमिकता देना महत्वपूर्ण है। ऐसा करके, आप न केवल अपने शारीरिक और मानसिक स्वास्थ्य की रक्षा करते हैं, बल्कि अपनी वित्तीय स्थिरता को भी सुरक्षित रखते हैं। इन अभ्यासों को अपनी दैनिक दिनचर्या में शामिल करने से यह सुनिश्चित करने में मदद मिलेगी कि आपके कड़ी मेहनत से अर्जित संसाधनों का समृद्धि और अच्छे स्वास्थ्य में आनंद लिया जा सकेगा, जिससे एक पूर्ण और सुरक्षित भविष्य का निर्माण होगा।

अध्याय 9: ख़ुद को दुनिया को सौंपना

अब हम उस बिंदु पर पहुंच गए हैं जो मैं इस किताब में संदेश के रूप में आपको बताना चाहता हूँ: पीढ़ीगत ज्ञान की अवधारणा और इसे अपनी भावी पीढ़ियों तक पहुंचाना। पीढ़ीगत ज्ञान उन सभी विभिन्न प्रकार के ज्ञान का शिखर है जिनकी हमने इस किताब में चर्चा की है। अब जबकि हम इस किताब के अंत की ओर बढ़ रहे हैं तो पीढ़ीगत ज्ञान के विभिन्न निहितार्थों के बारे में जानना महत्वपूर्ण है। अनुमान लगाया जा सकता है कि पीढ़ीगत ज्ञान विरासत का एक समानार्थी शब्द है। लेकिन सवाल यह उठता है,

विरासत की परिभाषा

विरासत एक दिलचस्प अवधारणा है जो संपूर्ण मानव इतिहास के दौरान एक प्रेरक शक्ति रही है। यह हमारे कार्यों, मूल्यों और योगदानों के सामूहिक प्रभाव का उत्पाद है, जो हमारे जाने के बाद भी लंबे समय तक बना रहता है। विरासत वो है जो कोई इस दुनिया से जाने के बाद पीछे छोड़ जाता है। यह एक प्रतीकात्मक क़ब्र के पत्थर के समान है, जिसमें लिखा गया है, "मैं यहाँ था।" हम अपनी भावी पीढ़ियों के लिए जो विरासत छोड़ते हैं, वह हमारे कार्यों, विचारों और मूल्यों का उपोत्पाद है, जिन्हें हमने अपने जीवनकाल में स्थापित किया है, जो इसके लिए एक मार्गदर्शक के

रूप में काम करता है कि हम अपनी भावी पीढ़ियों को कैसे आचरण करते हुए देखना चाहते हैं।

फिर भी, विरासत केवल व्यक्तिगत पहचान और पारिवारिक विरासत तक ही सीमित नहीं है। यह सामाजिक प्रगति और वैश्विक परिवर्तन से लेकर सांस्कृतिक और कलात्मक अभिव्यक्ति तक मानव अस्तित्व के विभिन्न पहलुओं को स्पर्श करता है। यह हमारे अतीत का प्रतिबिंब है, जो हमारे वर्तमान को आकार देता है और हमारे भविष्य को प्रभावित करने की क्षमता रखता है। विरासत का महत्व व्यक्तियों को ऐसे तरीकों से कार्य करने के लिए प्रेरित और प्रोत्साहित करने की क्षमता में निहित है, जिसका समाज और दुनिया पर सकारात्मक प्रभाव पड़े। विरासत के माध्यम से, हम एक स्थायी प्रभाव छोड़ सकते हैं बड़ी समझ और समृद्धि के व्यक्तियों से अपने टुकड़े सौंपने जैसा है। ये टुकड़े भौतिक नहीं हैं, बल्कि दृष्टिकोण, विश्वास और चरित्र के लक्षण हैं जो सामूहिक रूप से आपकी पहचान बनाते हैं। जब आप अपने मूल्यों को आगे बढ़ाते हैं, तो आप अपने बाद आने वाले लोगों के साथ इस सार को साझा कर रहे हैं कि आप कौन हैं और आप क्या चाहते हैं। जैसे-जैसे हम इस पुस्तक के समापन की ओर बढ़ते हैं, हम ख़ुद को एक ऐसे मोड़ पर पाते हैं जहाँ मूल्यों का गहन ज्ञान और विरासत की कला एक साथ आती है। पिछले अध्याय जीवन की जटिल भूलभुलैया के माध्यम से एक यात्रा है, जो सबक और अंतर्दृष्टि से परिपूर्ण है। अब, जब हम अपने मूल्यों को आगे बढ़ाने के महत्व पर विचार करते हैं, तो हमें ज्ञान और मार्गदर्शन का ऐसा ख़ज़ाना मिलता है, जिसमें हमारे अस्तित्व

और हमारे बाद आने वालों के जीवन को समृद्ध करने की क्षमता है।

अपने शाश्वत ज्ञान में, निष्पक्षता हमें याद दिलाती है कि यह पुलों के निर्माण की नींव है, बाधाओं की नहीं। यह हमें इस बात की सराहना करने के लिए प्रेरित करता है कि नैतिक व्यवहार हमारा मार्गदर्शक होना चाहिए, जो न केवल हमारे बचपन में बल्कि हमारे पूरे जीवन में हमारी गतिविधियों को निर्देशित करता है। निष्पक्षता के लिए हमें दूसरों के प्रति अपने व्यवहार में निरंतरता बनाए रखने की आवश्यकता होती है, यह महसूस करते हुए कि प्रत्येक मनुष्य जीवन के बड़े नाटक में एक अद्वितीय भूमिका निभाता है और सम्मान व बराबरी के योग्य है। यह एक अनुस्मारक के रूप में कार्य करता है कि निष्पक्षता का मार्ग एक जीवन भर की यात्रा है जिसके लिए हमें दूसरों के साथ अपने व्यवहार में हमेशा न्याय और करुणा के लिए प्रयास करने की आवश्यकता होती है। जीवन के मोज़ेक में से गुज़रते समय, निष्पक्षता एक निरंतर विकसित होने वाला विचार है, जो हमारे अस्तित्व के विभिन्न परिदृश्यों के साथ समायोजित होता है। जैसे-जैसे हम परिपक्व होते हैं, जैसे-जैसे हम ज्ञान की कठिनाइयों से जूझते हैं, और जैसे-जैसे हम सहानुभूति, समझ और गरिमा का उपहार देते हुए दूसरों की ओर अपना हाथ बढ़ाते हैं, यह एक दर्पण बन जाता है, जो हमारे चरित्र की गहराई को दर्शाता है। जब हम जीवन के उतार-चढ़ाव से गुज़रते हैं, तो निष्पक्षता की हमारी भावना बढ़ती है, जो दर्शाती है कि समानता और करुणा के मूल्य कैसे हमारे चरित्र का निर्माण करते हैं। यह आजीवन आत्म-चिंतन और प्रगति का आह्वान है, जो हमें इस विविध

और बदलती दुनिया में न्याय के बारे में अपनी समझ को लगातार बढ़ाने के लिए प्रेरित करता है।

निष्पक्षता वह सामंजस्यपूर्ण स्वर है जो जीवन की सहानुभूति में गूंजता है, जो पीढ़ियों से अलग-अलग व्यक्तियों को एकजुट करता है। यह इस तथ्य पर ज़ोर देता है कि हमारी सामान्य मानवता एक निरंतरता है, जो हमें याद दिलाती है कि हम जो विरासत बनाते हैं वह न्याय के धागों से नाजुक ढंग से बुनी गई है, जो हमें अतीत से जोड़ती है, हमें वर्तमान में बांधती है और हमें भविष्य से जोड़ती है। निष्पक्षता एक कालातीत गीत है जो समय से परे है, जो कई युगों की कहानियों को एक एकीकृत और न्यायसंगत संगीत में मिश्रित करता है जो पीढ़ियों तक फैला है, जो हमें शांतिपूर्ण जीवन की निरंतर खोज में इन आदर्शों को अपनाने का आग्रह करता है। यह हमें न्याय के चिरस्थायी महत्व और इतिहास की निरंतर बदलती छवि के पार लोगों को एकजुट करने में इसकी भूमिका को देखने के लिए प्रेरित करता है।

लोगों के साथ सम्मानपूर्वक व्यवहार करना नैतिक आचरण का एक बुनियादी पहलू है और यह किसी के चरित्र की आधारशिला के रूप में माना जाता है। गरिमा में प्रत्येक व्यक्ति के अंतर्निहित मूल्य और योग्यता को पहचानना और उसका सम्मान करना शामिल है। इसका अर्थ यह स्वीकार करना है कि प्रत्येक व्यक्ति, चाहे उनकी उम्र, सामाजिक-आर्थिक स्थिति या परिस्थिति कुछ भी हो, सम्मान और गरिमा के साथ व्यवहार किए जाने का हकदार है। दूसरों की गरिमा को कायम रखना हमारे सामने आने वाले प्रत्येक व्यक्ति में मानवता को पहचानने की हमारी प्रतिबद्धता की पुष्टि है।

विशेष रूप से, बुजुर्ग व्यक्तियों के साथ बातचीत में, उनकी गरिमा को बनाए रखना अत्यंत महत्वपूर्ण हो सकता है। कुछ लोगों के लिए, उनकी गरिमा ही वह सब कुछ हो सकती है जो उनके पास इस दुनिया में बाकी है। उनके साथ दयालुता, धैर्य और सम्मान के साथ व्यवहार करने से न केवल उनकी गरिमा बरकरार रहती है, बल्कि आपके चरित्र पर भी सकारात्मक प्रभाव पड़ता है। यह दर्शाता है कि आप उनके ज्ञान और अनुभवों को महत्व देते हैं और उनके निरंतर महत्व को स्वीकार करते हैं। यह सहानुभूति और करुणा का एक गहरा कार्य है, जो जीवन में उनके महत्व की पुष्टि करता है। उन लोगों के बारे में विचार करने पर, जो गरीब हैं, बेघर हैं, या सामाजिक-आर्थिक चुनौतियों का सामना कर रहे हैं, गरिमा की पहचान एक शक्तिशाली समान शक्ति बन जाती है। यह इस बात का ध्यान रखकर खेल के मैदान को समतल करती है कि प्रत्येक व्यक्ति, उसकी परिस्थिति चाहे जो भी हो, गर्व और आत्म-मूल्य की भावना को बनाए रख सकता है। उनकी गरिमा को स्वीकार करके, आप एक ऐसा वातावरण बनाने में मदद करते हैं जहाँ सभी के साथ निष्पक्षता और समानता का व्यवहार किया जाता है, और जहाँ उनके अंतर्निहित मूल्य को बरकरार रखा जाता है। यह, बदले में, आपके चरित्र को समृद्ध बनाता है और अधिक दयालु और न्यायपूर्ण समाज में योगदान देता है, जिससे आपकी विरासत और भी अधिक सार्थक हो जाती है। साझी करने का कार्य हमारी मानवता की गहन अभिव्यक्ति है।

यह किसी विनम्र पेशकश में प्रकट हो सकता है, जैसे कि भोजन का एक टुकड़ा साझा करना, या ज़्यादा भलाई के लिए हमारे संसाधनों को बांटने के बड़े कार्य में भी दिखाई दे सकता है। साझा करना केवल एक उपयोगितावादी क्रिया नहीं है; यह संबंध बनाने और दूसरों के लिए जीवनरेखा बढ़ाने की हमारी प्रतिबद्धता की घोषणा है। यह साझा करने का सम्मान है, ख़ासकर जब यह सुविधाजनक नहीं होता है, जो सबसे गहरा अर्थ रखता है। हम, इस दुनिया के प्रबंधक के रूप में, अपनी उदारता के माध्यम से ब्रह्मांड को आकार देने की शक्ति रखते हैं। हमारा जीवन तब समृद्ध होता है जब हम अपने आराम के क्षेत्र से बाहर निकलते हैं और यह सुनिश्चित करते हैं कि पारस्परिकता बनी रहे। उदार दान के इन क्षणों में, हम न केवल व्यक्तिगत जीवन को प्रभावित करते हैं, बल्कि बड़े पैमाने पर किये जाने पर सद्भावना की लहरें पैदा करते हैं, जो हमारे अस्तित्व के परिदृश्य को बदलने की क्षमता रखती हैं। साझा करने के इस नेक कार्य में ही हमारी विरासत वास्तव में चमकती है। रिश्तों का अंतरंग दायरा, परिवार, हमारे जीवन में एक अनोखा और अपूरणीय स्थान रखता है। पारिवारिक प्रेम के आलिंगन में ही हम अपने मूल्यों के शुद्धतम अवतार का अनुभव करते हैं। परिवार विश्वास, त्याग और अटूट समर्थन का एक जटिल स्रोत है, जो हमारे जीवन के दौरान जटिल रूप से बुना जाता है। जिन लोगों ने हमारे लिए लगन से काम किया है, जो अटूट समर्पण के साथ हमारी देखभाल करते हैं, वे हमारे दिलों में अत्यधिक महत्वपूर्ण स्थान के पात्र हैं।

परिवार के संबंधों को पोषित करने में, हम न केवल उन मूल्यों को मजबूत करते हैं जो हमें परिभाषित करते हैं, बल्कि हमारी विरासत को भी मजबूत करते हैं। इन संबंधों के माध्यम से हम अपने सिद्धांतों का सार और उस विरासत को व्यक्त करते हैं जिसे हम सौंपना चाहते हैं। हमारा परिवार, कई मायनों में, हमारे मूल्यों के लिए एक जीवित वसीयतनामा, उन आदर्शों का प्रतिबिंब है जिन्हें हम प्रिय मानते हैं। अपने परिवार की देखभाल करना सिर्फ एक कर्तव्य नहीं है; यह एक विशेषाधिकार है। यह हमारे अस्तित्व को मजबूत करता है और उस विरासत को मजबूत करता है जिसे हम देना चाहते हैं। जब हम उस विरासत पर विचार करते हैं जो हम बनाना चाहते हैं, तो हमें अपने व्यक्तिगत विकास और वृद्धि पर भी ध्यान देना चाहिए। ज्ञान और व्यक्तिगत विकास की खोज एक आजीवन प्रतिबद्धता होनी चाहिए।

निरंतर सीखने और अपनी समझ की सीमाओं को आगे बढ़ाकर, हम अपने मन और उन मूल्यों को जान पाते हैं जो हमारे जीवन का मार्गदर्शन करते हैं।

बदलाव लाने में सक्षम नेता बनने और अपने परिवार तथा अपने आस-पास के लोगों के लिए मार्गदर्शक शक्ति बनने के लिए, हमें लगातार यह सवाल करना चाहिए कि क्या हम ख़ुद के प्रति सच्चे हैं। आत्म-खोज और व्यक्तिगत विकास की इस निरंतर यात्रा में, हम न केवल अपनी विरासत को बल्कि दुनिया के सामने अपनी छवि को भी आकार देते हैं। जैसे-जैसे हम विकास करना जारी

रखते हैं, हमारे मूल्य और जिन सिद्धांतों का हम पालन करते हैं वे सबसे आगे रहते हैं, और जीवन की जटिलताओं से निपटने में हमारा मार्गदर्शन करते हैं।

हम जो विरासत छोड़ते हैं, वह महज़ हमारी संपत्ति का योग नहीं है, बल्कि हमारे द्वारा अपनाए गए मूल्यों का प्रमाण है। यह निष्पक्षता के प्रति हमारी प्रतिबद्धता, साझा करने के प्रति हमारे समर्पण, पारिवारिक संबंधों के पोषण और व्यक्तिगत विकास की हमारी निरंतर खोज का आईना है। अपनी यात्रा के इस अंतिम पथ पर आगे बढ़ते हुए, आइए याद रखें कि हमारी विरासत न केवल हमारे लिए है, बल्कि उन सभी के लिए भी है, जो हमारे मूल्यों की मशाल को अनिश्चित भविष्य में ले जाने के लिए हमारे बाद आते हैं।

मूल मूल्यों के लाभ:

मूल्यों को एक पीढ़ी से दूसरी पीढ़ी को सौंपना एक आवश्यक कार्य है। इसमें विश्वासों, सिद्धांतों और नैतिक मानकों को आगे बढ़ाना शामिल है जो परिवार या समुदाय के भीतर व्यक्तियों के चरित्र और व्यवहार को आकार देते हैं। यह प्रक्रिया न केवल पोषित मूल्यों की निरंतरता सुनिश्चित करती है, बल्कि समग्र रूप से समाज के नैतिक और सदाचारी विकास में भी योगदान देती है।

क्या आपने कभी खुद को किसी ऐसी मुश्किल परिस्थिति में पाया है जहाँ आपको एक आधिकारिक व्यक्ति और अच्छा श्रोता होने के बीच चुनाव करना पड़ा है? यह एक मुश्किल चुनाव है,

लेकिन किसी परिवेश के अंदर मूल्यों का पोषण करते हुए संरचना और व्यवस्था बनाए रखने के लिए दोनों के बीच संतुलन रखना आवश्यक है। इस चर्चा में हम जानेंगे कि यह जानना क्यों ज़रूरी कि कब नियंत्रण अपने हाथ में लेना है और कब किसी की बात को ध्यान से सुनना है। आइए अधिनायकवाद की भूमिका पर गौर करके शुरुआत करें। अधिकारवादी होना एक जहाज़ का कप्तान होने जैसा है, जो उसे उसकी मंज़िल की ओर ले जाता है। इसमें नियम और सीमाएँ निर्धारित करना और इस बात का ध्यान रखना शामिल है कि हर कोई उसका अनुसरण करे। हालाँकि, आवश्यक कार्यों को कुशलतापूर्वक पूरा करने और अनुशासन बनाए रखने के लिए यह सख्ती आवश्यक हो सकती है, लेकिन इसके लिए नेता को अपने सिद्धांतों और मूल्यों के प्रति दृढ़ विश्वास की आवश्यकता होती है। एक मजबूत नेता जो अपने विश्वासों में दृढ़ है, वह उन लोगों में भरोसा और सम्मान विकसित करता है जिनका वह नेतृत्व करता है।

वहीं दूसरी ओर, सुनना उस दिशा-सूचक यंत्र की तरह है जो कप्तान का मार्गदर्शन करता है। यह खुले संचार, सहानुभूति और समझ को बढ़ावा देता है। जब व्यक्ति यह महसूस करते हैं कि उनकी बात सुनी जाती है और उन्हें महत्व दिया जाता है, तो उनके सहयोग करने और परिवेश में सकारात्मक योगदान देने की अधिक संभावना होती है। सुनना विविध दृष्टिकोणों को शामिल करने की अनुमति देता है, जिससे निर्णय लेने और समस्या-समाधान में सुधार हो सकता है।

सबसे ज़रूरी सवाल यह है कि हम सही संतुलन कैसे पा सकते

हैं? अधिकारवादी होने और एक अच्छा श्रोता होने के बीच संतुलन बनाना एक ऐसा कौशल है जो प्रभावशाली नेताओं के पास होता है। ऐसी स्थितियों में जहाँ तत्काल कार्रवाई और नियमों का पालन आवश्यक है, आधिकारिक होना आवश्यक होता है। यह आपात स्थिति, महत्वपूर्ण निर्णय लेने, या व्यवस्था बनाए रखने के दौरान सर्वोपरि हो सकता है। दूसरी ओर, जब आपका लक्ष्य मूल्यों का पोषण करना और सहयोग को बढ़ावा देना होता है, तो एक अच्छा श्रोता होना महत्वपूर्ण है। यह नेताओं को उन लोगों की ज़रूरतों, चिंताओं और आकांक्षाओं को समझने की अनुमति देता है जिनका वे नेतृत्व करते हैं, जिससे अधिक सामंजस्यपूर्ण और समावेशी वातावरण बनता है।

यह जानना आवश्यक है कि कब अधिनायकवादी बनना है और कब अच्छा श्रोता बनना है। इस संतुलन का पता लगाने से एक ऐसा परिवेश बनाने में मदद मिलती है, जो मूल्यों को कायम रखता है और स्थिरता सुनिश्चित करता है, जिससे विकास और सफलता को बढ़ावा मिलता है। चाहे आप जहाज़ के कप्तान हों या टीम के नेता, दृढ़ विश्वास के साथ जहाज़ चलाना और खुले दिमाग से सुनना न भूलें।

आइए इस बात पर गहराई से विचार करें कि मूल्यों को एक पीढ़ी से दूसरी पीढ़ी तक सफलतापूर्वक कैसे स्थानांतरित किया जा सकता है।

हमने अपने जीवन में संतुलन बनाने के बारे में जो सीखा है, उससे मूल्यों को आगे बढ़ाने के सबसे प्रभावी तरीकों में से एक

दूसरों के लिए मिसाल बनना है। बच्चे और परिवार के छोटे सदस्य अक्सर अपने बड़ों के कार्यों और व्यवहार को देखकर सीखते हैं। आपके शब्दों और कार्यों के बीच निरंतरता महत्वपूर्ण है। इसलिए, अपना जीवन उन मूल्यों के अनुसार जीना आवश्यक है जिन्हें आप अगली पीढ़ी में स्थापित करना चाहते हैं। ऐसा करके, आप युवा पीढ़ी को ज़्यादा सदाचारी और पूर्ण जीवन के लिए प्रेरित और मार्गदर्शन कर सकते हैं। समाज की बेहतरी के लिए युवा पीढ़ी में मूल्यों को विकसित करना महत्वपूर्ण है, और कहानी व किस्से ऐसे शक्तिशाली उपकरण हैं जो इस संबंध में मदद कर सकते हैं। व्यक्तिगत कहानियों, पारिवारिक के किस्सों, या संस्कृति या विरासत की कहानियों का उपयोग कुछ मूल्यों के महत्व को दर्शाने के लिए किया जा सकता है। कहानियों में मूल्यों को प्रासंगिक और यादगार बनाने की क्षमता होती है। इसलिए, परिवार या समुदाय के भीतर खुले और ईमानदार संचार का माहौल बनाना महत्वपूर्ण है, जहाँ मूल्यों, विश्वासों और नैतिक दुविधाओं के बारे में चर्चा हो सके। मूल्यों को सुदृढ़ करने के लिए पारिवारिक परंपराएँ और रीति-रिवाज भी आवश्यक हैं। वे सकारात्मकता को बढ़ावा देते हुए मूल्यों का अभ्यास करने और पारिवारिक संबंधों को मजबूत करने के अवसर प्रदान करते हैं। इन परंपराओं में एक परिवार के रूप में एक साथ स्वेच्छा से काम करने या सांस्कृतिक त्योहार मनाने से लेकर दयालुता के कार्यों में शामिल होने तक कुछ भी शामिल हो सकता है। ये रीति-रिवाज हमारे दैनिक जीवन में मूल्यों के महत्व को मजबूत करने और उन्हें भावी पीढ़ियों में स्थापित करने में मदद करते हैं। उदाहरण के

लिए, एक परिवार के रूप में एक साथ स्वयंसेवा करना, न केवल समुदाय को वापस देने का मूल्य सिखाता है, बल्कि निःस्वार्थता और सहानुभूति का महत्व भी सिखाता है। सांस्कृतिक त्योहार मनाने से हमें विभिन्न संस्कृतियों के बारे में सीखने, विविधता का सम्मान करने और समावेशिता को बढ़ावा देने का मौका मिलता है। इसी तरह, दयालुता के कार्यों में संलग्न होना, जैसे कि दान देना, ज़रूरतमंदों की मदद करना, या बस दूसरों के प्रति दयालु होना, करुणा, दयालुता और उदारता के मूल्यों को मजबूत करता है।

इसलिए, मूल्यों के इर्द-गिर्द घूमने वाली पारिवारिक परंपराओं का निर्माण और अभ्यास करना सकारात्मक व्यवहार को बढ़ावा देने और अपने और आने वाली पीढ़ियों के लिए बेहतर भविष्य को आकार देने के लिए आवश्यक है। इन परंपराओं और अनुष्ठानों के माध्यम से हम ऐसी यादें बनाते हैं जो जीवन भर बनी रहती हैं, हमारे बंधनों को मजबूत बनाती हैं, और हमारे दैनिक जीवन में मूल्यों के महत्व को सुदृढ़ करती हैं।

अपने स्वयं के मूल्यों और उनके व्यापक निहितार्थों के बारे में समीक्षात्मक विचार करने में सक्षम पीढ़ी को बढ़ावा देने के लिए, कुछ मूल्यों के पीछे पूछताछ, राय अभिव्यक्ति और तर्क की खोज की संस्कृति को प्रोत्साहित करना महत्वपूर्ण है। समीक्षात्मक सोच की यह प्रक्रिया व्यक्तियों को निर्विवाद आदेशों के रूप में पालन करने के बजाय मूल्यों को प्रामाणिक रूप से आत्मसात करने में सक्षम बनाती है। विभिन्न मूल्यों के तर्क और निहितार्थों को उजागर करने से युवा लोगों को अपनी दुनिया और इसे आकार देने वाले मूल्यों की ज़्यादा गहन समझ प्राप्त करने की अनुमति मिलती है,

जिससे उन्हें जटिल नैतिक चुनौतियों से निपटने और ऐसे निर्णय लेने में मदद मिलती है जो उनके अपने मूल्यों और सिद्धांतों के अनुरूप होते हैं।

हमारे जीवन की टेपेस्ट्री में, विविध मूल्य अंतर्निहित अपेक्षाओं और सीमाओं के साथ, हमारे विचारों, कार्यों और व्यवहारों को प्रभावित करते हैं। किसी के परिवार या समुदाय के मूल्यों के अनुरूप व्यवहार और कार्यों को स्पष्ट रूप से बताना और साझा करना अनिवार्य है। यह प्रत्येक सदस्य के लिए प्रत्याशित आचरण को स्पष्ट करता है, एक ऐसे वातावरण को बढ़ावा देता है जहाँ अपेक्षाएं स्पष्ट होती हैं और उन अपेक्षाओं के विफल होने पर जवाबदेही बनी रहती है। यह एक स्वस्थ, सकारात्मक वातावरण को बढ़ावा देने के लिए मूलभूत है, क्योंकि यह व्यक्तियों को उनके कार्यों के प्रभाव के बारे में जागरूक रखता है और उन व्यवहारों को प्रोत्साहित करता है जो सांप्रदायिक या पारिवारिक मूल्यों के अनुरूप हैं।

जैसे-जैसे सामाजिक और सांस्कृतिक परिदृश्य विकसित होते हैं, चिंतन और अनुकूलन अपरिहार्य होते हैं, जो संभावित रूप से हमारे द्वारा संजोए गए मूल्यों को नया आकार देते हैं। समय-समय पर हमारे द्वारा सौंपे गए मूल्यों की प्रासंगिकता और महत्व का आकलन करना महत्वपूर्ण है, इन मूल्यों को अपनाने के लिए खुलेपन के साथ उन मूल सिद्धांतों को खोए बिना जिनका वे प्रतिनिधित्व करते हैं। ऐसी सतर्कता और लचीलापन उन मूल्यों के प्रसारण को सुनिश्चित करता है, जो बदलते समय के दौरान भी प्रासंगिक और सार्थक बने रहते हैं। आत्म-चिंतन, संवाद और किसी के मूल्यों के साथ

सद्भाव में रहने के लिए समर्पण की मांग करते हुए, मूल्यों को प्रदान करने की यह सतत प्रक्रिया पीढ़ियों तक चलती है। यह परिवारों और समुदायों को उनके बहुमूल्य मूल्यों को बनाए रखने और समृद्ध करने के लिए सर्वोत्तम अभ्यासों पर एक चर्चा को प्रेरित करता है, जिससे समाज के नैतिक और सदाचारी ताने-बाने को मजबूत किया जाता है। परिवार की इकाई समाज की आधारशिला के रूप में खड़ी है, और मजबूत पारिवारिक मूल्य सामंजस्यपूर्ण और लचीली पारिवारिक संरचनाओं की आधारशिला हैं। ये मूल्य व्यवहार का मार्गदर्शन करते हैं, रिश्तों को मजबूत करते हैं और उद्देश्य और अपनेपन की भावना पैदा करते हैं। मजबूत पारिवारिक मूल्यों का निर्माण एक सचेत, निरंतर प्रयास है, जिसके लिए उद्देश्य, संवाद और समर्पण की आवश्यकता होती है। ऐसे मूल्यों का निर्माण आपके परिवार के लिए सर्वोपरि मूल मान्यताओं और सिद्धांतों को दर्शाने और परिभाषित करने से शुरू होता है–जिनमें ईमानदारी, सम्मान, सहानुभूति, जिम्मेदारी, दयालुता और विश्वास जैसे मूल्य शामिल हैं।

परिवार अलग-अलग होते हैं, जो उनकी अनूठी सांस्कृतिक, धार्मिक और व्यक्तिगत पृष्ठभूमि को दर्शाती है, जिससे आने वाली पीढ़ियों तक मूल्यों का संचार एकजुट और मजबूत पारिवारिक इकाइयों और समुदायों के निर्माण के लिए आवश्यक हो जाता है। इस यात्रा को शुरू करने में विचारशील चिंतन और उन मूल मूल्यों की परिभाषा शामिल है जिन्हें आप प्रचारित करना चाहते हैं–जिनमें ईमानदारी, सत्यनिष्ठा, सहानुभूति, सम्मान, दयालुता और जवाबदेही जैसे सिद्धांत शामिल हैं। इन मूल्यों को जीवन के रोजमर्रा के ताने-

बाने में बुनने के लक्ष्य के साथ, उन मान्यताओं और परंपराओं पर विचार करें जिन्होंने आपको आकार दिया है, जो इस प्रकार उन मूल्यों को सक्रिय रूप से संरक्षित और समर्थित करती हैं, जो आपके परिवार या समुदाय के कल्याण का समर्थन करते हैं।

पारिवारिक मूल्यों को स्थापित करने की कुंजी खुले, सच्चे संचार में निहित है। प्रत्येक मूल्य के महत्व को व्यक्त करने के लिए और यह बताने के लिए कि यह आपके परिवार की पहचान और उद्देश्यों से कैसे संबंधित है, पारिवारिक संवादों को प्रोत्साहित करें। परिवार के सभी सदस्यों से प्रश्न और योगदान की मांग करके स्वामित्व और समझ की भावना को बढ़ावा दें।

आपके मूल्यों को प्रतिबिंबित करने वाली परंपराओं की स्थापना के माध्यम से पारिवारिक मूल्यों को मजबूत करना भी एक एकीकृत और सुखद प्रक्रिया हो सकती है। उदाहरण के लिए, एक परिवार के रूप में स्वयंसेवा करने से न केवल समुदाय को लाभ होता है, बल्कि सहानुभूति और ज़िम्मेदारी की भावना भी बढ़ती है। ऐसी परंपराएँ स्थायी यादें बनाती हैं और आपके मूल्यों को सुदृढ़ करती हैं। मूल्य केवल अमूर्त अवधारणाओं के रूप में ही नहीं, बल्कि परिवार की पहचान के जीवंत अवतार के रूप में प्रकट होते हैं। इसलिए, आपके परिवार के मूल्यों को प्रतिबिंबित करने वाले कार्यों और व्यवहारों को चित्रित करना स्पष्ट अपेक्षाएं और सीमाएं निर्धारित करता है। इन सिद्धांतों का पालन करने से आपके परिवार की विशिष्ट पहचान का संरक्षण सुनिश्चित होता है।

सहानुभूति और सम्मान मजबूत पारिवारिक नींव का केंद्र है, जहाँ एक-दूसरे की भावनाओं और दृष्टिकोणों को समझना और उनसे संबंधित होना सर्वोपरि है। सम्मानजनक संवाद, ध्यान से सुनने और संघर्ष के शांतिपूर्ण समाधान को प्रोत्साहित करें, एक ऐसा पोषणपूर्ण वातावरण बनाएं जहाँ प्रत्येक सदस्य को सुना और महत्व दिया जाए।

पारिवारिक मूल्यों को दर्शाने वाले व्यवहारों का जश्न मनाना इन सिद्धांतों को पुष्ट करता है। आपके मूल्यों का उदाहरण देने वाले विशिष्ट कार्यों को पहचानना और उनकी सराहना करना इन मानकों का निरंतर पालन करने के लिए प्रेरित करता है और उन्हें दैनिक जीवन में पूरी तरह से एकीकृत करता है।

इसके अलावा, मजबूत पारिवारिक मूल्यों को स्थापित करने की यात्रा अकेले नहीं की जानी चाहिए। गुरुओं, परामर्शदाताओं, या आध्यात्मिक नेताओं से ज्ञान प्राप्त करने से सहायता और अंतर्दृष्टि मिल सकती है। समान विचारधारा वाले परिवारों के साथ जुड़ने से अपनेपन की सामुदायिक भावना को बढ़ावा मिलता है। पारिवारिक मूल्यों के पोषण में इस तरह के सोचे-समझे और निरंतर प्रयासों से नैतिक मार्गदर्शन, लचीलापन, एकता और प्रेम की विरासत मिलती है, जिससे न केवल परिवार को बल्कि बड़े पैमाने पर समाज को भी लाभ होता है।

मूल मूल्य ऐसी आवश्यक मान्यताएं हैं जो हमारे सार को परिभाषित करती हैं, हमारे व्यवहार को प्रभावित करती हैं, और हमारे व्यक्तिगत और व्यावसायिक जीवन दोनों में निर्णय लेने में हमारा मार्गदर्शन करती हैं। हमारी अंतरात्मा के लिए दिशा सूचक

यंत्र के रूप में काम करते हुए, ये मूल्य हमारी बातचीत, जीवन के विकल्पों और चुनौतीपूर्ण परिदृश्यों से निपटने में हमारी मदद करते हैं। हालाँकि, व्यक्तियों, परिवारों या संस्कृतियों के बीच मूल मूल्य व्यापक रूप से अलग-अलग हो सकते हैं, लेकिन ख़ासकर कठिन परिस्थितियों में, वे सर्वव्यापक रूप से ईमानदारी के माध्यम से विश्वसनीयता को बढ़ावा देते हैं, करुणा और सहानुभूति के माध्यम से सार्थक संबंध बनाते हैं, और नैतिक निर्णय लेने और जवाबदेही को सहारा देते हैं। अपने मूल मूल्यों के अनुरूप रहना हमारे जीवन को समृद्ध बनाता है, हमारे बंधनों को मजबूत करता है, और हमारी महत्वाकांक्षाओं का समर्थन करता है, जो हमें हमारे दृढ़ मार्गदर्शकों के रूप में हमारे विश्वासों और सिद्धांतों के साथ जीवन के उतार-चढ़ाव का सामना करने के लिए आत्मविश्वास और स्थिरता प्रदान करता है।

एक मूल मूल्य के रूप में, सत्यनिष्ठा, ईमानदारी और नैतिक दृढ़ता का प्रतीक है। यह एक ऐसा गुण है जो विश्वास कायम करती है, रिश्तों को मजबूत बनाती है और प्रतिष्ठा बढ़ाती है, जिससे व्यक्तिगत और व्यावसायिक उन्नति दोनों में योगदान मिलता है। सत्यनिष्ठा विश्वास पैदा करती है, जिससे व्यक्तिगत और व्यावसायिक संबंध अधिक मजबूत होते हैं। यह एक सकारात्मक प्रतिष्ठा भी बनाती है, नए अवसरों के द्वार खोलती है और सकारात्मक सामाजिक संपर्क को प्रोत्साहित करती है। इसके अलावा, सत्यनिष्ठा का जीवन जीने से आंतरिक शांति मिलती है, जिससे हम धोखे और नैतिक संहिता के उल्लंघन से जुड़ी उथल-पुथल से बच जाते हैं।

कुल मिलाकर, सत्यनिष्ठा एक पुरस्कृत जीवन की आधारशिला है, जो विश्वसनीयता, प्रतिष्ठा और आंतरिक शांति को बढ़ावा देती है।

मूलभूत मूल्य का एक स्तंभ, ईमानदारी, सभी बातचीतों में सच्चाई और खुलेपन को अनिवार्य करती है। ईमानदारी केवल सच बोलने से परे है; यह नैतिक सिद्धांतों पर आधारित जीवन जीने के बारे में है। ईमानदारी विश्वास का आधार है, जो गहरे और स्थायी रिश्तों की नींव रखती है। यह दिखावे को बनाए रखने की आवश्यकता को समाप्त करके तनाव को भी कम करती है, इस प्रकार आंतरिक शांति को बढ़ावा मिलता है। इसके अतिरिक्त, ईमानदारी नैतिक निर्णय लेने का अभिन्न अंग है, जो लोगों को यह जानते हुए आत्मविश्वास के साथ चुनाव करने की अनुमति देती है कि वे ईमानदारी, निष्पक्षता और न्याय को प्रतिबिंबित करते हैं। संक्षेप में, ईमानदारी विश्वास को बढ़ावा देकर, तनाव को कम करके और नैतिक निर्णयों को रेखांकित करके, मजबूत रिश्तों को दृढ़ता प्रदान करके और सामुदायिक मूल्यों को कायम रखकर जीवन को समृद्ध बनाती है। एक महत्वपूर्ण मूल्य है, सम्मान, जिसमें दूसरों के साथ दयालुता, विचारशीलता और आदर के साथ व्यवहार करना शामिल है। यह सकारात्मक मानवीय अंतःक्रियाओं के लिए मौलिक है, जिससे ऐसे वातावरण का निर्माण होता है जहाँ व्यक्ति सम्मानित महसूस करते हैं, सुने जाते हैं और पहचाने जाते हैं।

सम्मान दिखाने से रिश्तों में बहुत ज़्यादा सुधार हो सकता है, विश्वास की नींव बन सकती है और सौहार्दपूर्ण संचार को बढ़ावा

मिल सकता है। यह विवादों को सुलझाने में भी महत्वपूर्ण है, जिससे असहमतियों को शालीनता और रचनात्मक परिणामों के साथ संभाला जा सकता है। इसके अलावा, सम्मान समावेशिता का पर्याय है, क्योंकि यह विविधता का स्वागत करता है और न्यायसंगत उपचार को बढ़ावा देता है, जिससे एकता और अपनेपन की भावना का निर्माण होता है। इसलिए, सकारात्मक बातचीत को बढ़ावा देने, विवादों को सौहार्दपूर्ण ढंग से हल करने और समावेशिता का समर्थन करने के लिए सम्मान अपरिहार्य है।

ज़िम्मेदारी हमारे कार्यों के प्रति जवाबदेह होने और हमारे दायित्वों को कर्तव्यनिष्ठा से पूरा करने के बारे में है। यह व्यक्तिगत विकास को सहारा देती है, क्योंकि अपनी गलतियों को स्वीकार करने से व्यक्ति सीखने और आत्म-सुधार की ओर आगे बढ़ता है। जो लोग ज़िम्मेदारी स्वीकार करते हैं उन्हें भरोसेमंद और सम्मानजनक माना जाता है, जो अक्सर मजबूत समस्या-समाधान क्षमताओं और निर्णय लेने के लिए एक सक्रिय दृष्टिकोण का प्रदर्शन करते हैं। मुद्दों को प्रभावी ढंग से और समय पर हल करने के लिए यह विशेषता आवश्यक है। संक्षेप में, ज़िम्मेदारी जवाबदेही और अनुशासन के माध्यम से एक व्यक्ति के चरित्र को आकार देती है, जिससे यह व्यक्तिगत सत्यनिष्ठा और सामाजिक सम्मान का एक प्रमुख घटक बन जाता है। सहानुभूति एक विशेष रूप से शक्तिशाली मूल्य है, जो हमें दूसरों की भावनाओं को समझने और साझा करने में सक्षम बनाता है। यह हमारे संबंधों को गहरा करता है, भावनात्मक समर्थन प्रदान करता है जो रिश्तों को मजबूत और वास्तव में समृद्ध बना सकता

है। संघर्ष के समाधान में भी सहानुभूति अपरिहार्य है, क्योंकि यह समझ और समझौते को बढ़ावा देती है, जिससे समान आधार की खोज की जा सकती है और शांतिपूर्ण समाधान तक पहुंचा जा सकता है। ऐसा समाज जो सहानुभूति को उच्च सम्मान देता है वह स्वाभाविक रूप से अधिक दयालु और समावेशी होता है, जो हम सभी को बांधने वाली सामान्य मानवता को पहचानता है और उसके लिए प्रतिक्रिया देता है।

करुणा, दूसरों की पीड़ा के प्रति वह सहज सहानुभूति होती है, जो बाहर की ओर फैलती है और हमें दर्द कम करने के लिए कार्य करने के लिए बाध्य करती है। यह हमें दयालुता में संलग्न होने के लिए प्रेरित करती है, चाहे यह बड़े कामों के माध्यम से हो या फिर मामूली कामों के माध्यम से, जिससे हमारे उद्देश्य की भावना और भावनात्मक कल्याण को बढ़ावा मिलता है। करुणा सहिष्णुता का पोषण करती है और पूर्वाग्रह को कम करती है, जिससे हमें अपने मतभेदों को दूर करने और विविधता को अपनाने की क्षमता मिलती है, जिससे एक ऐसे समाज का निर्माण होता है जहाँ हर किसी को महत्त्व और सम्मान दिया जाता है।

दृढ़ता, प्रतिकूल परिस्थितियों के सामने लक्ष्यों की अटल खोज, उपलब्धि को बढ़ावा देती है, लचीलेपन का पोषण करती है और आत्म-प्रभावकारिता को बढ़ाती है। यह केवल सहन करने के बारे में नहीं है, बल्कि उद्देश्य की स्पष्टता और अपने लक्ष्यों के प्रति अटूट प्रतिबद्धता के साथ बने रहने के बारे में है। यह दृढ़ता न केवल महत्वाकांक्षाओं की प्राप्ति की ओर ले जाती है, बल्कि आत्मा

को भी मजबूत करती है, जो हमें मजबूत और स्थायी आशावाद के साथ जीवन की अपरिहार्य चुनौतियों का सामना करने के लिए तैयार करती है।

हम जो अच्छा अनुभव करते हैं उसकी दिल से स्वीकृति, कृतज्ञता, परिवर्तनकारी है। नियमित रूप से कृतज्ञता का अभ्यास करने से हमारा जीवन समृद्ध होता है, जिससे शारीरिक और भावनात्मक कल्याण बढ़ता है। यह सकारात्मक रिश्तों को पोषित करती है और उन बंधनों को मजबूत करती है जो हमें दूसरों से जोड़ते हैं। कृतज्ञता मानसिक स्वास्थ्य चुनौतियों के खिलाफ एक ढाल के रूप में भी काम करती है, जो संतोष और शांत दिमाग वाले जीवन में योगदान करती है।

सत्यनिष्ठा, ईमानदारी, सम्मान, ज़िम्मेदारी, सहानुभूति, करुणा, दृढ़ता और कृतज्ञता के ये मूलभूत मूल्य, केवल शब्द नहीं हैं, बल्कि हमारे चरित्र का सार हैं। ये हमारी पहचान को आकार देते हैं, हमारे कार्यों का मार्गदर्शन करते हैं और हमारे द्वारा छोड़ी गई विरासत को प्रभावित करते हैं। इन मूल्यों को अपनाकर, हम न केवल अपने जीवन को बेहतर बनाते हैं, बल्कि एक ऐसी दुनिया के निर्माण में भी योगदान देते हैं जो ज़्यादा समझदार, दयालु और दृढ़ हो। ये मूल्य हमें एक-दूसरे से बांधते हैं, जो मानवता की साझा भावना और व्यापक भलाई के सामूहिक प्रयास को बढ़ावा देते हैं।

इन मूल्यों को अपनाने से हमारे रिश्तों, मानसिक स्वास्थ्य और जिन समुदायों में हम रहते हैं, उन पर गहरा प्रभाव पड़ता है।

उदाहरण के लिए, ईमानदारी और सत्यनिष्ठा विश्वास को बढ़ावा देती है, जो स्वस्थ रिश्तों के लिए महत्वपूर्ण है। सहानुभूति और करुणा हमें दूसरों के साथ गहरे स्तर पर जुड़ने और मजबूत, सहायक समुदाय बनाने में सक्षम बनाती है। ज़िम्मेदारी और दृढ़ता हमें अपने लक्ष्यों को प्राप्त करने और लचीलेपन और दृढ़ संकल्प के साथ जीवन की चुनौतियों पर काबू पाने में मदद करती है।

इन मूल मूल्यों का अभ्यास एक व्यक्तिगत चुनाव है और समाज में सकारात्मक बदलाव के लिए एक शक्तिशाली शक्ति है। जब हम अपने मूल्यों के अनुसार जीते हैं और उन्हें दूसरों के लिए आदर्श बनाते हैं, तो हम दया, करुणा और सम्मान की संस्कृति का निर्माण करते हुए दूसरों को भी ऐसा करने के लिए प्रेरित करते हैं। अंत में, मूल मूल्यों के अभ्यास में समाज को बदलने, इसे अधिक सामंजस्यपूर्ण, न्यायसंगत और सभी के लिए दयालु बनाने की क्षमता है।

मूल मूल्यों को प्रकट करना:

मूल्य रंगीन टेसर के रूप में काम करते हैं जो हम सबको एक साथ जोड़ते हैं और अंतर्संबंध व प्रभाव का एक सुंदर स्रोत उत्पन्न करते हैं, जो कर्म के दार्शनिक विचार की तरह होता है, जिसमें हमारे कार्य पूरे ब्रह्मांड में गूंजते हैं। आइए हम ऊंची पहाड़ियों के बीच स्थित एक आकर्षक और मनमोहक शहर पर नज़र डालें, जहाँ हर सुबह इसके परिदृश्य को चमकीले रंगों से रंग देती है। इस सुंदर स्थान में एक शानदार मुस्कान वाली महिला, ग्रेस, रहती थी, जो समुदाय की एक नियमित सदस्य से कहीं अधिक थी; वह

सद्भावना की एक अद्भुत शक्ति, करुणा और सहानुभूति की जीवंत मूर्ति थी।

एक दिन, जैक नाम का एक नौजवान जीवन की सुंदरता और सादगी से आकर्षित होकर शहर में आया। जैक एक यात्री था, जो इस क्षेत्र के लिए एक अजनबी था, और जीवन की निरंतर चुनौतियों के बोझ से दबा हुआ था एवं एक ऐसी जगह की तलाश में था जिसे वो अपना घर कह सके। उसके पिछले अनुभवों ने उसे अविश्वासी, सावधान और सतर्क बना दिया था, जिसकी वजह से वो लोगों से एक भावनात्मक दूरी बनाये रखने के लिए मजबूर था। लेकिन, जैसा कि नियति को मंज़ूर था, जैक और ग्रेस का मिलना तय था, और उसकी मुस्कान की गर्माहट में उसे उम्मीद की किरण मिली।

ग्रेस में एक अद्भुत गुण था: दृढ़ करुणा की शक्ति, जिसे उसने जीवन भर दयालुता के निःस्वार्थ कार्यों के दौरान विकसित किया था। वह दयालुता के विनम्र, निःस्वार्थ कार्यों की शक्ति और उनके प्रभाव पर विश्वास करती थी। उसने जैक की ओर दोस्ती का हाथ बढ़ाया और उसे समझा, साथ ही उसे अपनी सच्ची मुस्कान की गर्माहट दी और पूरी सच्चाई से उसकी बातें सुनीं, उसे उम्मीद थी कि यह उसके रास्ते को वैसे ही रोशन करेगी जैसे इसने उसके रास्ते को किया था। इसके बदले में ग्रेस ने केवल एक चीज़ मांगी: "जब मौका मिले तो इस दयालुता को आगे बढ़ाएं।" जैक इस असाधारण उदारता से पहले तो भ्रमित था क्योंकि वह एक ऐसी दुनिया का आदी था, जहाँ सद्भावना की अक्सर कोई कीमत चुकानी

पड़ती थी। वह समझ नहीं पा रहा था कि बदले में कुछ भी न चाहकर कोई व्यक्ति इतना निःस्वार्थ रूप से उदार कैसे हो सकता है। उसने ग्रेस की गतिविधियों और बातचीत पर गौर किया, उसके आदर्शों के स्रोत को समझने का प्रयास किया। उसने हर चुनाव में उसकी दृढ़ सत्यनिष्ठा, बोले गए हर शब्द में उसकी ईमानदारी और जीवन में किसी की स्थिति की परवाह किए बिना सभी मनुष्यों के लिए उसके महान सम्मान पर ध्यान दिया, और उसने इन सारी चीज़ों को एक मेहनती छात्र की तरह आत्मसात किया।

जैसे-जैसे दिन हफ्तों में और हफ्ते महीनों में बढ़ते गए, जैक के अंदर एक अद्भुत बदलाव आना शुरू हो गया। ग्रेस में देवदूत का एक अंश था। ग्रेस के सिद्धांत एक सुखदायक धारा की तरह उसके दिल में उतरने लगे, और उसे ऐसा महसूस हुआ मानो वह एक लंबी, कठिन सर्दी के बाद सूरज की गर्मी में नहा रहा हो। उसकी सहानुभूति और दयालुता की लहरें उसके अंदर गहराई तक प्रवेश कर गईं, जिसने धीरे-धीरे उसके इतने लंबे समय के संशय और संदेह की परतों को कमज़ोर कर दिया। जैक ने ग्रेस के सिद्धांतों को इसलिए स्वीकार नहीं किया क्योंकि उसे ऐसा करना पड़ा; बल्कि, उसने ऐसा इसलिए किया क्योंकि वह सचमुच ऐसा चाहता था। जैक ने ग्रेस के आदर्शों को आत्मसात कर लिया और उन्हें अपने आदर्श बना लिए। उसका बदलाव धीरे-धीरे लेकिन महत्वपूर्ण था, ठीक उसी तरह जैसे एक फूल धीरे-धीरे लेकिन शानदार ढंग से खिलता है। वह भी, ग्रेस की तरह, समुदाय में परोपकार की रोशनी के रूप में विकसित हुआ।

उसने भी, नए लोगों का गर्मजोशी से स्वागत करना शुरू कर दिया, उन्हें वही गर्मजोशी और समझ प्रदान की जो उसे मिली थी, क्योंकि अब उसे पता था कि दयालुता का एक कार्य अक्सर किसी के जीवन को बदल सकता है। वह भी, दुनिया को रोशन करने के लिए दयालुता के सरल कार्यों की जबरदस्त क्षमता में विश्वास करने लगा, जैसे एक मोमबत्ती संदेह और निराशा की छाया को दूर करके एक अंधेरे कमरे को रोशन करती है।

यह प्रभाव आगे भी कायम रहा, जिससे उदारता का एक निरंतर बढ़ता दायरा बना जो समय और स्थान से परे था। जो लोग जैक के नए आदर्शों से प्रभावित थे, वे बदल गए। उन्होंने भी, दूसरों के प्रति दया और करुणा दिखाना शुरू कर दिया, जिससे एक शक्तिशाली श्रृंखला प्रतिक्रिया, एक उदार सिम्फनी उत्पन्न हुई जिसने शहर को शांति और मित्रता से भर दिया। यह एक परोपकारी सिम्फनी की तरह था, जहाँ एक व्यक्ति के मूल्य पूरे समुदाय में बदलाव ला सकते थे, मानवीय संबंध का एक सुंदर गीत, जो एक सुव्यवस्थित सिम्फनी के सामंजस्य के समान दयालुता के हर कार्य के साथ गूंजता था। वह गांव, जिसे पहले अलगाव और दूरी की भावना से परिभाषित किया गया था, अब एक ऐसी जगह थी जहाँ पड़ोसी एक-दूसरे का ख्याल रखते थे, बाहरी लोगों का खुले दिल से स्वागत किया जाता था, और दयालुता समुदाय की मुद्रा बन गई थी।

यह एक ऐसा समुदाय था जहाँ दिलों को बांटने वाली दीवारें ढह गई थीं, और संबंध के पुलों का निर्माण हुआ था, एक ऐसा

स्थान जहाँ हर मुस्कान और दयालुता का हर कार्य दीर्घकालिक परिवर्तन को प्रभावित करने वाले आदर्शों की शक्ति का गवाह बन गया।

इस कहानी में दया, करुणा और सद्भावना एक दिल से दूसरे दिल तक बहती है, बिल्कुल कर्म की अवधारणा की तरह, जहाँ हर कार्य और हर गतिविधि एक श्रृंखलाबद्ध प्रतिक्रिया शुरू करती है, जिसने अंत में शहर और उसके निवासियों के जीवन को बदल दिया, और समुदाय की सामूहिक चेतना पर एक अमिट छाप छोड़ी। यह कहानी एक मार्मिक अनुस्मारक है कि हमारे मूल्य केवल व्यक्तिगत विशेषताओं से कहीं अधिक हैं; उनके पास हमारे चारों ओर की दुनिया को आकार देने की असाधारण शक्ति है, वे दयालुता के कर्म पैदा करते हैं जो कई लोगों के जीवन को छू सकते हैं, बिल्कुल तालाब में कोमल लहरों की तरह जो अपने मूल से बहुत दूर तक फैल जाती हैं, और सद्भावना के संदेश को सबसे दूर के तटों तक ले जाती हैं।

इस खंड में, जैसे-जैसे हम अपनी यात्रा के अंत के करीब पहुंचते हैं, हम गहरी अंतर्दृष्टि के चौराहे पर खड़े होते हैं। ये मार्गदर्शक आदर्श, या मूल मूल्य, केवल सैद्धांतिक विचार नहीं हैं; ये हमारी नैतिकता की आधारशिला हैं। ये हमारे दृष्टिकोण, व्यवहार और विश्वासों के लिए कम्पास बिंदु के रूप में कार्य करते हैं, ख़ासकर तब जब नैतिक समस्याओं का सामना करना पड़ता है। सत्यनिष्ठा, ईमानदारी, सम्मान, ज़िम्मेदारी, सहानुभूति, करुणा, दृढ़ता, कृतज्ञता और निष्ठा ये सभी दुनिया और ख़ुद को प्रभावित करने

वाली एक परिवर्तनकारी प्रक्रिया के लिए मंच तैयार करते हैं।

चरित्र विकास का सार

इन मूल मूल्यों को अपनाना ख़ुद को अपने सर्वोत्तम संस्करण में ढालने के लिए एक सचेत और सोचे-समझे चुनाव को दर्शाता है। सत्यनिष्ठा एक प्रहरी के रूप में खड़ी है, जो हमारे कार्यों की रक्षा करती है ताकि यह सुनिश्चित हो सके कि हम लगातार सैद्धांतिक ईमानदारी के साथ काम करें, भले ही हमारा रास्ता चुनौतियों और बुरी परिस्थितियों से भरा हो। ईमानदारी, अक्सर केवल शब्दों की सत्यता से आगे बढ़कर, सच्चे कार्यों और गतिविधियों के प्रति ईमानदार प्रतिबद्धता की मांग करती है। सम्मान, एक मौलिक सिद्धांत, हमें प्रत्येक व्यक्ति के मूल्य और गरिमा को स्वीकार करने के लिए कहता है, चाहे जीवन में उनकी स्थिति कुछ भी हो। ज़िम्मेदारी हमें अपने कार्यों की जवाबदेही लेने और उनके परिणामों को स्वीकार करने के लिए मज़बूर करती है।

सहानुभूति, एक चमकते सितारे के समान, हमें न केवल दूसरों की भावनाओं और दृष्टिकोणों को समझने के लिए, बल्कि उनकी सचमुच परवाह करने के लिए प्रेरित करती है। करुणा, दया और परोपकार की जीवन शक्ति, इस बात का ध्यान रखती है कि हमारे कार्य गर्मजोशी और चिंता से भरे हों, जो हमारे आस-पास के लोगों के संघर्ष और ख़ुशियों के बारे में हमारी समझ को दर्शाते हैं। दृढ़ता, दृढ़ संकल्प की अटूट लौ, हमें बुरी परिस्थितियों और असफलताओं का सामना करने के लिए प्रेरित करती है, जो हमारे

लक्ष्यों के प्रति हमारी अटूट प्रतिबद्धता को प्रदर्शित करती है। कृतज्ञता, हमें मिलने वाले आशीर्वाद और अवसरों के लिए गहरी सराहना, हमारे रास्ते को रोशन करती है और हमें अपने चारों ओर मौजूद सुंदरता की याद दिलाती है। इन मूलभूत मूल्यों को अपनाने से एक गहरा प्रभाव पड़ता है, जो हमारे जीवन की जटिल टेपेस्ट्री के माध्यम से गूंजता है। उनका प्रभाव हमारे रिश्तों, मानसिक कल्याण और उन समुदायों तक फैलता है, जिनमें हम रहते हैं। उदाहरण के लिए, ईमानदारी और सत्यनिष्ठा, विश्वास को बढ़ावा देती है, जो स्वस्थ और मजबूत रिश्तों की आधारशिला है। जबकि, सहानुभूति और करुणा, दूसरों के साथ गहरे संबंध बनाना आसान करती है, जिससे मजबूत, सहायक समुदायों की नींव रखी जाती है। ज़िम्मेदारी और दृढ़ता हमें जीवन की चुनौतियों को लचीलेपन और अटूट दृढ़ संकल्प के साथ पार करने के लिए सशक्त बनाते हैं, जिससे हमारे आस-पास के लोगों को अटलता का महत्व पता चलता है। मूल मूल्यों का अभ्यास सिद्धांत से परे है; यह एक व्यक्तिगत चुनाव है जो समाज में सकारात्मक बदलाव लाने की शक्ति रखती है। जब हम अपने मूल्यों पर कायम रहते हैं और उनके सिद्धांतों के जीवंत अवतार के रूप में काम करते हैं, तो हम दूसरों के लिए भी उनका अनुसरण करने के लिए प्रेरणा के स्रोत बन जाते हैं। ऐसा करने पर, हम दया, करुणा और सम्मान के गुणों वाली संस्कृति का निर्माण करते हैं। मूल मूल्यों के अभ्यास से होने वाला यह परिवर्तन, पूरे समाज में फैलकर, सभी के लिए सद्भाव, समानता और करुणा को बढ़ावा देने की क्षमता रखता है।

ये मार्गदर्शक सितारे जो हमें जीवन के जटिल रास्तों से गुजरते हैं, न केवल हमारे चरित्र की आधारशिला हैं, बल्कि हमारे कार्यों की आधारशिला भी हैं। वे हमारी पहचान के मार्करों से कहीं अधिक दर्शाते हैं; वे प्रकाशस्तंभ हैं जो हमारे साथ यात्रा करने वालों के पथ को रोशन कर सकते हैं। इन मूल मूल्यों को अपनाकर, हम स्वयं के सर्वोत्तम संस्करण बन जाते हैं, और आने वाली पीढ़ियों के लिए दुनिया को एक बेहतर जगह बनाने में योगदान देते हैं। जैसे-जैसे हम जीवन के टेढ़े-मेढ़े रास्तों से गुज़रते हैं, हमारे मूल मूल्यों को उन नक्षत्रों के रूप में काम करना चाहिए जो हमारा मार्गदर्शन करते हैं, यह सुनिश्चित करते हुए कि हम सहानुभूति, अखंडता और दयालुता से भरी विरासत छोड़ें।

हमें रास्ता दिखाने वाले ये सितारे जो जीवन के जटिल रास्तों में हमारा मार्गदर्शन करते हैं, न केवल हमारे चरित्र की आधारशिला हैं, बल्कि हमारे कार्यों की भी आधारशिला हैं। ये केवल हमारी पहचान के चिन्ह नहीं हैं; ये वो प्रकाशस्तंभ हैं जो हमारे साथ यात्रा करने वालों के पथ को रोशन कर सकते हैं। इन मूल मूल्यों को अपनाकर, हम स्वयं के सर्वोत्तम संस्करण बन जाते हैं, और आने वाली पीढ़ियों के लिए दुनिया को एक बेहतर जगह बनाने में योगदान देते हैं। जब हम जीवन के टेढ़े-मेढ़े रास्तों से गुज़रते हैं, तो हमारे मूल मूल्यों को उन नक्षत्रों के रूप में काम करना चाहिए जो हमारा मार्गदर्शन करते हैं, जिससे यह सुनिश्चित होता है कि हम सहानुभूति, अखंडता और दयालुता से भरी विरासत छोड़ें।

निष्कर्ष

अब हम "समय से गुज़रना" के पन्नों से होते हुए हमारे अध्यायों के अंत पर पहुंच गए हैं, और मैं हमारी इस यात्रा की सराहना करता हूँ और मुझे आशा है कि यह अनुभव आपके लिए सार्थक रहा। इस यात्रा में हमने मानव ज्ञान, आस्था, वित्तीय विवेक की गहन खोज की, जो समय के गलियारों में हमारा मार्गदर्शन करते हैं।

हमारी खोज ज्ञान के मायावी ख़ज़ाने का पता लगाने की सरल इच्छा के साथ शुरू हुई। इस यात्रा पर निकलने पर, हमें पता चला कि ज्ञान एक गतिशील, हमेशा विकसित होने वाली इकाई है, जो इतिहास के वृतांतों तक सीमित प्राचीन अवशेषों से कहीं दूर है। यह विद्वानों या दार्शनिकों का विशिष्ट क्षेत्र नहीं है; बल्कि, यह एक प्रकाशस्तंभ है, जो आत्मनिरीक्षण, खुले दिमाग और आजीवन सीखने की यात्रा पर निकलने के इच्छुक प्रत्येक व्यक्ति का मार्गदर्शन करता है।

हमारी कहानी के शुरुआती अध्यायों में, हमने ज्ञान के पथप्रदर्शक के रूप में दर्शन के महत्व को जाना। हमने देखा कि कैसे दर्शनशास्त्र दैनिक जीवन से अलग नहीं, बल्कि इसका एक आंतरिक हिस्सा है। हम एक प्रिज़्म के माध्यम से अपने अस्तित्व, कार्यों और नैतिक चुनावों का विश्लेषण करते हैं। दर्शन के माध्यम

से, हमने जाना कि ज्ञान केवल जानकारी रखने के बारे में नहीं है, बल्कि इसे सार्थक जीवन जीने के लिए लागू करने की बुद्धिमत्ता के बारे में है।

हमें पता चला कि ज्ञान केवल कुछ चुनिंदा लोगों तक सीमित नहीं है; बल्कि उन सबकी पहुंच में है, आत्म-खोज की एक जीवनकालिक यात्रा पर निकलना चाहते हैं। यह एक दिशा-सूचक यंत्र है, जो हमारे नैतिक निर्णयों का मार्गदर्शन करता है और अस्तित्व की जटिलताओं से बाहर निकलने में मदद करता है। ज्ञान स्थिर नहीं है; यह एक निरंतर साथी है, जो समय की हमारी यात्रा में लगातार विकसित होता है और बढ़ता है। आस्था के जटिल क्षेत्र में कदम रखने पर भी हमारी यह खोज जारी रही। हमने जाना कि आस्था केवल धार्मिक विश्वासों तक सीमित नहीं है; इसमें ख़ुद पर, ख़ुद के मूल्यों पर भरोसा, और अस्तित्व के गहरे रहस्य शामिल हैं। आस्था एक अदृश्य धागा है जो हमारे सपनों, आकांक्षाओं और गतिविधियों को जोड़कर, हमारे जीवनों को बुनता है। इसके अलावा, हमने मानव भावना पर इसका प्रभाव देखा। सबसे बुरे क्षणों में आस्था हमें सहारा देती है, हमारे अंदर उस उम्मीद को बनाये रखती है जो हमें बुरी परिस्थितियों में से बाहर निकालती है। संभावनाओं पर अटूट विश्वास हमें आगे बढ़ने का साहस देती ही भूलभुलैया में हमारा मार्गदर्शन करती है, और निराशा के सबसे अंधेरे कोनों में भी अपनी रोशनी बिखेरती है। हमारे पंखों के नीचे की हवा हमें ऐसी ऊंचाइयों तक ले जाती है, जो कभी हमें असंभव

लगा करती थीं। आस्था बस एक आध्यात्मिक सिद्धांत नहीं बल्कि एक शक्ति है, जो हमें चुनौतियों से बाहर निकलने और अज्ञात को अपनाने के लिए प्रेरित करती है। यह एक ऐसी चाबी है जो उद्देश्य और पूर्ति से भरपूर जीवन का दरवाज़ा खोलती है।

हमारी कहानी के केंद्र में, हमने वित्तीय ज्ञान की जटिल दुनिया के बारे में चर्चा की। यहाँ, हमने जाना कि वित्तीय ज्ञान केवल धन संचय के बारे में नहीं है, बल्कि हमारे वित्तीय निर्णयों और हमारे जीवन की गुणवत्ता के बीच के गहन अंतर्संबंध को समझने के बारे में है। हमने सीखा कि वित्तीय ज्ञान हमारे सपनों के लिए एक सुरक्षित आधार तैयार करता है और साथ ही भावी पीढ़ियों के लिए एक स्थायी विरासत भी छोड़ता है।

वित्तीय ज्ञान के लिए समर्पित अध्यायों में हमने जल्दी निवेश शुरू करने और व्यापक योजना बनाने के महत्व के बारे में जाना। हमने छोटी उम्र में बुद्धिमान वित्तीय निर्णय लेने की महत्ता को समझा, ऐसे निर्णय जो समय के साथ हमारे भविष्य को सुरक्षित करते हैं। हमने जाना कि वित्तीय ज्ञान केवल पैसों को प्रबंधित करने के बारे में नहीं है, बल्कि जीवन को प्रबंधित करने के बारे में है। ये अध्याय हमें दिखाते हैं कि यह अंत नहीं बल्कि अंत का साधन है। यह चुनावों, अनुभवों और अवसरों से भरे जीवन का साधन है। वित्तीय ज्ञान वह साधन है जो हमें वित्तीय असुरक्षा की जंजीरों से मुक्त होकर, अपनी शर्तों पर जीवन जीने के लिए सशक्त बनाता है। हमारी यात्रा के एक अन्य पहलू ने हमें आजीवन संबंधों का पोषण करने के महत्व के बारे में बताया। हमने पाया कि ये संबंध

वे धागे हैं जो हमारे अस्तित्व की जटिल टेपेस्ट्री को बुनते हैं। वे हमारी यात्रा को प्रतिबिंबित करते हैं, और हमें हमारे साझा मानवीय अनुभव की याद दिलाते हैं। जैसे-जैसे हम आजीवन संबंधों को विकसित करने की बुद्धिमत्ता का अध्ययन करते हैं, हमें अपने आस-पास के लोगों के साथ अच्छा व्यवहार करने के महत्व का पता चलता है। हम मानते हैं कि हम जो प्रभाव और यादें बनाते हैं, वे हमारी सबसे मूल्यवान संपत्ति हैं। हमारे कार्यों की इन गूंजों में, हम अपनी विरासत की खोजते हैं, जो हमारे अस्तित्व से परे होती है।

हम समझते हैं कि रिश्ते बनाना एक सामाजिक परंपरा है और एक गहन कार्य है जो हमारी दुनिया को आकार देता है। यह इस यात्रा पर साथी यात्रियों की तरफ हाथ बढ़ाने, ऐसे संबंध बनाने का कार्य है, जो हमारी अलग-अलग कहानियों से भी आगे जाते हैं। प्रिय पाठक, हमारी यात्रा केवल ज्ञान की सीमाओं से परे है; यह संतुष्टि की गहन खोज है। हम दो उद्देश्यों के साथ इस यात्रा पर निकले थे: जीवन के इन महत्वपूर्ण तत्वों को समझने के लिए और उन्हें अपने दैनिक अस्तित्व में जोड़ने के लिए।

इन पन्नों में, हमने ज्ञान, आस्था और वित्तीय स्थिरता के ख़ज़ाने को सैद्धांतिक अवधारणाओं के रूप में नहीं, बल्कि हमारे जीवन के जीवित, सांस लेने वाले तत्वों के रूप में पाया है। हमने जाना कि संतुष्टि कोई दूर का सपना नहीं, बल्कि वर्तमान वास्तविकता है। यह कोई मायावी लक्ष्य नहीं है; यह एक दैनिक चुनाव है। आपसे

विदा लेते हुए, मैं आपसे इस विचार को आगे बढ़ाने का आग्रह करता हूँ। सच्चा धन केवल बैंक खातों या भौतिक संपत्तियों में नहीं मापा जाता है। जिस धन की हम बात कर रहे हैं वह सही विकल्प चुनने की बुद्धिमत्ता है, यात्रा में भरोसा करने की आस्था है, चाहे यात्रा कितनी भी कठिन क्यों न हो, और अपने सपनों को साकार करने के लिए वित्तीय स्थिरता है। यह समझ, करुणा और दुनिया पर स्थायी प्रभाव छोड़ने की क्षमता का ख़ज़ाना है।

अंत में, मैं इस अद्भुत यात्रा में मेरे साथ शामिल होने के लिए आपका आभारी हूँ। उम्मीद है कि जीवन के उतार-चढ़ावों से गुज़रते हुए ये सबक आपके मार्ग को रोशन करेंगे जिन्हें हमने इस किताब में जाना है। सच्चा लक्ष्य केवल इन सिद्धांतों को समझना नहीं है, बल्कि उन्हें आत्मसात करना और जीना है, और अपने भाग्य का लेखक बनना है।

यह हमारी यात्रा का अंत नहीं है; बल्कि, एक नई शुरुआत है। जब आप इस किताब को बंद करते हैं तो याद रखें कि आपकी कहानी जारी रहती है। इसके हर पन्ने को अपने अनुभवों के ज्ञान, अपनी यात्रा में विश्वास, और अपने वित्त के विवेकपूर्ण प्रबंधन से भरें। अपने पीछे प्रेम, समझ और गहन ज्ञान की विरासत छोड़ें, क्योंकि ये ख़ज़ाने समय की पकड़ से परे हैं।

इस किताब के अंतिम पन्नों के साथ हमारी यात्रा समाप्त होती है, लेकिन आपकी जीवन यात्रा एक निरंतर पारस्परिक प्रक्रिया है। जो ज्ञान आपने जोड़ा है, जो आस्था आपने पोषित की है, और जो

वित्तीय विवेक आपने विकसित किया है, वह आपका साथी होगा, जो हर मोड़ पर आपका मार्गदर्शन करेगा, सबसे अंधेरे कोनों को रोशन करेगा और आपको नई ऊंचाइयों पर ले जाएगा। अस्तित्व की कथा में, आप अपनी कहानी के लेखक हैं। हर दिन एक खाली पन्ना है, जो आपके अनुभवों के ज्ञान, आपकी यात्रा में आस्था और आपके वित्त की महारत से भरने के इंतज़ार में है। आपकी विरासत, आपके द्वारा दिए गए मूल्य, किसी भी भौतिक संपत्ति से बढ़कर होंगे। याद रखें, प्रत्येक दिन एक उपहार है, और अपनी कहानी लिखने का अवसर है।